Bausteine Kindergarten

Sammelband 5

Christine Vorholt

Mein lieber Baum

Wasser des Lebens

Räder drehen sich

Aus Fäden gewebt

Illustrationen Josef F. Seitz

BERGMOSER + HÖLLER
VERLAG GMBH

ISBN 3-88997-052-4

Texte, Erarbeitung und Redaktion: Christine Vorholt
Titelzeichnung und Illustrationen: Josef F. Seitz
Satz und Gestaltung: graphodata GmbH, Aachen
Notensatz: Musikverlag Schruff, Aachen
Druck und Bindung: INTERDRUCK LEIPZIG GmbH

Inhalt

Denk-Texte

Fotonachweis aller Fotos ohne Quellenangabe:
Internationales Woll-Sekretariat: S.238
Hedwig Lenarduzzi: S.105, 120, 218, 239 (oben)
Christine Vorholt: S.31, 107, 109, 183
Hubertus Vorholt: S.10, 28, 29, 99, 123, 169, 176, 208, 212, 226, 239
Thomas Werner: S.210f., 229

Originalbeiträge von:
Marina Birn, Carola Christ-Werner, Susanne Dirschinger, Ulla Floeth-Schubert, Uschi Geils, Sr. Guitmaris Hartl, Catharina Kirsch-Nickolay, Hedwig Lenarduzzi, Christel Neuhäuser, Jenny Neuhäuser, Rita Sperber-Nusch, Marina Palmen, Horst Schiffbauer, Volkmar Schubert, Hubertus Vorholt, Wilma Wild, Sr. Maria Regina Zachner

Bildnerisches Gestalten

Elementare Erfahrungen

Erfahrungsberichte

Erkundungsgänge

Fingerspiele

Gedichte – Verse

Geschichten – Erzählungen

Die vier Themen dieses Bandes sind zeitlos gültig und sprechen zentrale Erfahrungs- und Erlebnisbereiche an. Und doch sind es Bereiche, die von den Kindern heute nicht mehr selbstverständlich erfahren und erlebt werden. Es ist Aufgabe des Kindergartens, den Kindern auch zu solchen Primärerfahrungen zu verhelfen, die ihre unmittelbare Umwelt ihnen oft nicht mehr ermöglicht.

Alles, was wir mit den Kindern tun und erleben, hat auch mit uns Erwachsenen zu tun. Das wird bei der Auseinandersetzung mit den Inhalten ganz deutlich: Baum – Wasser – Rad – und Weben sind Bilder des Lebens mit seinen hellen und dunklen Seiten. Sie berühren uns in unserer äußeren Existenz und in der Tiefe unseres Innern:

- *Der Baum ist unser Bruder auf dieser Erde, der sein Sein lebt und uns beschenkt. Sein Leben haben wir Menschen mehr als bedroht – es ist unser gemeinsames Leben.*
- *Das Wasser ist immer neu und geheimnisvoll und schenkt uns Leben. Unsere Zukunft ist untrennbar mit ihm verbunden.*
- *Die Räder sind eine großartige menschliche Erfindung, und die runde Form ist Lieblingsform der Natur und führt uns zur Mitte.*
- *Das Weben ist eine menschliche Urtätigkeit und in der Natur seit Urzeiten angelegt. Gewebe verweisen uns auf unser Eingebundensein.*

In der Beschäftigung mit diesen Themen werden im Kind Bilder, die es in sich trägt, ins Bewußtsein gehoben und zur äußeren Wirklichkeit hin geöffnet. Werden sie lebendig, vermögen sie im Leben heilsame Kräfte zu entwickeln. In der prägeaktiven Phase der Kindheit wirksamer als jemals später im Leben.

Unser Hauptanliegen ist es, den Kindern zu tiefen Erlebnissen zu verhelfen, zu dem, was sie in ihrem ganzen Kind-Sein anspricht. Das macht sie zuinnerst reich und erfüllt sie mit einem besonderen Lebensvertrauen. In allen Lebensbereichen können die Kinder Tiefe spüren – im verweilenden, niemals im flüchtigen Erleben.

Eng verknüpft mit dem Anliegen, mit allen Sinnen Erfahrungen zu sammeln, ist der Freiraum für schöpferisches Tun. Auch hier können Kinder zu tiefen Erlebnissen kommen, wenn ihnen eine schöpferische, freiheitliche Atmosphäre gewährt wird, und sich den Kindern so Vertrauen in die eigenen Fähigkeiten vermittelt. Daraus erwachsen dann neue Ideen (vgl.S.196).

Es hat Freude gemacht, nach zehn Jahren die vier Themenhefte von damals neu zu überdenken und zu überarbeiten: **Wasser des Lebens** *von 1983,* **Räder drehen sich** *von 1984,* **Mein lieber Baum** *und* **Aus Fäden gewebt** *von 1985.*

Freude wünsche ich auch Ihrer Arbeit mit diesen Bausteinen!

Christine Vorholt

EP	*Einzel- oder Partnertätigkeit*
G	*Gruppentätigkeit*
EPG	*Einzel-, Partner- oder Gruppentätigkeit*
gG	*gelenkte Gruppentätigkeit*
gGg	*gelenkte Gesamtgruppentätigkeit*

Was man alles mit Bäumen tun kann

Über Wurzeln kann man purzeln.
In den Blättern kann man klettern.
Auf den Zweigen kann man schweigen.
In den Kronen kann man wohnen.

Georg Bydlinski
aus:
Der Mond heißt heute Michel
Herder Verlag, Wien 1981

Erfahrungsfeld der Kinder

Ganz unterschiedlich sind die Erfahrungen der Kinder mit Bäumen, je nachdem, ob sie in der Stadt oder auf dem Land leben, ob sie einen eigenen Garten mit Obstbäumen daheim haben oder ob in unmittelbarer Nähe ihres Hauses Bäume wachsen.

Kleine Kinder können leicht eine persönliche Gefühlsbeziehung mit Tieren eingehen. Bäume erleben sie eher als riesig, wenig faßbar. Und doch mögen sie Bäume gerne, wenn sie sich hinter seinem Stamm oder in seinen Zweigen verstecken können. Ein dicker Ast dient als Halt für die Seile der Schaukel oder reizt zum Klettern. Sie beobachten die Vögel, welche in den Kronen der Bäume ein- und ausfliegen und dort nisten. Sie hören den Wind in den Blättern säuseln. Am Baum und darunter entdecken sie Schnecken, Raupen und Käfer und beobachten sie.

Die Kinder erleben eher unreflektiert die verschiedenen Jahreszeiten, die bei uns in Europa am deutlichsten am Wandel der Bäume zu bemerken sind: die kahlen Äste im Winter, wenn die Gestalt des Baumes ganz deutlich ist, das zarte Grün und die Blütenpracht vor allem der Obstbäume im Frühling, das satte Grün des Sommers in Wald und Flur; besondere Freude macht den Kindern der Herbst mit seinen bunten Blättern, dem raschelnden Laub, das Sammeln von allerlei Früchten der Obstbäume und Waldbäume, das Basteln mit Blättern, Eicheln, Bucheckern und Kastanien.

Auf dem Lande helfen die Kinder bestimmt bei der Obsternte mit. Stadtkinder erleben leider sehr wenig davon, sie wissen oft gar nicht, woher das Obst im Supermarkt kommt.

Viele Kinder erfahren den Wald nur als Kulisse, wenn beim sonntäglichen Ausflug die Landschaft am Auto vorbeisaust. Als besonderen Höhepunkt gibt es vielleicht einmal ein Picknick am Waldrand oder auch eine Pause auf einem eher gekünstelten Waldspielplatz.

In manchen Familien ist es üblich, sonntags im „feinen Gewand" auf asphaltierten Wegen zum Spaziergang anzutreten. Die Kinder lernen dabei den Wald oder den Park als eher langweilig kennen, denn als lustvoll. Balancieren, Klettern auf Baumstämmen und Bäumen, das Umherstreifen im Unterholz und das Sammeln von allerlei Schätzen sind ihnen dann verboten.

Auch die Kinder auf dem Lande beziehen den Wald oft nicht mehr in ihren Spiel- und Bewegungsraum ein. Viele Eltern haben heute Angst, die Kinder unbeaufsichtigt nach draußen zu lassen, selbst wenn der Wald in der unmittelbaren Nachbarschaft ist. Es ist nicht ungefährlich – sogar für Mütter mir ihren Kindern – im Wald umherzustreifen.

Kinder erleben mit, wie schöne alte Bäume gefällt werden müssen, weil sie krank sind und umzustürzen drohen.

Kleinen Kindern ist noch wenig bewußt, daß ihre Kinderzimmermöbel oder ihre Holzspielzeuge etwas zu tun haben mit den Bäumen, die durch viele Jahre in der Natur gewachsen sind.

Sicher haben viele Kinder heute auch schon vom Waldsterben gehört, sei es über die Eltern oder auch durch das Fernsehen. Vielleicht kommen Kinder mit ihren Fragen zu ihrer Erzieherin. Hier wird es wichtig, den Kindern in Liebe und Zuversicht die Natur zu erschließen, – in der Hoffnung, daß wir uns durch verantwortungsvollen Umgang mit der Natur den lebensnotwendigen Wald erhalten.

Im Märchen erleben die Kinder den Wald als geheimnisvollen, lichten oder dunklen Ort. Oft haben die Bäume eine Stimme, spenden Trost, Hilfe, Schutz, geben Obdach und retten Leben. Bilderbücher und Geschichten sind voll von Bäumen, die mit unserem Leben in Beziehung stehen.

Kinder tragen das Bild des Baumes als Urbild in sich. Früh fangen die Kinder an, Bäume zu malen.

Dimension des Themas

Unsere Kinder verkörpern die Hoffnung auf die Zukunft des Lebens auf dieser Erde. Es liegt in unserer naturgeschichtlichen Bestimmung, in der natürlichen Gemeinschaft mit Tieren und Pflanzen, Luft und Wasser, Himmel und Erde wahrhaft Mensch sein zu können.

Zu allen Zeiten wurden die Bäume als Lebensspender empfunden und verehrt. Es ist sicherlich heute eine schwierige, wenngleich auch schöne Aufgabe, Kindern die Grundlagen des Lebens nahe zu bringen und sie in ein inniges Verhältnis zur Natur zu bringen. Wenn unsere Kinder einen liebevollen Bezug zur Natur erleben, werden sie auch später bereit sein, sich dafür einzusetzen und zu helfen, die Grundlagen der Natur und hier insbesondere unserer Bäume zu achten.

In unserer zunehmend technisierten Welt erleben die Kinder immer weniger unmittelbar die Natur. Stadtkinder erfahren kaum den Reiz einer grünen Landschaft und die Schönheit eines Waldes. Grunderfahrungen mit dem Wachsen und Werden von Pflanzen und Tieren fehlen weitgehend. So soll diese Einheit eine Hilfe und Anregung vor allem jetzt in der Winter- und Frühlingszeit werden, die Bäume zu „begreifen". Im Winter, wenn der Baum ruht, läßt sich seine Gestalt besonders erfassen. Im Frühling erleben wir das Treiben der Knospen, die Entfaltung der Blütenpracht und die Entwicklung einer riesigen Blattfülle. Viele der vorgeschlagenen Anregungen zum Erleben, Meditieren, zur rhythmisch-musikalischen Erziehung und zum Gestalten wollen über Details des Baumes wie Wurzeln, Rinde ... den Blick für das Wesen des ganzen Baumes öffnen.

Der guten sachlichen Vorbereitung der Erzieherin dienen der Sachteil als Information und die entsprechenden Literaturhinweise. Doch wichtiger ist ihr persönlicher Bezug zur Natur: Einen Baum in Ruhe erleben, schauen, lauschen, tasten, den Lieblingsbaum einmal zeichnen oder auch nur ein einzelnes Blatt.

Kindergartenkinder müssen nicht möglichst viele Namen von Bäumen und Blättern kennen, es ist aber wichtig, daß sie intensiv über das Gemüt die Natur draußen erleben.

Gut wäre es, wenn sich jede Kindergartengruppe einen Baum aussucht, den sie ein ganzes Jahr hindurch beobachten kann. Am besten eignet sich da ein Baum in der Nähe, sei es im Garten oder in der Nachbarschaft des Kindergartens. Für das Kind ist es wichtig, draußen am Baum vielfältige Erfahrungen durch die Sinne zu machen. Intensives Beobachten, Lauschen, Riechen, unterschiedliche Tasterfahrungen werden dem Kind helfen, die Natur begreifen zu lernen.

Diese Erlebnisse am Baum draußen können im Kindergarten vertieft werden durch Gespräche, durch den kreativen, spielerischen Umgang mit Naturmaterialien, durch das Malen des Erlebten, durch das Erarbeiten und Gestalten von Gedichten, Geschichten, Märchen und Liedern.

„Der Baum" ist ein Thema, das nicht auf einmal in einem Rahmenplan behandelt werden kann. Gerade durch die Verwandlung des Baumes im Lauf der Jahreszeiten ändert sich das Erleben und erhalten die Kinder durch wiederholte Beobachtungen viele neue Erkenntnisse, und es wird für Erzieher und Kinder immer wieder interessant sein, das Thema aufzugreifen.

Wer in der Nähe des Kindergartens einen Wald oder Park hat, sollte diesen so oft es geht, mit den Kindern als Bewegungs- und Erfahrungsraum nutzen. Unsere Kinder leben heute meist so beengt, daß ihnen ein breiter Bewegungsraum mehr als gut tut. Der Wald ist für das Kind ein einziger großer Spielplatz. Man kann sich darin verstecken, auf Bäume klettern, auf Baumstämmen balancieren, Räuber und Gendarm spielen, Hütten bauen, Picknick machen und vieles mehr.

In der Stille des Waldes lernen Kinder und Erwachsene das Lauschen. Nur wenn sie ganz leise sind, können sie Tiere wie Hasen oder Rehe beobachten oder Vögel in den Zweigen. Sicher entdecken Kinder auch viele kleine Lebewesen an Baumstämmen wie Käfer und Insekten oder Würmer. Wichtig ist es, mit den Kindern im Wald das richtige Verhalten einzuüben im Umgang mit Pflanzen und Tieren.

So oft es geht, werden Dinge aus der Natur in den Kindergarten hereingeholt: Knospenzweige von Bäumen im zeitigen Frühjahr, Rindenstücke, Blütenzweige, Blätter, Früchte, Wurzeln ... damit die Kinder neugierig werden und näher hinschauen.

Indem wir so immer wieder nach draußen gehen und die Natur mit allen Sinnen aufnehmen und ein Stückchen Natur von draußen nach drinnen hereinholen, werden die Kinder in Wechselbeziehung zur Natur treten.

Die Menschen in den südlichen Ländern haben ganze Landstriche des Waldes beraubt und sich damit die eigene Lebensgrundlage zerstört, wir in den Industrieländern wollen nicht wahrhaben, daß wir unsere Wälder durch eine Überdosis von Giften sterbenskrank machen. Der Natur ginge es ohne uns Menschen besser. Es wird für Generationen nach uns lebensentscheidend sein, wie wir uns mit unseren Kindern den heilenden Kräften der Natur öffnen und Bäume und Sträucher mit allen ihren Wirkungen lieben und achten lernen.

Modellziele

- „meinen lieben Baum" mit allen Sinnen erleben
- den Wald mit allen Sinnen erleben
- durch Beobachten, Betrachten und Vergleichen unterschiedliche Gestalten der Bäume in der Natur sehen, gemeinsame Merkmale finden
- ein wenig um die Bedingungen des Wachstums eines Baumes wissen: denn unterschiedliche Standorte fördern unterschiedliches Wachstum
- Bäume langfristig beobachten und an ihnen die Veränderungen im Wandel der Jahreszeiten wahrnehmen
- gewonnene Eindrücke gestalterisch und bewegungsmäßig darstellen
- in Identifikationsübungen die Bilder vom Baum für sich selbst verinnerlichen
- Ordnungen und Gesetzmäßigkeiten, erste Zusammenhänge zwischen Pflanzen und Tieren beim Wald wahrnehmen
- sich bewußt sein, daß wir alle zur Erhaltung des Waldes beitragen können, daß Bäume Lebewesen sind, die in ihrer Entwicklung beeinträchtigt werden, wenn ihre Wurzeln, ihre Rinde und die Äste beschädigt oder verletzt werden, oder wenn Schadstoffe ihr Leben vergiften
- die Sinne gebrauchen, um im Wald Details zu entdecken an Teilen des Baumes oder am Waldboden
- Schönes und Interessantes vom Baum sammeln und anordnen
- mit gesammelten Naturmaterialien spielerisch und phantasievoll umgehen, Gestaltungsfreude haben
- die besonderen Eigenschaften des Holzes entdecken
- das Pflanzen und Wachsen eines Baumes liebevoll begleiten
- für sich selbst tiefe Wahrheiten entdecken in Geschichten und Märchen, Liedern und Gedichten, in denen Bäume und der Wald eine Rolle spielen

Von den Bäumen

Es gibt
Bäume im Wald
und auf der Wiese
Bäume im Garten
und im Park
Bäume am Straßenrand
und auf Plätzen
Bäume am Fluß
und am See
Bäume im Gebirge
und im flachen Land
Bäume im Urwald
und in der Steppe

In Wäldern gibt es:
Birken Erlen
Buchen Weiden
Ahorn Fichten
Eichen Tannen
Ulmen Kiefern
Eschen Eiben
Hasel Ilex

In Obstgärten gibt es:
Apfelbäume
Birnbäume
Kirschbäume
Pfirsichbäume
Pflaumenbäume

Es gibt
Bäume, die immer grün sind
Bäume, die im Frühling Blätter
bekommen
und sie im Herbst wieder verlieren

Es gibt
kleine und große
dünne und dicke
gerade und verwachsene
junge und alte Bäume
die allein stehen
die in Gruppen stehen

Es gibt
den Maibaum
den Christbaum
den Richtbaum
den Schlagbaum

Es gibt
Zauberbäume
Wunschbäume
Heilige Bäume

Es gibt
den Lebensbaum
den Weltenbaum
den Kreuzesbaum

Ein Baum
das ist Wurzel, Stamm und Krone
das ist Tiefe und Höhe
das ist Erde und Himmel
das ist Festigkeit, Geduld und Beständigkeit
das ist Wachstum
das ist Wandlung
das ist Rhythmus

Ein Baum
das ist Knospe, Blüte und Frucht
das ist Rauschen und Ruhen
das ist Schatten und Kühle
das ist Luft zum Atmen
das ist Lebensraum
das ist Leben
das ist Sein

Bäume sammeln Kräfte
aus Erde und Wasser
aus der Luft und von der Sonne

Bäume können
atmen
Wasser sammeln

Bäume spiegeln die Jahreszeiten

Bäume können
grünen
blühen
duften
Früchte tragen

Bäume können
ganz still stehen
sich im Wind wiegen und
säuseln und rauschen
herrlichen Schatten spenden

Bäume sind verletzbar
Verwundete Bäume können heilen

Bäume können
krank werden
totkrank

Bäume können
wachsen und groß werden
sehr alt werden
sogar 1000 Jahre alt
morsch werden
absterben
neues Leben geben

Bäume geben vielen Tieren Nahrung
und Wohnung

Bäume geben uns Holz
für den Ofen
für Möbel
fürs Dach
für Papier
für Musikinstrumente
für Spielzeug
für Skulpturen

Bäume geben uns Früchte

Bäume geben uns Sauerstoff

Bäume können sein
wie ein Zelt oder ein Dach
wie ein Blütentraum
wie ein Lied oder ein Gedicht

Bäume sind uns
Zeichen des Lebens und
der Hoffnung

Elternbrief

Liebe Eltern,

unser Schwerpunktthema in der Kindergruppe für die nächste Zeit ist „Der Baum". Um den Kindern zu einem möglichst tiefen und nachhaltigen Erleben zu verhelfen, möchten wir Sie bitten, sich auch daheim besonders „dem Baum" zuzuwenden.

Sie könnten mit Ihrem Kind einen bestimmten Baum in Ihrem Garten oder im nahe gelegenen Park auswählen, kennenlernen und begreifenlernen, seine Wurzeln, seinen Stamm, seine Äste und Zweige. Erleben, wenn im Frühling die Knospen und Blüten aufbrechen, wenn im Sommer die Blätter im Sonnenlicht spielen, wenn im Herbst die Blätter sich färben und fallen, wenn im Winter Rauhreif den Baum verzaubert ... Wir würden uns sehr freuen, wenn Sie uns von den Erfahrungen, die Ihr Kind und Sie selbst mit einem „Baumfreund" machen, erzählen.

Sie bereiten Ihrem Kind besondere Freude, wenn Sie mit ihm Ausflüge in den Wald unternehmen. Es gibt kaum etwas Schöneres, voll Abenteuerlust und in Kleidern, die schmutzig werden dürfen, im Unterholz herumzukrabbeln, auf Baumstämmen zu balancieren und zu wippen, sich abseits von Wegen im Gebüsch zu verstecken und „Schätze" zu sammeln.

Ihr Kind kann sich frei bewegen, dadurch Aggressionen und Ängste abbauen. Für seine weitere Entwicklung ist es wesentlich, wie es mit schönen und weniger angenehmen Erlebnissen fertig wird. Die freie Entfaltung in der Natur kann dazu einen wichtigen Beitrag leisten. Wer erfahren hat, wie sehr ein Spaziergang im Wald befreit und verwandelt, der wird verstehen, wie wichtig es ist, Kindern den Wald nahezubringen.

Wir wünschen Ihnen und Ihrem Kind interessante und heitere Erlebnisse mit „Ihrem Baum" und im Wald.

Ihr Kindergartenteam

Baumsplitter

Erst wenn der letzte Baum gerodet,
der letzte Fluß vergiftet,
der letzte Fisch gefangen,
werdet ihr feststellen,
daß man Geld nicht essen kann.

Wenn ich wüßte,
daß morgen die Welt unterginge,
würde ich heute noch ein
Apfelbäumchen pflanzen.

Martin Luther

Der Boden ist unsere Mutter,
wir dürfen ihr nicht wehtun.

Zu fällen einen schönen Baum,
braucht's eine halbe Stunde
kaum.
Zu wachsen, bis man ihn
bewundert,
braucht er, bedenk es,
ein Jahrhundert.

Eugen Roth

Wir haben die Erde
nur geborgt

Baum: Spachteltechnik
Kath. Kindergarten St. Willibald, Weißenburg

Ein Märchen

Es war einmal ein Gärtner. Eines Tages nahm er seine Frau bei der Hand und sagte: „Komm, Frau, wir wollen einen Baum pflanzen." Die Frau antwortete: „Wenn du meinst, mein lieber Mann, dann wollen wir einen Baum pflanzen." Sie gingen in den Garten und pflanzten einen Baum.
Es dauerte nicht lange, da konnte man das erste Grün zart aus der Erde sprießen sehen. Der Baum, der eigentlich noch kein richtiger Baum war, erblickte zum ersten Mal die Sonne. Er fühlte die Wärme ihrer Strahlen auf seinen Blättchen und streckte sich ihnen hoch entgegen. Er begrüßte sie auf seine Weise, ließ sich glücklich bescheinen und fand es wunderschön, auf der Welt zu sein und zu wachsen.
„Schau", sagte der Gärtner zu seiner Frau, „ist er nicht niedlich, unser Baum?" Und seine Frau antwortete: „Ja, lieber Mann, wie du schon sagtest: Ein schöner Baum!"
Der Baum begann größer und höher zu wachsen und reckte sich immer weiter der Sonne entgegen. Er fühlte den Wind und spürte den Regen, genoß die warme und feste Erde um seine Wurzeln und war glücklich. Und jedes Mal, wenn der Gärtner und seine Frau nach ihm sahen, ihn mit Wasser tränkten und ihn einen schönen Baum nannten, fühlte er sich wohl. Denn da war jemand, der ihn mochte, ihn hegte, pflegte und beschützte. Er wurde lieb gehabt und war nicht allein auf der Welt. So wuchs er zufrieden vor sich hin und wollte nichts weiter als leben und wachsen, Wind und Regen spüren, Erde und Sonne fühlen, lieb gehabt werden und andere liebhaben.
Eines Tages merkte der Baum, daß es besonders schön war, ein wenig nach links zu wachsen, denn von dort schien die Sonne mehr auf seine Blätter. Also wuchs er jetzt ein wenig nach links.
„Schau", sagte der Gärtner zu seiner Frau, „unser Baum wächst schief. Seit wann dürfen Bäume denn schief wachsen, und dazu noch in unserem Garten? Ausgerechnet unser Baum! Gott hat die Bäume nicht erschaffen, damit sie schief wachsen, nicht war, Frau?" Seine Frau gab ihm natürlich recht. „Du bist eine kluge und gottesfürchtige Frau", meinte daraufhin der Gärtner. „Hol also unsere Schere, denn wir wollen unseren Baum gerade schneiden."
Der Baum weinte. Die Menschen, die ihn bisher so lieb gepflegt hatten, denen er vertraute, schnitten ihm die Äste ab, die der Sonne am nächsten waren. Er konnte nicht sprechen und deshalb nicht fragen. Er konnte nicht begreifen. Aber sie sagten ja, daß sie ihn lieb hätten und es gut mit ihm meinten. Und sie sagten, daß ein richtiger Baum gerade wachsen müsse. Und Gott es nicht gern sähe, wenn er schief wachse. Also mußte es wohl stimmen. Er wuchs nicht mehr der Sonne entgegen.
„Ist er nicht brav, unser Baum?" fragte der Gärtner seine Frau. „Sicher, lieber Mann", antwortete sie, „du hast wie immer recht. Unser Baum ist ein braver Baum."
Der Baum begann zu verstehen. Wenn er machte, was ihm Spaß und Freude bereitete, dann war er anscheinend ein böser Baum. Er war nur lieb und brav, wenn er tat, was der Gärtner und seine Frau von ihm erwarteten. Also wuchs er jetzt strebsam in die Höhe und gab darauf acht, nicht mehr schief zu wachsen.
„Sieh dir das an", sagte der Gärtner eines Tages zu seiner Frau, „unser Baum wächst unverschämt schnell in die Höhe. Gehört sich das für einen rechten Baum?" Seine Frau antwortete: „Aber nein, lieber Mann, das gehört sich natürlich nicht. Gott will, daß Bäume langsam und in Ruhe wachsen. Und auch unser Nachbar meint, daß Bäume bescheiden sein müßten, ihrer wachse auch schön langsam." Der Gärtner lobte seine Frau und sagte, daß sie etwas von Bäumen verstehe. Und dann schickte er sie die Schere holen, um dem Baum die Äste zu stutzen.
Sehr lange weinte der Baum in dieser Nacht. Warum schnitt man ihm einfach die Äste ab, die dem Gärtner und seiner Frau nicht gefielen? Und wer war dieser Gott, der angeblich gegen alles war, was Spaß machte?

„Schau her, Frau", sagte der Gärtner, „wir können stolz sein auf unseren Baum." Und seine Frau gab ihm wie immer recht.
Der Baum wurde trotzig. Nun gut, wenn nicht in die Höhe, dann eben in die Breite. Sie würden ja schon sehen, wohin sie damit kommen. Schließlich wollte er nur wachsen, Sonne, Wind und Erde fühlen, Freude haben und Freude bereiten. In seinem Innern spürte er ganz genau, daß es richtig war, zu wachsen. Also wuchs er jetzt in die Breite.
„Das ist doch nicht zu fassen." Der Gärtner holte empört die Schere und sagte zu seiner Frau: „Stell dir vor, unser Baum wächst einfach in die Breite. Das könnte ihm so passen. Das scheint ihm ja geradezu Spaß zu machen. So etwas können wir auf keinen Fall dulden!" Und seine Frau pflichtete ihm bei: „Das können wir nicht zulassen. Dann müssen wir ihn eben wieder zurecht stutzen."
Der Baum konnte nicht mehr weinen, er hatte keine Tränen mehr. Er hörte auf zu wachsen. Ihm machte das Leben keine rechte Freude mehr. Immerhin, er schien nun dem Gärtner und seiner Frau zu gefallen. Wenn auch alles keine rechte Freude mehr bereitete, so wurde er wenigstens lieb gehabt. So dachte der Baum.

Viele Jahre später kam ein kleines Mädchen mit seinem Vater am Baum vorbei. Er war inzwischen erwachsen geworden, der Gärtner und seine Frau waren stolz auf ihn. Er war ein rechter und anständiger Baum geworden.
Das kleine Mädchen blieb vor ihm stehen. „Papa, findest du nicht auch, daß der Baum hier ein bißchen traurig aussieht?" fragte es.
„Ich weiß nicht", sagte der Vater. „Als ich so klein war wie du, konnte ich auch sehen, ob ein Baum fröhlich oder traurig ist. Aber heute sehe ich das nicht mehr."
„Der Baum sieht wirklich ganz traurig aus." Das kleine Mädchen sah den Baum mitfühlend an. „Den hat bestimmt niemand richtig lieb. Schau mal, wie ordentlich der gewachsen ist. Ich glaube, der wollte mal ganz anders wachsen, durfte aber nicht. Und deshalb ist er jetzt traurig."
„Vielleicht", antwortete der Vater versonnen. „Aber wer kann schon wachsen, wie er will?"
„Warum denn nicht?" fragte das Mädchen. „Wenn jemand den Baum wirklich lieb hat, kann er ihn auch wachsen lassen, wie er selber will. Oder nicht? Er tut doch niemandem etwas zuleide."
Erstaunt und schließlich erschrocken blickte der Vater sein Kind an. Dann sagte er: „Weißt du, keiner darf so wachsen, wie er will, weil sonst die anderen merken würden, daß auch sie nicht so gewachsen sind, wie sie eigentlich mal wollten."
„Das verstehe ich nicht, Papa!"
„Sicher, Kind, das kannst du noch nicht verstehen. Auch du bist vielleicht nicht immer so gewachsen, wie du gerne wolltest. Auch du durftest nicht."
„Aber warum denn nicht, Papa? Du hast mich doch lieb und Mama hat mich auch lieb, nicht wahr?"
Der Vater sah sie eine Weile nachdenklich an. „Ja", sagte er dann, „sicher haben wir dich lieb."

Sie gingen langsam weiter und das kleine Mädchen dachte noch lange über dieses Gespräch und den traurigen Baum nach. Der Baum hatte den beiden aufmerksam zugehört, und auch er dachte lange nach. Er blickte ihnen noch hinterher, als er sie eigentlich schon lange nicht mehr sehen konnte. Dann begriff der Baum. Und er begann hemmungslos zu weinen.

Heinz Körner
aus:
Die Farben der Wirklichkeit
lucy körner verlag, 70701 Fellbach

Ein Märchen

Ulla Floeth-Schubert

In diesem Märchen wird ein Vergleich gezogen zwischen dem Hegen von Bäumen und dem Erziehen von Kindern. Es wirft für das eigene pädagogische Handeln Fragen auf wie:
– Wem und wie geben wir eine Chance zum Wachsen und Gedeihen?
– Wo beschneiden wir Wachstum?
– Wo setzen wir notwendige, wo unnötige Grenzen?
Die Thematik des Märchens kann Ausgangspunkt werden für ein Gespräch in der Erzieherrunde, mit den Eltern, mit den Kindern in der Kindergruppe.

Gespräch

- Was brauchen Bäume zum Wachsen?
  Erde, Luft, Wasser, Sonne, Platz, Menschen, die sie hegen, pflegen und beschützen.
- Wann hören Bäume auf zu wachsen?
- Warum schneiden im Märchen der Gärtner und seine Frau dem Baum seine Äste ab?
- Warum weint der Baum?
- Woran sieht das Mädchen, daß der Baum ein bißchen traurig ausschaut?

Jetzt als Vergleich:
- Was brauchen Kinder zum Wachsen?
  Hier Parallelen zum Baum ziehen. Das Liebhaben in den Mittelpunkt stellen.
- Dürfen Kinder wachsen, wie sie wollen?
- Dürfen Kinder alles machen, was sie wollen?
  Gibt es Grenzen? Warum?

Beobachtungen in der Natur

Unterschiedliche Baumformen finden, die in dem Märchen vorkommen:
Einen Baum, der in die Höhe wächst,
einen Baum, der seine Äste zur Seite streckt,
einen Baum, der traurig aussieht.

Jedes Kind malt den Baum, der ihm am besten gefallen hat.

Ein Bilderbuch von dem Märchen erstellen

Jedes Kind malt eine Seite vom Märchen
(nur mit den Größeren möglich).

Rollenspiel

Die Erzieherin ist der Gärtner. Die Kinder spielen den Baum, wie er jeweils wächst, sie strecken ihre Arme als Äste in die Höhe, zur Seite, in die Breite, traurig nach unten.
Der Gärtner kommt und beschneidet den Baum.

Schattenspiel

Das Märchen kann gut im Schattenspiel dargestellt werden. Die Kinder können selbst die Personen spielen. Es genügen wenige Requisiten. Der Gärtner bekommt einen Hut und einen Mantel, die Gärtnersfrau ein großes Kopftuch und einen langen Rock. Man kann einen Pfahl mit Bohrlöchern als „Stamm" hinstellen und entsprechend der Geschichte Zweige einstecken. Als Schattenwand dienen zwei aneinandergenähte Bettücher. Die Kinder spielen nahe am Vorhang. Eine starke Lichtquelle – in Kopfhöhe angebracht – wirft ihre Schatten auf den Vorhang.

Sachinformation

Volkmar Schubert

Urwelt – Urwald

Unvorstellbar lange ist es her, genau genommen 250 Millionen Jahre, da war die Erde schon mit einem Urwald überzogen aus Farnbäumen, Schuppenbäumen und riesigen Schachtelhalmen. Die Erde geriet in neue Bewegung. Die Wälder wurden verschüttet und zusammengepreßt zu Steinkohle. Bis zu den Baumarten unseres heutigen Waldes, den Laubbäumen und den Nadelbäumen, war es noch ein langer Weg der Entwicklung. In diese Entwicklung hat auch der Mensch seit einigen hundert Jahren eingegriffen. Aus Rodungen entstand Acker- und Siedlungsland, Wälder wurden zu Forsten und Jagdrevieren.
Diese Forste werden heute nach wirtschaftlichen Gesichtspunkten beurteilt. Die Früchte wilder Laubbäume wie Birne, Apfel, Kirsche wurden durch Züchtungen, Auslesen und Veredelungen verbessert – so entwickelten sich unsere heutigen Obstbäume.

Farnbäume

Foto: V.Schubert

Bäume wachsen nicht in den Himmel

Aber sie können enorm groß werden. Über mehrere Stockwerke hinweg ragen ausgewachsene Bäume. Der dicke Stamm teilt sich in dicke Äste und dünnere Zweige mit Blättern, Blüten und Früchten.

Wie die Äste in der Luft sind auch die Wurzeln in der Erde verzweigt, sie halten die riesige Last des Baumes gegen Sturm und Wind fest. Mit den allerfeinsten Wurzeln zieht der Baum große Mengen Wasser und viele Nährstoffe aus dem Boden.
Die Mehrzahl dieser winzigen Wurzeln, der Saugwurzeln, liegt ganz außen im Traufbereich, dort, wo der Baum das meiste Wasser abtropft. Gibt das nicht zu denken, wenn in der Stadt ein Baum rundherum mit Asphalt zugedeckt ist und seine kleine Pflanzkuhle dazu noch mit jährlicher Regelmäßigkeit mit Streusalz in Berührung kommt?

Das Blatt als grünes Kraftwerk

Wie die Gräser, Kräuter und Sträucher sind auch die Blätter und Nadeln der Bäume grün. Der Baum bildet selbst den grünen Blattfarbstoff (Chlorophyll). Bei dem Prozeß der Photosynthese bewirken „angeregte" Chlorophylle eine Spaltung von Wasser, wobei Sauerstoff freigesetzt wird – wir benötigen ihn zum Atmen. Zusätzlich entsteht dabei noch Energie, die dazu dient, Kohlendioxid in Zellbausteine umzuwandeln.
Wird unsere Luft durch zu viele Schadstoffe belastet, wird der Baum vergiftet, und er erstickt; zu viele Stoffe dringen ins Erdreich, die die Bäume nicht vertragen.
Die Nachrichten über die verheerenden Wirkungen des „Sauren Regens" werden zur ernsthaften Mahnung: „Erst stirbt der Wald, dann stirbt der Mensch!"

Der Baum wird erwachsen

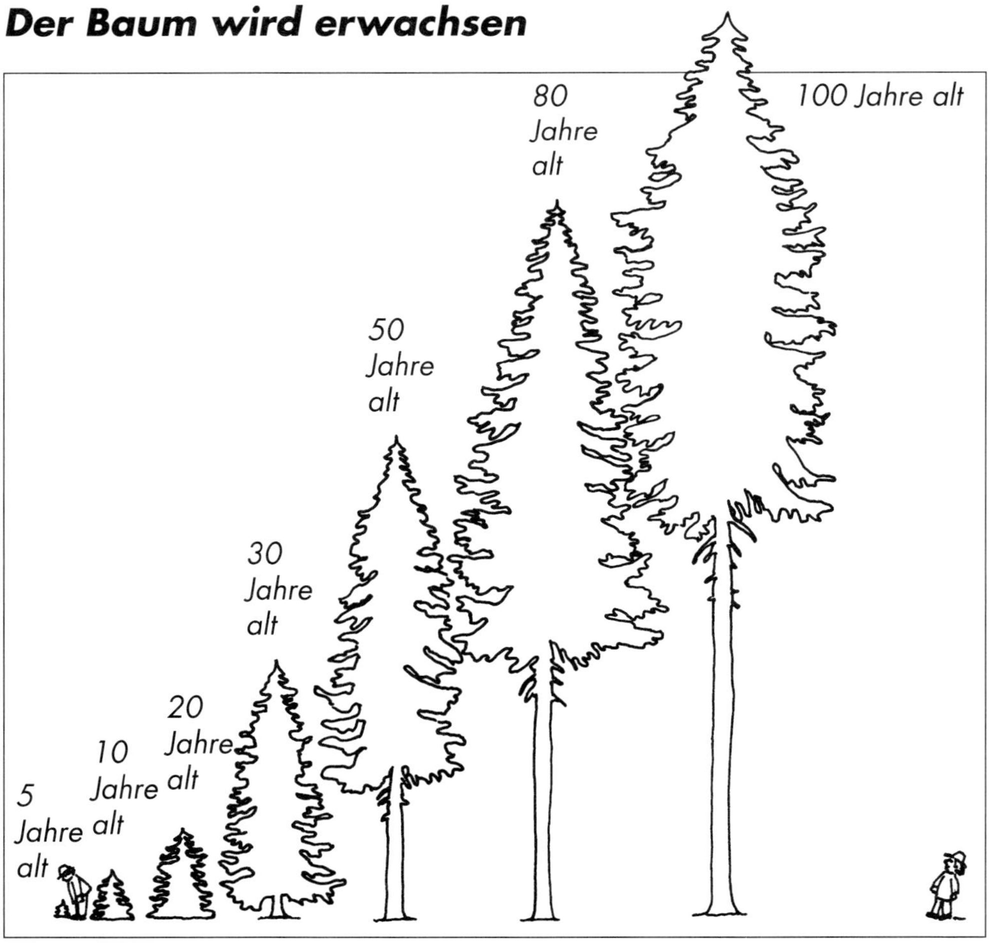

Der Stamm als Fahrstuhlschacht

Die Blätter erzeugen also die Bausteine. Sie und die mit den Wurzeln gefundenen Nährstoffe werden in besonderen Leitungsbahnen unter der Rinde zu ihren jeweiligen Bestimmungsorten rauf- und runtertransportiert.
Wie in einem Hochhaus ist dabei der Stamm der Fahrstuhlschacht. Im Frühjahr und im Sommer ist hier am meisten Betrieb. Im Winter ist Ruhe.
Damit der Baum bei seinem Wachstum in die Höhe stabil bleibt, muß auch der Stamm in der Dicke zunehmen. Dies geht ebenfalls in jahreszeitlichen Schüben vor sich. Bei einem abgesägten Baum läßt sich somit das Alter an den hell-dunkel wechselnden Jahresringen abzählen.

Wer die Jahresringe dieses Stammes zählt, weiß, daß die Lärche mit 78 Jahren gefällt wurde. Das ist für eine Lärche kein Alter. Für den Menschen aber ist es eine lange Zeit. Das zeigt zum Beispiel die Entwicklung der modernen Luftfahrt. Otto Lilienthal machte 1893 die ersten Gleitversuche mit einem selbstgebauten Fluggerät. Zu dieser Zeit war die Lärche erst ein kleines Pflänzchen. Als der Baum 1969 gefällt wurde, landeten bereits die ersten Menschen auf dem Mond!

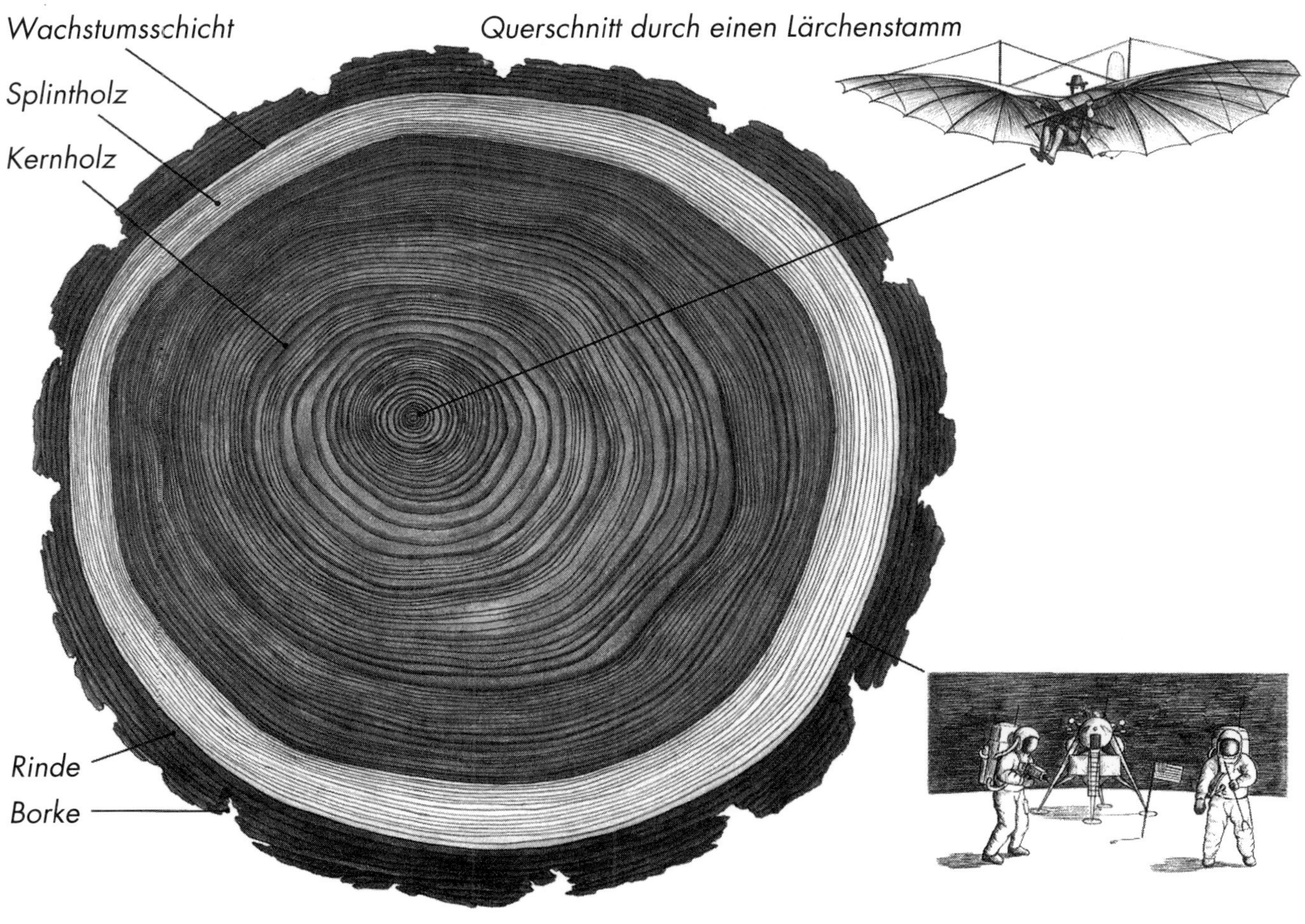

Grafik aus: I.Lucht, Die Baum-Uhr, Ellermann Verlag, München 1982

Wenn ein Baum umgesägt worden ist und seine nackte Todeswunde der Sonne zeigt, dann kann man auf der lichten Scheibe seines Stumpfes und Grabmals seine ganze Geschichte lesen: in den Jahresringen und Verwachsungen steht aller Kampf, alles Leid, alle Krankheit, alles Glück und Gedeihen treu geschrieben, schmale Jahre und üppige Jahre, überstandene Angriffe, überdauerte Stürme.

Hermann Hesse

Holz, das wir brauchen

Der Wald spricht:
Gehst du mit deiner Axt zu mir hin,
bedenke, Mensch, was ich für dich bin:

Im Winter die Wärme in deinem Herd,
dein Zelt, wenn der Sommer die Gräser verzehrt,
der Dachstuhl, auf dein Haus gesetzt,
die Tür, durch die du gehst eben jetzt,
der Tisch, an dem du dein Mahl einnimmst,
die Geige, die du zum Tanze stimmst.

Ich bin der Stoff für deine Bücher,
ich bin für deinen Schlaf das Bett,
ich bin deine Scheune, Brett um Brett,
ich bin der Mast an deinem Schiff,
ich bin an deiner Axt der Griff -

und gehst du mit deiner Axt zu mir hin,
bedenke, Mensch, was ich für dich bin.

Serbien, Dichter unbekannt

Mantel und Schutzschild Rinde

Wenn der Baumstamm in der Dicke zunimmt, platzt ihm der „Kragen", das heißt, die Borke, die ja nicht elastisch ist, reißt auf und blättert mit der Zeit ab. Jeder Baum hat seine arteigene Rinde und jeder Stamm sein eigenes Aussehen. Es ist nicht schwer, die einzelnen Stämme voneinander unterscheiden zu lernen.

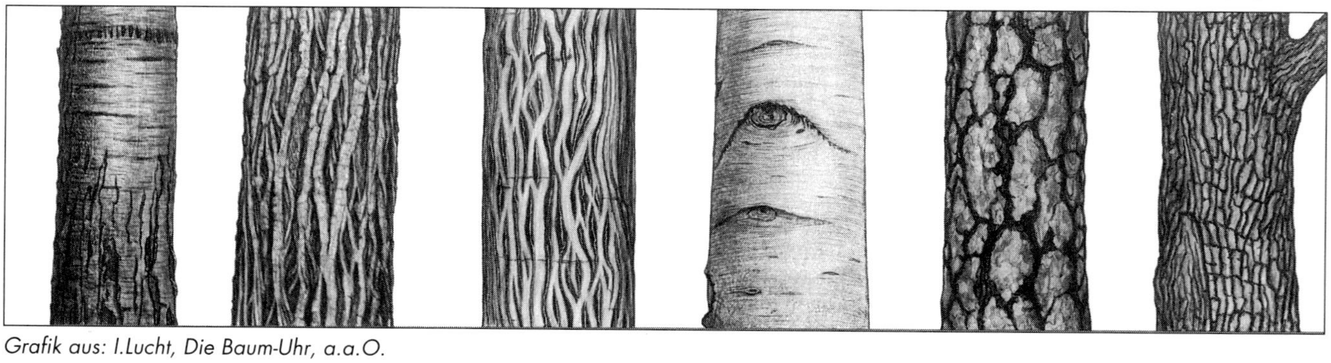

Grafik aus: I.Lucht, Die Baum-Uhr, a.a.O.

Der Waldboden als Wasserfaß

Mit seinen verzweigten Wurzeln hält der Baum an Hängen den Boden fest. Ohne Bewuchs würde die gesamte Erde ins Tal geschwemmt werden und der nackte Fels herausschauen. (Dies geschieht auch täglich in den frisch abgeholzten Gebieten im tropischen Regenwald.) Durch das Blattwerk wird bei starkem Regen der erste Stoß von den Blättern aufgehalten und dann das Wasser langsam auf den Boden abgetropft. So kann sich die Erde wie ein Schwamm vollsaugen. So wird der Waldboden Speicher für unser gesamtes Trinkwasser. Die Blätter des Baumes verdunsten sehr viel Feuchtigkeit. Diese geben sie an die Luft ab. Eine Linde verdunstet an einem Sommertag bis zu 500 Liter Wasser. Über einem Waldgebiet können so Regenwolken entstehen.

Ein Dach über dem Kopf

Bei Spaziergängen mit Kindern im Wald begegnen uns höchst selten größere Tiere. Spuren an matschigen Stellen und im Schnee verraten jedoch eine Menge über das Leben im Wald. So halten sich Rehe, Hirsche, Füchse und Wildschweine tagsüber im Wald versteckt und kommen erst in der Dämmerung vorsichtig in die Nähe der Waldwiesen.

Aber auch für eine Unzahl von kleineren Tieren ist der Wald oder der einzelne Baum der Lebensraum. Im morschen Holz baut der Specht sich seine Höhle, und wenn die Eichhörnchen verfolgt werden, fliehen sie über die Äste davon. In Astgabeln bauen Vögel ihre Nester. Wird ein Nest mit Jungen berührt, kehren die Eltern nicht mehr in das Nest zurück.

Insekten krabbeln den Baum rauf und runter und verkriechen sich unter der Rinde. Aber nicht alle Insekten sind harmlos: So schön auch die Muster des Buchdruckers unter der Rinde sind – er zählt zu den gefährlichen Borkenkäfern, die durch ihre Freßtätigkeit einen Baum zum Absterben bringen können.
Als Fernstraße benutzen auch die Ameisen die Baumstämme, um an die süßlich klebrigen Ausscheidungen der Blattläuse zu gelangen. In der Krone einer Tanne streiten sich Blattläuse und Bienen um die begehrte Nahrung, aus der die Bienen den teuren „Tannenhonig" produzieren.

Vorratskammer für viele

Viele Tiere ernähren sich von den Blüten und Früchten des Baumes. So besuchen im zeitigen Frühjahr Bienen die ersten Weidenkätzchen und die Blüten der Obstbäume, um Nektar und Blütenstaub zu sammeln. Zurück im Bienenstock füttern sie ihre Königin und die Brut damit. Im Spätsommer und Herbst sammeln viele Tiere Früchte. Vögel und Eichhörnchen brechen die Zapfen der Nadelbäume auf, um an die nußartigen Samen zu gelangen. Der Igel trägt auf seinem Rücken einen heruntergefallenen Apfel davon, und mit Eicheln, Bucheckern oder Haselnüssen packen sich Mäuse und Eichhörnchen die Vorratskammern für den Winter voll. Gesammelte Eicheln oder Kastanien werden im Winter gern zur Wildfütterung verwendet. Trotz dieser großangelegten „Klauerei" erzeugt der Baum aber so viele Früchte, daß seine Art erhalten bleibt und nicht ausstirbt.

Der Mensch baut gezielt Fruchtbäume an, um Obst zu ernten. Die verschiedenen Obstsorten in unserem Supermarkt kommen jedoch aus großflächigen Obstplantagen, oft von weither.

Der Baum zum Ausruhen – zum Spielen – und ...

Eine besondere Pracht sind die blühenden Obstbäume im Frühjahr. Der Baum im Park spendet Schatten und belebt das Bild der Stadt. An heißen Sommertagen ist es erholsam kühl für Tier und Mensch im luftigen Schatten eines Baumes. Viele Bäume in einer Stadt verhindern ein allzu starkes Aufheizen der grauen Betonmasse. Dicht belagert sind im Sommer die Bänke in einem Park.

Im lichten Waldschatten Spiele zu machen, spazieren zu gehen und vieles zu beobachten, fordert und entspannt zugleich. Besonders anziehend sind die herbstlich gefärbten Wälder. Eine flurbereinigte Landschaft wirkt auf uns eintönig, monoton, trostlos und traurig. Ohne, daß wir es wissen und exakt formulieren können, brauchen wir jedoch für unser inneres Wohlbefinden über den Weg des Auges die Abwechslung und Vielfalt in der Landschaft.

Unser Wald hat Keuchhusten

Jeder Baum braucht zum Leben neben Licht und einer gewissen Wärme Luft, Wasser und Nährstoffe. Hat er nun von einem dieser Grundstoffe zu wenig, oder sind einer oder gar mehrere dieser Grundstoffe verdorben (vergiftet), so wird er krank und stirbt. Ursachen des heute zu beobachtenden ausgedehnten Waldsterbens sind

- die gasförmigen Luftverunreinigungen (Schwefeldioxid vor allem aus ungefilterten Abgasen von Kraft- Heizwerken; Stickoxide vor allem aus Abgasen des Verkehrs);
- die Sauren Regen (Regen verbindet sich mit den gasförmigen Luftverunreinigungen zu ätzenden Säuren);
- die Schwermetalle (wie Cadmium und Blei von Müllverbrennungen, Kraftwerken und vom Verkehr), die mit dem Sauren Regen in den Boden gewaschen werden.

Wirken diese Gifte auf die Nadeln, Blätter oder Wurzeln ein, so führt das im Baum zu Nährstoff- und Wassermangel. Die Nadeln und Blätter fallen ab, die Borkenkäfer und andere Insekten machen sich über die Rinde und das Holz her und geben dem Lebewesen Baum den Rest – der Baum ist tot.
Ohne Wälder kommen extreme Trockenzeiten und Hochwasser, das Trinkwasser wird versiegen. „Luftkurorte" wird es nicht mehr geben, und die bis zu einem gewissen Grad normale Luftreinigung durch den Baum und die Wälder findet nicht mehr statt. Hunderte von Pflanzen- und Tierarten, die auf den Wald als Lebensraum angewiesen sind, sterben aus.

Der Wald wird von Jahr zu Jahr kränker. 1984 war die Hälfte der Bäume noch völlig gesund, 33 Prozent waren schwach, 17 Prozent deutlich geschädigt. In den letzten Jahren hat sich die Situation dramatisch verschlechtert: Nur noch 34 Prozent der Bäume sind 1992 gesund, schwer geschädigt sind bereits 27 Prozent. Die Buchen sind zu 38 und die Eichen zu 32 Prozent krank.
Die industriellen Emissionen müssen noch viel erfolgreicher reduziert werden und die Schadstoffreduzierung bei den Autos darf nicht gemindert werden durch eine beachtlich ansteigende Zahl der Kraftfahrzeuge und eine Zunahme der Gesamtfahrleistung.
Die Erhaltung der Lebenskraft unserer Wälder muß unser aller Anliegen und Sorge sein.

Grafik aus: Wald in Gefahr, Herausgegeben von den Bayerischen Staatsministerien für Ernährung, Landwirtschaft und Forsten (Ludwigstr. 2, München) und für Landesentwicklung und Umweltfragen (Rosenkavalierplatz 2, München), im September 1984

Literatur:
I.Lucht, Die Baum-Uhr, Verlag Ellermann, München
R.Sacher, Der verwandelte Baum, Verlag Parabel, München
G.Coe, Bäume, Verlag Tessloff, Hamburg
Bayer. Staatsministerium für Ernährung, Landwirtschaft und Forsten, München: Waldsterben durch Umweltverschmutzung/ Wald in Gefahr
Aktuelle Daten aus der Tagespresse

Gesunder Wald mit vollen grünen Kronen.

Zuerst erkranken oft Randbäume und alte einzelnstehende Nadelbäume.

Schäden breiten sich meist sprunghaft aus. Die Kronen der Nadelbäume verlichten, die Laubbäume zeigen Schäden. Tote und absterbende Stämme müssen entnommen werden.

Die geschädigten Bäume beginnen flächig abzusterben. Schwächeparasiten (Pilze, Insekten) beschleunigen diesen Vorgang.

Schauen, fühlen, hören, riechen

Ulla Floeth-Schubert

Wir suchen unseren Baum

- Mit der Kindergruppe einen Baum draußen im Garten oder in der Nähe aussuchen, der unser Baum werden soll. Wir wollen unseren Baum möglichst oft das ganze Jahr über besuchen.
- Wir nehmen ein selbstgebasteltes Fernrohr mit (zwei Papierrollen aneinander kleben, daran eine Schnur befestigen). Mit dem „Fernrohr" können wir bestimmte Ausschnitte eines Baumes besser betrachten und Einzelheiten gut erkennen.

Erfahrungen mit unserem Baum

- Die Gestalt des Baumes erfassen: Form und Dicke des Stammes, die Form der Krone mit ihren Verästelungen und Verzweigungen.
- Den Stamm je nach Dicke allein oder zu mehreren mit den Armen umspannen.
- Je nach Jahreszeit die verschiedenen Düfte riechen: den herben Duft des Stammes, den frischen Duft von jungen Blättern und frischen Blüten, den vollen Duft der Früchte, den modrigen Duft der welken Blätter.
- Die Rinde abtasten, ob sie eher glatt, rissig, borkig oder knorrig ist; Rindenteile, Blätter, Blüten und Früchte in die Finger nehmen, vergleichen, – erst sehend, dann mit geschlossenen Augen.
- Welche Wurzeln mag unser Baum wohl haben? Gehen sie ganz tief in den Boden oder sind sie sehr breit? Vielleicht schauen einige Wurzeln aus dem Boden.
- Wer mag in unserem Baum wohnen? Können wir Käfer finden, die am Stamm hinaufkrabbeln? Gibt es Vögel, die sich im Geäst niederlassen? Finden wir andere Insekten, Würmer, Fliegen, die den Baum besuchen?
- Wie fühlt sich unser Baum im Schnee mitten im Winter an? Friert er wohl wie wir?
- Wir umarmen unseren Baum und tanzen um ihn herum.
- Wir untersuchen eine Knospe im Vorfrühling und schauen vorsichtig, wie das Blatt oder auch die Blüte darauf wartet, sich zu entfalten.
- Wir nehmen einen Zweig von unserem Baum mit und stellen ihn in warmes Wasser. Was geschieht nach ein paar Tagen?
- An einem warmen Tag im Sommer legen wir uns alle im Kreis unter unseren Baum, schauen nach oben und beobachten, was im Baum vorgeht. Dann schließen wir die Augen und horchen auf Geräusche.

Foto aus: N.Hoenisch/E.Niggemeyer, Heute streicheln wir den Baum, Ravensburger Buchverlag, Otto Maier GmbH 1981

Sprich einmal mit einem Baum,
auf eine menschliche Weise.
Sei vor allem freundlich.
Komm nicht mit einer Säge
oder einer Axt.

Lobe ihn
wegen seiner schönen Blätter,
seiner großen Blätter,
seiner kleinen Blätter,
seiner zarten Blätter,
wegen seines prächtigen Kleides.

Sag ihm,
wie stark sein Stamm ist
und daß in seinen Zweigen
die Sonne spielen kann.
Schau ihn einmal ruhig an
und lausche.

Du wirst ihn hören.
Vielleicht zum ersten Mal
wirst du ihn hören.

Phil Bosmann
Liebe wirkt täglich Wunder
Herder Verlag, Freiburg 1991/12.Aufl.

Erfahrungen im Wald

- Unterschiedliche Baumarten erfassen, die Bäume vergleichen in ihrer Gestalt, ihrem Wuchs. Wir betrachten genau Stamm, Rinde, Blätter, Früchte, vergleichen sie miteinander und ordnen die verschiedenen Merkmale.
- An einem frischen Baumende oder Baumstumpf die Jahresringe zählen. Wie alt ist dieser Baum geworden?
- Baumstümpfe und Wurzeln untersuchen, an morschem Holz riechen, Käfer und andere Kleintiere suchen.
- Interessante Dinge entdecken, z.B. Pilzchen, die aus einem Tannenzapfen wachsen, oder einen vom Blitz getroffenen Baumstamm (Fotos).
- Den Wind in den Zweigen der Bäume beobachten.
- Auch bei Regenwetter in den Wald gehen, sich unterstellen und beobachten, wie das Wasser durch das Blattwerk dringt. Wie klingt der Regen? Wie riecht der Wald?
- Einmal die Stille im verschneiten Winterwald erleben.
  Bei Rauhreif einzelne Bäume anschauen.
- Im zeitigen Frühling Haselstrauch und Weidenbüsche anschauen, die Kätzchen befühlen. Die ersten Bienen beobachten und auf ihr Summen horchen.
- Im Frühling auf dem Waldboden Keimlinge von jungen Bäumen entdecken. Einen Keimling vorsichtig ausgraben, zusammen einpflanzen und weiterhin pflegen.

Anregungen zum Spielen

Uschi Geils

Mit der Lupe unterwegs

Material:
so viele Lupen, wie aufzutreiben sind

G **Spielanregung:**
An einer geeigneten Stelle im Park oder im Wald werden mit einer Schnur kurze Wege gespannt. Jedes Kind darf mit einer Lupe diesen Abschnitt genau beobachten. Die Augen sollen dicht am Boden sein, also am besten kriechen. Was für eine Welt tut sich da auf! Eine Ameise oder ein Käfer wird verfolgt.

Einer sieht, einer ist blind

Material: -

gG **Spielanregung:**
Das „sehende" Kind läßt das „nicht-sehende" Kind von hinten seinen Ellenbogen fassen und führt es schweigend durch den Wald, überwindet langsam Bodenunebenheiten, duckt sich unter herabhängenden Zweigen hinweg; das „nicht-sehende" Kind folgt seinen Bewegungen.

Den Baum liebhaben

Material: -

gG **Spielanregung:**
Die Kinder tun sich zu zweit zusammen. Das eine Kind schließt die Augen, das andere führt es zu einem Baum, läßt es seine Wange an der Rinde reiben, läßt es die Rinde mit der Hand fühlen, läßt es ein Blatt oder die Baumfrucht fühlen, führt es dann ein wenig weg und läßt es seinen Baum wiederfinden und umarmen. Danach wird gewechselt.

Das getarnte Flüsterspiel oder das geflüsterte Tarnspiel

Material:
mehrere kleine, künstliche Gegenstände, manche auffallend, andere sollen sich in die Umgebung einfügen.

gG **Spielanregung:**
Die Erzieherin versteckt im Wald entlang eines Pfades von ca. 20 m kleine Gegenstände. Die Kinder gehen einzeln und in Abständen den Weg entlang und versuchen, die Dinge zu entdecken (ohne sie mitzunehmen). Am Ende flüstern sie der Erzieherin ins Ohr, welche Dinge sie ausfindig gemacht haben.
Danach kann ein Gespräch geführt werden über Tarnfarbe bei den Tieren. Wer kann kleine getarnte Tiere, z.B. Insekten, entdecken?

Meditation

Rita Sperber-Nusch

Betrachtung eines Wurzelstocks

Die Erzieherin sollte sich vorher mit dem Sinnbild der Wurzel beschäftigt haben und mögliche Aussagen für sich suchen:

Wurzeln geben einem Baum Halt und Leben.
Sie sind stark und fest.
Es gibt dicke und dünne Wurzeln.
Wo sind meine Wurzeln?
Was gibt mir Halt?

Dem meditativen Betrachten, dem Aufnehmen und „Begreifen" der Gestalt der Wurzel geht eine Zeit der Stille voraus.

Methodische Möglichkeiten:

- Wir sehen uns eine Wurzel ruhig an. Was fällt euch auf, was sagt euch die Wurzel?
- Könnt ihr in der Wurzel eine Gestalt erkennen?
- Was kann die Wurzel uns erzählen? Was hat sie erlebt?
- Schließt die Augen und befühlt die Wurzel!
- Die Kinder betrachten still die Wurzel.

Einwurzeln[1)]

Während eines Beckenschlages versuchen die Kinder, sich langsam auf dem Boden abzulegen, in den Boden hineinzukommen. Sie werden „Wurzeln", die in der Erde sind, sich dort immer mehr ausbreiten – ausstrecken – festhalten.
(Bauchlage – Arme und Beine werden ausgestreckt)

Die Erzieherin kann nun versuchen, die Kinder hochzuheben, z.B. an der Hüfte oder an einzelnen Gliedern. Sie wird spüren, wie fest die Kinder in der Erde sind.

Die Erzieherin versucht, die Übung durch sprachliche Vorstellungen (Imagination) weiterzuführen:
„Die Wurzeln werden von der Erde umschlossen.
Sie lassen sich in die Erde hinein los.
Sie öffnen sich und nehmen Kraft aus der Erde:
das Wasser – die Wärme."
(Der Körper der Kinder wird dabei weich – locker – entspannt)
„Die Kraft strömt durch die Wurzeln hindurch.
Ganz langsam beginnt etwas zu wachsen und zu blühen."
Bei einem Beckenschlag lösen sich die Kinder langsam vom Boden und beginnen zu wachsen.

1) Vgl: Religionspädagogische Hefte, 1/78, RPA-Verlag, Landshut

Bilder für die inneren Augen

Eines Tages steht Anna auf
einer Wiese.
Es ist fast dunkel.
Aber es ist immer noch warm,
und es regnet ein bißchen.
Und Anna träumt.
„Ich bin ein Baum", denkt sie.
„Meine Zehen sind die Wurzeln,
die sich ins Gras bohren.
Meine Beine sind der Stamm,
meine Arme die Äste
und meine Finger die Zweige.
Wenn der Wind weht, schaukle
ich hin und her,
vor und zurück. So.
Und das ist schön ..."

Hans Peterson
aus:
Anna, 7 Jahre
Carlsen Verlag, Hamburg 1987

Vgl. das Bilderbuch: Ivan Gantschev/Dimiter Inkiow, Filio, der Baum, Neugebauer Press, darin: „Ich bin ein Baum, und ich heiße Filio. Wundere dich nicht darüber, daß ich einen Namen habe. Alle Bäume haben einen Namen. Möchtest du wissen, wie du den Namen eines Baumes erfahren kannst? Es ist ganz leicht. Du mußt dich unter ihn stellen, wenn es weht. Wenn dann der Wind durch die Zweige geht und sacht seine Blätter bewegt, flüstert der Baum seinen Namen. Wenn es windig ist, singen die Wälder. Hast du das gewußt?"

Vgl. auch den wunderbaren Text: Roland Bockle „Geheimnis", in: E.A.Ekker/G.Hofer (Hrsg.), Ich bau' mir ein Nest, S.72f., Neuer Breitschopf Verlag, Wien 1989

Vgl. auch das Gebet: Barbara Cratzius „Wachsen wie ein Baum", Nach Psalm 1, in: B.Cratzius, Du schenkst uns Himmel, Wasser, Land – Psalmgebete für Kinder, S.11, Verlag Butzon & Bercker, Kevelaer, 1991

Wahrnehmungs- und Phantasieübung

Rita Sperber-Nusch

Das Bedürfnis nach Stille und die Fähigkeit zum Hören, zur inneren Wahrnehmung sind im Kind angelegt. Das „Ruhig-bei-einer-Sache-Bleiben", „Sich-einer-Sache-Hingeben", sollte gerade in unserer so schnellebigen Zeit bei den Kindern gefördert und auch uns selbst wieder nähergebracht werden.
Die Phantasiewelt des Kindes ist noch reich und vielfältig. In ihr drückt sich der momentane Lebensprozeß aus. Mit Hilfe der Phantasie lebt es Situationen, Wünsche, Probleme und all das aus, was in der Realität vielleicht zu kurz kommt. Wenn es diese Phantasie auch ausdrücken darf, erfahren wir auf diese Weise, was in seinem Leben vor sich geht.
Durch die Identifikation mit dem Baum als Sinnbild des Wachsens und des Lebens kann es auch ein Stück eigene Lebenswirklichkeit finden.

Phantasiereise: Baum

Diese gelenkte Phantasie regt das Kind an, in sich hineinzuhorchen, Gefühlen Ausdruck zu geben – auf eine andere Art mit sich in Kontakt zu kommen.
Für die Erzieherin ist es wichtig, vorher selbst Erfahrungen mit der Phantasiereise zu machen.

Methodische Hinweise:
- bequeme Körperhaltung
- geschlossene Augen (außer, wenn ein Kind Angst dabei bekommt)
- ruhige und warme Atmosphäre
- die Phantasiegeschichte soll mit leiser, ruhiger Stimme erzählt werden, mit vielen Pausen, damit die Kinder Gelegenheit haben, die Gedanken nachzuvollziehen
- am Schluß die Kinder wieder behutsam in den Raum zurückführen
- die Kinder spontan erzählen lassen, was sie „erlebt" haben (Kinder, die nicht erzählen möchten, dürfen die Geschichte für sich behalten, vielleicht möchten sie dazu malen.)

Die Geschichte eines Baumes

Ich möchte euch jetzt bitten, die Augen zu schließen, denn ich möchte euch auf eine Phantasiereise mitnehmen. (Stille)
Stellt euch jetzt vor, ihr geht durch einen Wald. Die Vögel zwitschern, Sonnenstrahlen fallen warm und hell durch die vielen Bäume. Der Wind bewegt die Blätter und Gräser. Es ist alles ganz ruhig.
Bleib nun vor einem Baum stehen und verwandle dich in diesen Baum. Du bist nun dieser Baum ... was bist du für ein Baum? Hast du Blätter? Bist du ein kleiner Baum? Oder ganz groß? Wächst du allein, oder stehen noch andere Bäume um dich herum? Sind deine Zweige dünn oder ganz dick? Wie fühlt sich dein Stamm an? Rauh oder ganz glatt? Wie dick ist er? Schau jetzt deine Wurzeln an. Wie weit reichen sie in den Boden hinein? Kannst du es fühlen? Wie stark sind deine Wurzeln? Sieh dich nun in deiner Umgebung um ... was ist da? Tiere, Blumen, Menschen? Welche Jahreszeit ist gerade? Wie schaut dein Leben aus als Baum? Fühlst du dich wohl oder fehlt dir etwas? ...
Wenn du fertig bist, komme wieder zurück in dieses Zimmer, öffne langsam deine Augen. Strecke und bewege dich nun.
Wir wollen uns jetzt wieder hinsetzen und uns darüber unterhalten, was ihr erlebt habt als Baum.

Beobachten und Experimentieren mit Holz

Ulla Floeth-Schubert

Holz braucht viele Jahre zum Wachsen

Bei einem Baumstumpf die Jahresringe zählen.
Ein Abriebbild anfertigen.

In der Betrachtung entfaltet sich den Kindern die symbolische Wirkung, ohne daß wir erklären müssen.

Holz fühlt sich warm an

Einer ist blind, der sehende Partner führt ihn durch den Raum und läßt ihn Gegenstände aus Holz, Metall, Glas abtasten. Er muß sagen, aus welchen Materialien die Gegenstände sind und wie sie sich anfühlen.

Holz sieht interessant und lebendig aus

Wachstumslinien im Holz suchen. Abriebe von verschiedenen Holzarten machen.

Holz riecht gut

Einen Tannenzweig vorsichtig über eine Kerze halten, es gibt einen angenehmen Duft.
An frischen Baumstücken aus dem Wald riechen. Fichten riechen nach Harz.
In einer Sägerei riecht es herb und frisch nach gesägtem Holz.

Holz klingt [1)]

- Den Klang von Holz und anderen Materialien miteinander vergleichen, indem man mit einem Lineal darauf klopft.
- Kindern werden die Augen zugebunden. Können sie Materialien an ihrem Klang unterscheiden?
- Verschiedene Hölzer werden aufgehängt und angeschlagen. Klingen sie alle gleich?
- Kann die gleiche Holzart verschiedene Töne hervorbringen? Man versuche es
  mit kurzen und langen Stücken
  mit trockenem und feuchtem Holz
  mit festem und ausgehöhltem Holz.
- Wer kennt Musikinstrumente, die aus Holz gebaut sind?

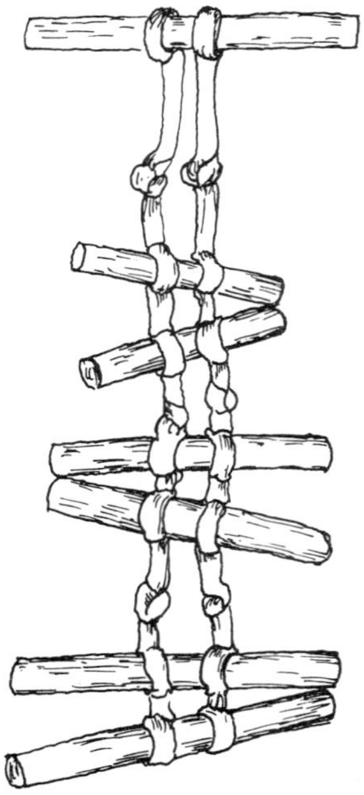

Holz schwimmt

Holzstückchen schwimmen lassen.

Holz brennt

Versuche am besten draußen vorsichtig durchführen, z.B. mit Streichhölzern, mit Kienspänen (lassen sich leicht von einem Stück Holz mit dem Messer abspalten).

1) Vgl.: E.Gloor, Kinderwerkstatt Holz, O.Maier Verlag, Ravensburg 1983

Holz läßt sich bearbeiten

Holz spalten, sägen, feilen, raspeln, schnitzen.

Im Kindergarten eine freie Werkecke einrichten mit Werkzeugen wie Handsäge, Sägelade, Hammer, Feilen, Raspeln. Die Kinder frei und unter Anleitung einfache Dinge herstellen lassen wie Boote, Flugzeuge, Autos oder Klangstäbe. (Vgl. Bausteine Kindergarten Heft 2/89: Mein Vater hat Werkzeug, das gefällt mir)

Evtl. mit Kindern einmal selbst aus Holz Papier herstellen (Anleitung in Bausteine Kindergarten Sammelband 3, S.22).

Gegenstände aus Holz finden lassen

im Gruppenraum
im Kinderzimmer
im Wohnzimmer
in der Küche

Ich bin aus gutem Holz

Text: Marina Palmen Melodie: Ludger Edelkötter

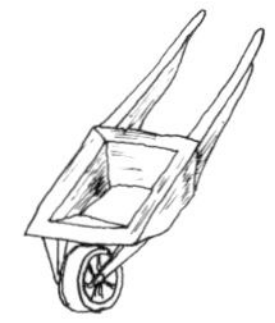

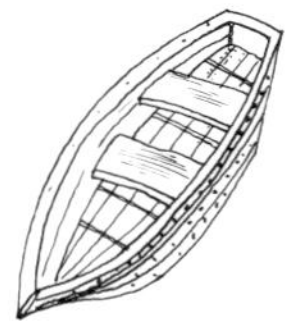

Spielanregung:

Ein Spieler befindet sich als Baum in der Kreismitte und singt allein oder mit den anderen Spielern gemeinsam den Liedtext. Zum Schluß darf der betreffende Spieler pantomimisch vorführen, was man aus seinem Holz machen kann: (beispielsweise)
einen Stuhl (deutet Sitzen an);
eine Schubkarre (bittet einen Mitspieler, ihn zu fahren);
eine Marionettenpuppe (bewegt sich wie eine Puppe).
Der Spielleiter greift dabei die Frage „Was kann man aus Holz machen?" als Hilfestellung auf und gibt je nach Spielsituation weitere zusätzlich Hilfen. Nachdem die Darstellungen erraten wurden, darf der Baum seinen Nachfolger wählen. Das Spiel beginnt von neuem. Weitere Strophen können beliebig ausgedacht werden.

aus:
Hallo, du im Nachbarhaus
Verlag Bergmoser + Höller, Aachen 1983
MC zum Buch: IMPULSE - Musikverlag, Drensteinfurt

Erkundungsgänge

Mit dem Förster durch den Wald

Der Förster geht mit uns durch den Wald. Er berichtet von seinen Aufgaben und von seiner Arbeit: vom Aufforsten nach einem Einschlag, vom Auslichten, vom Schutz gegen Waldfrevel, vom Erschließen des Waldes für Wanderer, von der Wildpflege. Er könnte im Winter von der Tierfütterung erzählen, Tierspuren deuten, im Frühling von der Brutpflege der jungen Tiere berichten.
Sicherlich wird er auch auf das richtige Verhalten im Wald aufmerksam machen, z.B., daß man im Frühling die vorgezeichneten Waldwege nicht verlassen soll, um nicht die Vögel beim Brüten und die Waldtiere bei der Versorgung ihrer Jungtiere zu stören.
Je mehr der Förster sich sprachlich auf die Kinder einläßt, auf ihre Interessen und Fragen eingeht, um so lieber folgen sie ihm.

Bei den Holzfällern im Wald

Wir besuchen Holzfäller im Wald, beobachten sie bei der Arbeit und unterhalten uns mit ihnen:
Welche Bäume werden gefällt? Warum werden sie gefällt? Wir lassen uns eine Baumsäge zeigen, schauen zu, wie der Sägeschnitt durchgeführt wird, sehen und hören einen Baum fallen, beobachten, wie die Holzfäller die Baumstämme entasten, teils entrinden; beim Baumstumpf zählen wir die Jahresringe; wir fragen, wie lange die Stämme noch zum Trocknen im Wald liegen bleiben, vielleicht können wir aber auch an anderer Stelle Fahrzeugen beim Abschleppen, Stapeln oder Abtransportieren zusehen. Einige Zweige – vielleicht noch mit Zapfen – und Rindenstücke nehmen wir mit. Sicherlich schneiden uns die Holzfäller auch noch einige Scheiben vom Baumstamm ab. (Wir legen sie im Kindergarten für einige Monate unter einen dichten Gartenstrauch, damit sie vom Regen öfter naß werden und nicht zu schnell austrocknen und rissig werden.)

In einer Baumschule

Vielleicht ist in unserem Kindergarten Platz für einen Strauch oder für einen Baum. Wir besorgen uns den Katalog aus einer Baumschule. Die Kinder treffen eine Vorwahl.
Wir besuchen die Baumschule. Wir gehen durch die Pflanzbeete und schauen uns die vielen verschiedenen Stauden, Sträucher und jungen Bäume an. Wir sehen dem Treiben in der Baumschule zu: Kunden erhalten Sträucher oder Bäumchen, deren Wurzelballen von einem Netz umspannt sind, andere stehen in Containern, bei den Obstbäumen und anderen Laubgehölzen sind die Wurzeln frei zu sehen.
Wir lassen uns beraten und suchen für unseren Kindergarten einen Strauch oder ein junges Bäumchen aus. Wir helfen beim Einpflanzen mit.

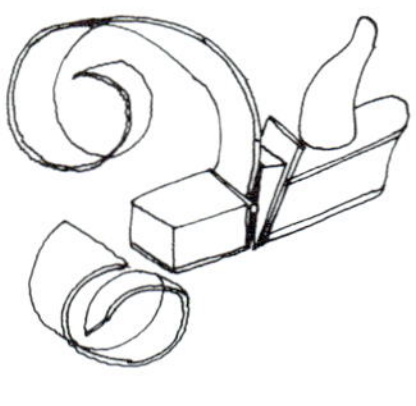

In der Schreinerei

Der Schreiner zeigt uns seine Holzvorräte, wir betasten das Holz und riechen daran.
Der Schreiner führt uns vor, welchen Weg ein Stück Holz bis zum fertigen Werkstück nimmt: Säge, Hobelmaschine, Fräsbank, Schleifmaschine ...
Vielleicht schenkt er uns das fertige Werkstück zur Erinnerung, dazu vielleicht Holzreste und Sägespäne.

Besuch des Heimatmuseums
(Holzgeräte und Werkzeuge aus früherer Zeit)

Besuch in einem Schloß
(kunstvolle Parkettböden, Wand- und Deckenvertäfelungen, schöne alte Möbel)

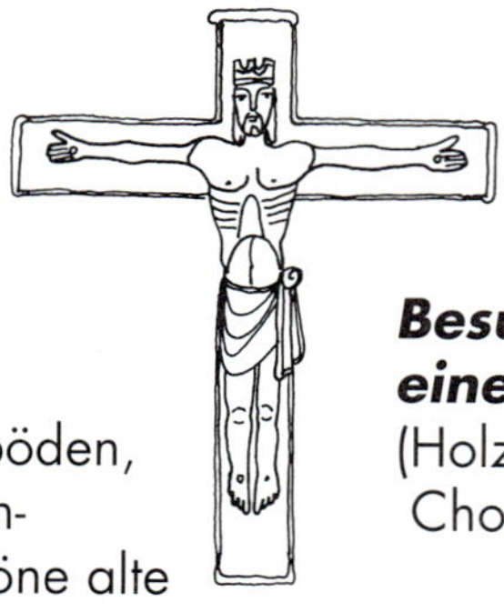

Besuch in einer Kirche
(Holzfiguren, Bänke, Chorgestühl, Kanzel)

Erfahrungsbericht: Baumschule

Im September 1988 bekamen wir für unsere Integrationsgruppe zwei Fichtenbäumchen in je einem Blumentopf geschenkt.
Wir betrachteten genau Größe, Form und Gewicht, stellten zwischen beiden Vergleiche an und zählten sogar die Äste.
Ein Kind meinte: „Gelt, das sind noch Baby-Bäume."
Auf Wunsch der Kinder mußte ich auch Fotos machen, daraus entstand dann ein Sachbilderbuch.
Jeweils zwei Kinder betreuten eine Woche lang die Bäumchen, alle anderen beobachteten sie.
Bei unseren Ausgängen wurde ab dieser Zeit den Bäumen ein besonderes Augenmerk geschenkt. Wir erfanden Baumspiele und Geschichten. Wir besuchten auch eine Baumschule in unserer Nähe und hörten, wie aus Samen Bäume werden. Mehrmals im Jahr statteten wir der Baumschule einen Besuch ab, um das Wachsen und Gedeihen zu registrieren.
Nach Weihnachten mußten wir unsere Bäumchen bereits umtopfen. Das war ein sehr feierlicher Akt. Stefan meinte: „Jetzt sind aus den Babybäumen Kindergartenkinderbäume geworden."
Als der Frühling kam, suchten wir für unsere Bäumchen einen Platz im Freien. Beim Aussetzen meinte Karin, wir könnten unseren Bäumchen auch Namen geben. Nach einem ausführlichen Gespräch wählten wir folgende Namen: „Fichtine und Nadeline". Da wir sie zu anderen bereits etwas größeren Bäumchen setzten, erinnerten sich die Kinder an die Baumschule, und sogleich ertönte eine Stimme: „Jetzt haben wir eine kleine Baumschule im Kindergarten."
Mit Sorgfalt und Ausdauer betreuten die Kinder von nun an die Baumschule. Bald entdeckten sie Besucher: Käfer, Schnecken, Ameisen, Schmetterlinge hielten Rast oder kletterten auf und ab. Beim Beobachten dieser Besucher verhielten sich alle ganz still.
Seit dieser Zeit sind vier Jahre vergangen. Die „Hinterbliebenen" erzählten immer wieder den neuen Kindern, wie es war, als unsere Bäumchen Babys waren. Dazu wird das selbstgemachte Sachbilderbuch hervorgeholt, und ich muß die ganze Geschichte der Bäumchen erzählen.

Sr. Guitmaris Hartl, Stockerau

Pflanz einen Baum!

Kinder erleben einen Baum als riesiges Blätterdach, als Spender von Schatten und Kühle, sie freuen sich über seine Blütenfülle und im Herbst über seine Früchte. Nur schwerlich können sie sich vorstellen, daß aus einer kleinen braunen Buchecker eine riesige Buche und aus einer Eichel eine Eiche und aus einem einzelnen Kirschkern ein mächtiger Kirschbaum gewachsen ist. Die Kinder können vom Wunder dieses Wachstums erfahren:

Sie legen Kerne, Fruchtsteine oder Samen einzeln in Jiffitöpfe und diese in eine größere Pflanzschale, halten die Erde feucht, bis die kleinen Pflänzchen aus dem Boden sprießen. Wenngleich sich das Wunder des Keimens und Sprossens unseren Augen verborgen vollzieht, dürfen die Kinder einmal z.B. eine Eichenpflanze unter Wasser vorsichtig abspülen, schauen, wie der Keimling aus der Frucht herausgewachsen ist und viele Würzelchen bereits die Wasser- und Nährstoffversorgung aufgenommen haben.

Die Kinder gehen draußen auf Suche und fragen nach, wo sie ihre Setzlinge einpflanzen können: im Kindergartengelände, an der nahen Kirche, im Garten vom Seniorenheim ... Jedes Kind bekommt Gelegenheit, mit einer kleinen Schaufel und ein bißchen Pflanzerde „sein" Bäumchen zu setzen.
Die Kinder sollten nicht zu sehr enttäuscht sein, wenn manche Setzlinge durch Tiere „verbissen" oder auch aus anderen Gründen nicht gedeihen. Um so mehr freuen sie sich über die Pflanzen, die von Jahr zu Jahr größer werden. Vielleicht können sie später von diesem oder jenem Baum sagen: den haben wir gepflanzt, als wir noch den Kindergarten besuchten.

Ich schenke dir diesen Baum

Ich schenke dir diesen Baum.
Aber nur,
wenn du ihn wachsen läßt,
da wo er steht;
denn Bäume sind keine Ware,
die man einfach mitnehmen kann.
Sie keimen und wurzeln
in unserer alten Erde,
werden hoch wie ein Haus
und vielleicht sogar älter als du.
Ich schenke dir diesen Baum,
das Grün seiner Blätter,
den Wind in den Zweigen,
die Stimmen der Vögel dazu
und den Schatten,
den er im Sommer gibt.
Ich schenke dir diesen Baum,
nimm ihn wie einen Freund,
besuche ihn oft,
aber versuche nicht, ihn zu ändern.
So wirst du sehen,
daß du viel von ihm lernen kannst.
Eines Tages sogar
seine Weisheit und Ruhe.
Auch wir sind nämlich Bäume,
die in Bewegung geraten sind.

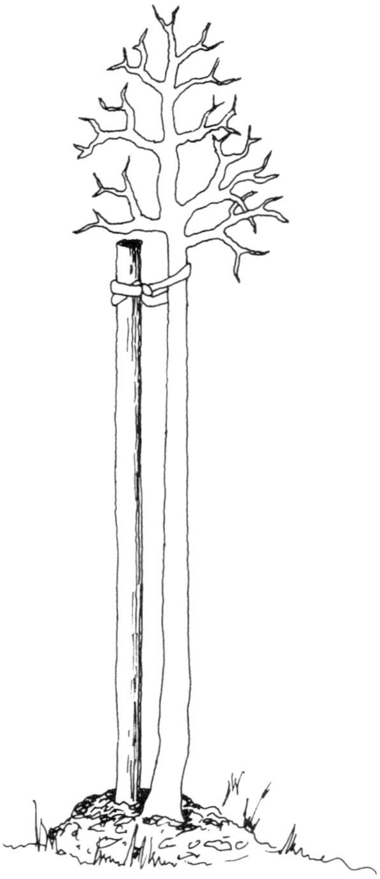

Harald Braem
aus:
H.J.Gelberg (Hrsg.), Augenaufmachen
7. Jahrbuch der Kinderliteratur
Beltz Verlag, Weinheim und Basel 1984
Programm Beltz & Gelberg, Weinheim

Kinder in Sri Lanka pflanzen Baumsetzlinge
Foto aus: Unesco Kurier 11/91

Sammlungen

Ulla Floeth-Schubert

Wir machen ein Buch von unserem Baum

Wir sammeln Zeichnungen zu den verschiedenen Jahreszeiten.
Wir pressen Blätter, Blüten.
Wir machen Fotos von unserem Baum zu den verschiedenen Jahreszeiten.

Wir stellen ein Baumbilderbuch her

Wir sammeln aus Zeitschriften Bilder von Bäumen, von Blättern, Früchten und Baumbewohnern und legen uns ein großes Bilderbuch im Lauf des Jahres an, in dem jeder wieder blättern kann. Die Bilder geben wir am besten in Klarsichtfolie, damit unser Buch haltbar wird. Ein Ringordner ist zum Aufbewahren geeignet.

Wir legen eine Sammlung von verschiedenen Hölzern an

Treibholz, verkohltes Holz, faulendes Holz, Holz mit Wurmlöchern oder den Spuren des Buchdruckers, lackiertes Holz, gewachstes Holz ...

Wir stellen eine Tastwand her

Kleine Materialien aus dem Wald wie Holzstücke, Rinde, Blätter, Fichten-, Tannennadeln, Zapfen, kleine Zweige, Waldfrüchte, Federn ...
Wir kleben die unterschiedlichen Materialien nebeneinander auf ein Brett – am besten mit Pattex oder einer Klebepistole; Zapfen befestigen wir mit Draht, wozu wir ein Loch in die Tafel bohren. Die Tafel befestigen wir an der Wand oder legen sie für einige Zeit auf einen Tisch im Gruppenraum.
Nun können die Kinder einzeln sehend oder blind die Gegenstände abtasten.

Unser Baummuseum im Schuhkarton

Jedes Kind bringt sich aus dem Wald eine oder mehrere kleine Kostbarkeiten mit, die ihm besonders gefallen. Außerdem braucht jedes Kind eine Schuhschachtel zum Ausstellen.
Jedes Kind ordnet nun seine Ausstellungsstücke dekorativ in der Schachtel an (und versucht die Dinge zu befestigen).
Die Schachteln werden am besten an einer Wand im Flur oder im Gruppenraum übereinandergestellt zum „Museum".

Die Symbole Baum und Wald im Märchen

Baum

Zu jeder Zeit hat der Mensch Parallelen von sich zum Baum gesucht. Der Baum, der mit seinen Wurzeln fest in der Erde verankert ist, dessen hoher Wuchs zum Himmel weist, zeigt die Verbindung von Himmel und Erde auf – Ort der Ganzheit.
Die Vielfalt der Bäume, ihre unterschiedlichen Möglichkeiten zur Entfaltung, liefern Analogien zum menschlichen Leben. – Der Baum ist im Gegensatz zum menschlichen Körper nie völlig ausgewachsen. Bis zu seinem Absterben treibt er Jahr um Jahr Knospen, blüht, bringt Früchte und wechselt sein Kleid. Trotzdem erinnert auch dieses an menschliches Dasein. Menschsein heißt Wachstum. Das bedeutet, niemals endgültig fertig zu sein, fortwährend Reifeprozesse durchzustehen.
In der Geschichte aller Religionen, in Volksüberlieferungen und in Darstellungen der Kunst der ganzen Welt findet man heilige Bäume. Das Christentum spricht vom Lebensbaum, dem Baum der Erkenntnis von Gut und Böse im Paradies. Diesem ist der Kreuzesbaum (Kreuz Christi) gegenübergestellt, Zeichen des Todes und der Auferstehung. – Im germanischen Heidentum wurden Bäume als Heiligtum verehrt. Im Zuge der Christianisierung ließ Bonifatius die Donareiche fällen. Buddha erfährt unter dem heiligen Bobaum die Seligkeit des Erwachens. Daß die Ursprünge der Mai- und Richtbäume sowie des Christbaumes heidnisch sind, ist eine wenig bekannte Tatsache.
Der immergrüne Nadelbaum ist ein Sinnbild der Unsterblichkeit. Der Laubbaum verkörpert im Frühling nach der Zeit des Winters das Wiederauferstehen.

Wald

Der Wald im Märchen birgt das Unbekannte, Geheimnisvolle. Er ist der Ort, an dem man sich seinem inneren Dunkel stellt, um sich selbst zu erkennen und zu sich selbst zu finden.
Viele Märchen beginnen im oder am Wald, z.B. die Märchen der Brüder Grimm:
Hänsel und Gretel, Rotkäppchen, Brüderchen und Schwesterchen, Das Waldhaus, Die sechs Schwäne.
Hänsel und Gretel z.B. werden in den Wald geführt, um sich dort zu verirren. Das Irren im Wald zeigt symbolisch die Suche der Kinder nach ihrem Ich an. In den Tiefen des Waldes finden bedeutsame Begegnungen und Wandlungen statt. Sie müssen mit Ängsten, Problemen und Aufgaben fertig werden, um sich zu selbständigen Persönlichkeiten zu entwickeln.
Man kann hier Parallelen zu der Situation des Kindergartenkindes ziehen. Beim Kindergarteneintritt verläßt das Kind die Geborgenheit seines vertrauten Zuhause. Es muß sich in einer völlig unbekannten Umgebung zurechtfinden und ebenso Ängste, Probleme und neue Aufgaben bewältigen.

Literaturhinweise:
B.Bettelheim, Kinder brauchen Märchen, Deutsche Verlagsanstalt, Stuttgart 1977
D.Forstnee, Die Welt der christlichen Symbole, Verlagsanstalt Tyrolia, Innsbruck
G.Gollwitzer, Botschaft der Bäume, Du Mont, Köln 1984
Herder Lexikon – Symbole, Herder, Freiburg 1978
H.Kirchhoff, Ursymbole und ihre Bedeutung für die religiöse Erziehung, Kösel, München 1982
G.Mohr, Lexikon der Symbole, Diederichs, Düsseldorf 1981
H.Zitzlsperger, Kinder spielen Märchen, Beltz, Weinheim 1980
E.Drewermann, Aschenputtel, Walter, Olten 1993

Märchen: Die Holzklauberin

Marina Birn

Wenn die Hauptperson dieses Märchens auch kein Kind ist, zeigt es Fünf- bis Siebenjährigen sehr überzeugend, was gut und schlecht, Recht und Unrecht, Glück und Leid ist.
Die arme Frau bietet sich hier als nachahmenswertes Vorbild an. Sie will ihr eigenes Glück nicht um jeden Preis. Sie respektiert die Beziehung zwischen Mensch und Tier, Mensch und Natur.
Das Märchen eignet sich hervorragend, Kinder für ökologische Probleme sensibel zu machen. Es wird deutlich, daß im Endeffekt nur derjenige belohnt wird, der die Zusammengehörigkeit von Mensch, Tier und Pflanze anerkennt.
Die arme Frau muß, um ihre Situation zu ändern, ihr Schicksal selbst aktiv in die Hand nehmen. Sie muß sich auf den Weg machen und geht in den Wald.
Auch hier birgt der Wald das Unbekannte, Geheimnisvolle. Gleichzeitig spendet er ihr aber Glück, nachdem sie ihre Prüfungen bestanden hat.

Die Holzklauberin

Es war einmal eine arme Frau, die hatte nicht ein Stücklein Brot mehr im Hause, und sie hungerte sehr. Da dachte sie: Machst es dir wenigstens warm und heizest ein! Weil aber auch kein Stämmlein Holz mehr da war, ging sie hinaus in den Wald und suchte Reisig und trockene Zapfen. Aber sosehr sie auch umhersah, sie fand nichts, nicht ein einziges Ästchen und nicht ein einziger Zapfen lagen im Moose. Da war sie sehr traurig und setzte sich auf einen Stein hin und weinte. Aber da hörte sie eine feine Stimme neben sich: „Warum weinst du?“ Sie schaute auf und sah ein kleines graues Männlein vor sich stehen – das war ein Waldgeistlein.
Die arme Frau klagte ihm ihre Not: „Ich weine, weil ich nichts zu essen habe und auch nichts zum Einheizen finde – kein Stämmlein Holz!“ Das Waldgeistlein sagte: „Ich will dir helfen! Komm mit mir!“
Das Männlein führte die Frau tief in den Wald hinein, und als sie vor einer schönen jungen Tanne standen, zog es eine kleine Holzhacke aus seinem Mantel und wollte von der Tanne ein paar Äste abhauen. „Nein!“ rief da die Frau. „Nicht von diesem schönen Baum, das wär’ doch schade!“ Das Waldgeistlein freute sich, daß die Frau den jungen Baum nicht zerhacken lassen wollte, und ging weiter zu einem anderen Baum. Es wollte nun von diesem die Äste abhauen, aber da sah die Frau, daß oben in den Zweigen ein Vogelnest war, mit kleinen Vöglein drin, die ihre Schnäblein hungrig aufsperrten und nach Futter schrien. „Nein, nein“, rief sie, „nicht von da, die Vöglein würden erschrecken!“ Wieder freute sich das Waldgeistlein über ihr gutes Herz und ging weiter.
Nach einer Weile kamen sie zu einem vermoderten Baumstrunk, und das Männlein meinte: „Aber von dem wirst schon wollen?“ Die Frau aber sah, wie viele Ameisen über den Strunk liefen und in die Ritzen schlüpften, da sagte sie: „O, nein, da wohnen ja die Ameisen drin, ihr Haus darf man nicht zerstören.“ Zum drittenmal freute sich das Waldgeistlein, und sie gingen wieder weiter. Endlich kamen sie zu einem Baum, in den wohl einmal der Blitz eingeschlagen hatte, denn er war dürr und lebte nicht mehr. „Von dem gib mir!“ bat die Frau, und das Männlein tat, wie sie sagte. Es hieb den dürren Baum um und hackte die Stücke klein. Die Frau bedankte sich schön und klaubte das Holz in ihre Schürze. Und als sie damit fertig war und sich wieder nach dem Männlein umwandte, da war es nicht mehr da!
So ging sie fröhlich heim, aber je länger sie ging, desto schwerer wurde das Holzbündel. Es wurde schwerer und immer schwerer, und zuletzt wurde es so schwer, daß sie es kaum mehr tragen konnte. Sie war sehr froh, als sie endlich zu ihrem Haus kam. Drinnen leerte sie es vor den Herd hin, da klingelte und läutete es und funkelte und glitzerte, golden und glänzend hell!
Erschrocken griff sie die Ästchen an – da spürte sie, daß es wirklich Gold war, schweres Gold! Nun war sie nicht länger arm. Sie trug das Gold zum Goldschmied, der Ringe und Ketten daraus machte; ihr gab er so viel Geld dafür, daß sie ihr Leben lang genug davon hatte. Sie kaufte sich eine Wiese und einen Acker, eine Kuh, ein Schwein und ein Lamm

und viele Hühnlein. Da hatte sie alles, was sie brauchte und mehr: wenn Arme an ihre Türe kamen, gab sie ihnen reichlich gutes Brot und gute Milch oder ein warmes Tuch oder was einer eben brauchte, und Gottes Segen war über allem, was sie tat.

mündlich überliefert aus Tirol

Gespräch

Mit der ethischen Orientierung der Interpretation als Zielsetzung.
Hierbei können Fragen erörtert werden wie:
handelt die arme Frau richtig?
was hätte sie anders machen können?
was hätte dann passieren können?
wie hättet ihr gehandelt?
warum wurde sie belohnt?

Beobachtungen in der Natur

z.B. Reisig, Äste, Zapfen, dürres Holz, einen vom Blitz getroffenen Baum suchen
Vogelnester entdecken, Ameisen beobachten
einen gesunden Baum mit einem vermoderten Baumstumpf vergleichen

Vertonung und Rollenspiel

Die Erzieherin übernimmt die Rolle des Erzählers und dirigiert die Instrumentalgruppe. Die übrigen Kinder spielen dazu und sprechen bei Bedarf ihre Texte.
Für die musikalische Untermalung des Märchens werden den einzelnen Darstellern verschiedene Instrumente zugeordnet,
z.B. alte Frau: Alt-Xylophon
Waldgeistlein: Sopran-Blockflöte
Ameisen: Fingerzimbeln usw.
Auch die unterschiedlichen Stimmungen lassen sich hier musikalisch gut umsetzen: im Anfang das Leid (Holz-Instrumente), am Schluß das Glück (Metall-Instrumente).

Mögliche Rollenverteilung:
Die arme Frau, das Waldgeistlein, Bäume im Wald, die Tanne, die kleinen Vögel im Vogelnest, die Ameisen im vermoderten Baumstrunk.
Man kann das Märchen weiter ausschmücken, indem man die Frau eine Kuh, ein Schwein, ein Lamm und viele Hühnlein kaufen und die Armen, die an ihre Tür kommen, beschenken läßt. Hierbei wird dann noch der Aspekt des Miteinander-teilen-Wollens sehr schön deutlich.

Nachspielen mit Spielfiguren

Mit selbstgemachten Figuren aus Tonpapier oder mit Spielzeugfiguren wird das Märchen in einer selbst hergestellten Waldkulisse nachgespielt.

Kreatives Gestalten: Collage in Gemeinschaftsarbeit

Verschiedene Materialien können hier miteinbezogen werden, z.B. Papier, Farben, Stoff, Naturmaterialien wie Äste, Zapfen, Rinde, Tannennadeln usw.

Der Baum ist wahrhaftig zu preisen, in dessen Schatten das Wild schläft, auf dessen Blättern die Vögel sitzen, in dessen Schatten Insekten wohnen, auf dessen Zweigen Scharen von Affen einander kosen und dessen Blüten von Bienen ausgesaugt werden: So vereint er viele Geschöpfe, als wäre er ein zweiter Weltenschützer.

aus: Pancatantra, Die fünf Bücher indischer Lebensweisheit, Übersetzung von Theodor Beufey (1859), Verlag C.H.Beck, München 1986

Geschichte: Zum Beispiel ein Kirschbaum

„Wohin gehst du immer?“ fragt die Mutter Munki am Morgen.

„So rundherum“, sagt Munki, und sie macht eine große Handbewegung.

Und damit sie nicht gelogen hat, rennt sie einmal um das ganze Dorf. Atemlos kommt sie endlich beim Zauberbaum an.

„Guten Morgen“, sagt sie. „Ich komm' ein bißchen 'rauf.“

Dann sitzt sie auf dem großen Ast und überlegt. Nein, ein Hund will sie nicht sein. Der Hund hat Flöhe, und manchmal wird er an die Kette gelegt. Doch mit der Müdigkeit fällt ihr ein, was sie sich wünscht.

„Ich will der kleine Kirschbaum sein“, sagt Munki.

Und schon fühlt sie, wie sich ein Baum fühlt. Wie mit Fingern streicht ihm der Wind durch die Blätter, und die Sonne dringt durch seine Rinde und wärmt ihn ganz.

Gut geht es Munki, dem Baum, bis tief in seine Wurzeln hinab. Stolz trägt er die roten Kirschen. Das ist die Zeit, in der er am schönsten ist.

Doch dann stört ihn plötzlich etwas. Ein dicker Käfer krabbelt an seinem Stamm empor. Das kitzelt. Am liebsten möchte der Kirschbaum eine seiner Wurzeln aus der Erde ziehen und sich damit kratzen. Aber das kann er nicht.

Und schon wird es noch schlimmer. Der Specht kommt und hackt ihn mit seinem spitzen Schnabel. Es ist wirklich nicht angenehm. Aber Munki, der Kirschbaum, vermag nichts dagegen zu tun.

Er muß still halten. Den Regen muß er über sich ergehen lassen, und die Eichhörnchen, die sich so wild balgen, daß ihm ein Zweig abbricht.

Wenn er nur fortgehen könnte! Doch ein Baum muß bleiben. Die Maus wühlt sich heran und nagt an seinen Wurzeln, daß es schmerzt, und dann kommt der Vogelschwarm.

Gierig fallen die Vögel über die Kirschen her. Nur dem Sturm gelingt es, sie zu vertreiben. Doch der Sturm ist selber ein Dieb. Er schüttelt den Baum, und die Kirschen fallen wie Blätter im Herbst.

Illustration: Kristine Rothfuss

Als es endlich wieder still wird, steht Munki, der kleine Baum, zerzaust und jämmerlich da. Tief ächzt er, und auch die Sonne kann ihm nicht helfen.

Im Zauberbaum erwacht Munki, das Mädchen. Es ist ihr traurig ums Herz. Sie beschließt, für immer alle Bäume lieb zu haben. Aber selber möchte sie nie mehr ein Baum sein. Das weiß sie bestimmt.

Gina Ruck-Pauquèt
aus:
In jedem Wald ist eine Maus, die Geige spielt
Verlag G.Bitter, Recklinghausen 1970

Auswertung der Geschichte

Marina Birn

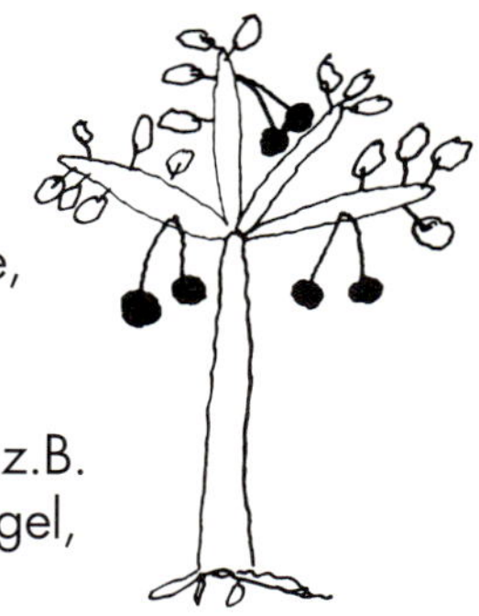

Beobachtungen in der Natur

Einen Kirschbaum intensiv anschauen: die Wurzeln, den Stamm, die Baumrinde, die Äste, die Blätter, die Knospen, die Früchte (kann aber auch ein anderer Laubbaum sein).
Zu den verschiedenen Jahreszeiten wiederholen, vergleichen, Unterschiede feststellen.
Welche Tiere den Baum besuchen oder bewohnen (oberhalb und unterhalb der Erde), z.B. Käfer, Raupen, Schmetterlinge, verschiedene Vögel, Eichhörnchen, Maulwürfe, Igel, Siebenschläfer, Mäuse.

Nachspielen der Geschichte

Die Kinder werden in zwei Gruppen geteilt. Die eine Hälfte spielt Bäume, die andere Hälfte die verschiedenen Tiere, die den Baum „belästigen."
Nachher Rollenwechsel.

Vorübungen:

- Jedes Baumkind spürt, wie fest verwurzelt es in der Erde steht.
  Die Erzieherin überprüft die Standfestigkeit.
- Auch, wenn sich alle im Wind wiegen, bleiben sie fest auf ihrem Platz stehen;
  Kinder und Erzieherin spielen Wind.
- Die Baumkinder spielen mit ihrem Gleichgewicht:
  Sie beugen sich leicht nach vorne, nach links und rechts, nach hinten, – ohne umzufallen.

Die Erzieherin erzählt die Geschichte:

Die Munkis werden zu Bäumen: Jeder Baum bekommt zwei Zweige in die Hände z.B. mit Papierkirschen geschmückt.

- Zuerst kommen die Käfer, krabbeln zwischen den Bäumen herum und kitzeln sie.
- Dann kommen die Spechte und hacken mit ihren Schnäbeln in die Baumstämme
  (mit dem Mund schnappen – ohne zuzubeißen!)
- Die Eichhörnchen kommen, rennen zwischen den Bäumen durch und nehmen jedem Baum einen Zweig ab.
- Die Mäuse wühlen sich heran und stupsen leicht gegen die Wurzeln (Füße).
- Die Vögel fliegen herum und nehmen überall die Kirschen von den Zweigen ab.
- Am Schluß kommt ein Sturm: Hier werden die Bäume nochmal von der anderen Kindergruppe leicht gerüttelt.

Die Baumkinder müssen diese „Belästigungen" aushalten, ohne zu lachen, ohne sich zu wehren (verbal und nonverbal).

Gespräch

Wie haben die Baumkinder sich gefühlt, all dem so ausgesetzt zu sein?
Fühlen Bäume so wie Menschen?
Warum beschließt Munki, alle Bäume für immer lieb zu haben?
Warum ist es auch schön, ein Baum zu sein?

Impulse:

Seine Äste strecken sich dem Himmel, den Wolken entgegen, die Sonne wärmt seine Rinde, der Wind streicht durch seine Blätter.
Die Menschen, groß und klein, alt und jung, freuen sich, weil er so schön ausschaut.
Er gibt den Menschen Schatten, wenn die Sonne scheint, und Schutz, wenn es regnet.
Manche Bäume geben den Menschen Früchte zum Essen.
Viele Tiere brauchen ihn auch: zum Wohnen, zu ihrer Ernährung.
Es wird ihm nie langweilig. Jedes Jahr treibt er Knospen, blüht und wechselt sein Kleid.

Zu dieser Frage kann sehr gut das Bilderbuch eingesetzt werden: M.Lobe/A.Kaufmann, Der Apfelbaum, Verlag Jugend & Volk, Wien 1980

Von den Blättern

Im Oktober machen Morgan und ich einen Spaziergang in den Rosengarten.
Der Nebel läßt die Sonne nicht durchscheinen, und Wind fächelt unsere Gesichter.
Auf dem Weg kommen wir an einem Ahornbaum vorbei; ich pflücke ein noch grünes Blatt vom Baum, gebe es Morgan, der das Blatt wie eine Fahne in der Hand hält.
Dabei erzählt das Blatt: „Sei gegrüßt, Morgankind! Als Blattkind winke ich dir zu. Wir verbringen unsere Kinderjahre am Baum. Ich lebte in der Ahornfamilie in unbeschwerter Zeit, wo Sonne uns auf den Körper leuchtete, wo Wind und Regen uns schüttelten. Wir tanzten, hüpften, raschelten. Die Zweige, der Stamm – Vater, Mutter – nährten uns. Obgleich wir waren so viele, wenn du einen Baum betrachtest, wirst du uns Blätter alle nicht zu zählen vermögen, trotzdem lebt ein jedes Blatt einzeln in sich. Baumleben fängt in der Erde an, und in der Erde hört es auf. Den Boden beleben wir Blätter. Es wächst aus scheinbar Vergangenem das Neue, und das Neue weiß vom Alten zu erzählen. Verlassen wir Blattkinder unsere Baumfamilie, werden wir Erde, eine einzige Familie, die im Zusammenleben wieder die Bäume nährt und alles, was auf Erden wächst. Alle Gräser, Sträucher, Rosen, auch die Rosen im Rosengarten, wohin es euch jetzt zieht."
Ist alles, was lebt, wirklich allein?
Morgan legt das Blatt auf seinen Bauch und fällt in tiefen weiten Schlaf.
Er träumt von den Blättern und von nassen Küssen.

Catharina Kirsch-Nickolay

Bilderbuchbesprechung

Der letzte Baum
von Štěpán Zavřel
Bohem press 1991/5.Aufl.

Zwei Kinder, die am Rande einer Stadt leben, schließen Freundschaft mit dem Förster. Durch ihn lernen sie den Wald kennen und schätzen.

Eines Tages erzählt er den beiden eine Geschichte von seinen Großeltern, als diese noch Kinder waren. Sie hießen Lea und Said. Diese beiden kannten den Wald sehr gut. Sie fingen eines Tages an, selber Bäume zu pflanzen, sie zu hegen und zu pflegen.

Als die Bewohner der Stadt eines Tages aus Habgier anfangen, diesen Wald abzuroden und in eine Wüste zu verwandeln, können Lea und Said im letzten Moment durch ihre Baumschule die Stadt vor dem Untergang retten.
Ab da wird beschlossen, daß jeder, der einen Baum fällt, auch wieder einen neuen pflanzen muß.

Eine realistische Bilderbuchgeschichte, die deutlich darstellt, welche Folgen ein Ausbeuten der Natur mit sich bringt.
Es wird gezeigt, daß Menschen sich durch Reichtum kurzfristig blenden lassen können, daß aber letztendlich ihre Dummheit, ihre Kurzsichtigkeit und ihre Habgier bestraft werden. Deutlich wird, daß der Wald für uns Menschen lebensnotwendig ist. Ohne Wald kein Leben.

Dieser Kreislauf ist gut verständlich, sachlich richtig und differenziert geschildert. Es wird viel Sachwissen über Bäume und Wald vermittelt.

Darüber hinaus lernen die Kinder neue Begriffe kennen, z.B. Baumnamen. Text und Bild stehen sich hier gleichwertig gegenüber. Der Text verdeutlicht aber nicht nur die Bilder, er geht auch differenzierter auf die o.g. Problematik ein, als Bilder alleine es vermögen. Die Illustrationen sind in gelbbraunen und blaugrünen Farbkompositionen sehr dekorativ gestaltet. Sie versetzen den Betrachter in eine orientalisch anmutende Landschaft wie im Märchen Von Tausend und einer Nacht.

Gerade die phantasievolle Gestaltung zu dieser realistischen Thematik ist reizvoll und beeindruckt, ohne moralisch zu werden oder Weltuntergangsstimmung zu verbreiten. Das Ende der Geschichte ist optimistisch und macht Kindern Mut. Erstens sind es Kinder, die den Wald und die Stadt gerettet haben, und zweitens haben alle aus ihren Fehlern gelernt und wissen um ihre Verantwortung.

Somit werden durch dieses Bilderbuch persönlichkeitsbildende und sozialerzieherische Verhaltensweisen vermittelt.
Lea und Said haben z.B. den Mut, ihren eigenen Weg zu gehen und nicht dem Glanz, dem Gewinn und dem Vergnügen nachzurennen. Nur sie können die Stadt retten.
Das Bilderbuch kann Kinder animieren zu überlegen, was sie selber dazu beitragen können, um den Wald zu erhalten. Dieses Buch eignet sich hervorragend als Gesprächsgrundlage für Kinder ab 5 Jahren zum Thema „Rette den Wald".

Marina Birn

Weitere wertvolle Bilderbuchhinweise zum Thema siehe S.75.

Die Bäume

Text: volkstümlich aus Holland   Melodie: Hubertus Vorbolt

2. Die Bäume, die Bäume,
   sie beugen sich im Wind.
   Sie beugen sich mit Kron und Ast,
   sie beugen sich zum Grunde fast.
   Die Bäume, die Bäume,
   sie beugen sich im Wind.

3. Die Bäume, die Bäume,
   sie strecken sich im Wind.
   Sie schwanken, doch sie brechen nicht!
   Sie strecken sich ins Sonnenlicht.
   Die Bäume, die Bäume,
   sie strecken sich im Wind.

4. Die Bäume, die Bäume,
   sie säuseln unterm Wind.
   Sie singen uns ein Wiegenlied,
   wenn hoch der Mond am Himmel zieht.
   Die Bäume, die Bäume,
   sie säuseln unterm Wind.

5. Die Bäume, die Bäume,
   sie träumen unterm Wind.
   Sie träumen von der Frühlingszeit
   und haben schon den Saft bereit.
   Die Bäume, die Bäume,
   sie träumen unterm Wind.

Siehe auch das Spiellied: M.Palmen/L.Edelkötter, Ich möcht' ein Apfelbäumchen sein, in: Hallo, du im Nachbarhaus, a.a.O.

Spiellieder

Text und Melodie: Margot Pötschke

Spielanregung:
Die Kinder stehen gut verteilt auf der Übungsfläche und stellen Bäume dar, die sie sich selbst zum Vorbild gewählt haben. Sie entsprechen in ihrer Haltung möglichst diesem Vorbild und in ihren Bewegungen und deren Dynamik dem Liedverlauf.

Text und Melodie: Margot Pötschke

Spielanregung:
Die Mehrzahl der Kinder steht gut verteilt im Übungsraum und stellt den Wald dar. Die anderen Kinder gehen bei Beginn des Liedes in freier Wegfindung zwischen den stehenden umher. Bei dem gedehnt ausgesprochenen Wort „Hui" bewegen sich die stehenden Kinder gleich den Bäumen im Wind. Bei der Aufforderung, sich zu verstecken, wählen sich die gehenden Kinder ein stehendes zum Versteck. Mit diesem tauschen sie bei der Wiederholung des Liedes die Rollen.

aus:
Zeige ... was du hörst
Edition Wilhelm Hansen Administration MUSIKVERLAG HANS SIKORSKI, Hamburg

Fichtenbäumlein unterm Schnee

Ein Fichtenbäumlein tief gebückt,
von der Schneelast fast erdrückt,
am Waldweg hab ich's heut erblickt.

Ein Glück, daß ich kam,
daß ich dem Bäumlein die Last
von der Schulter nahm.

Ob es sich freut?
Ich denke doch.
Wenn ich im Mai vorüberkomm,
kennt es mich noch.

Josef Guggenmos
aus:
Was denkt die Maus am Donnerstag?
Verlag G.Bitter, Recklinghausen 1967

Kastanienbaum

Der Kastanienbaum
hat Knospen,
dick, klebrig und braun.
Jede Knospe ist eine Faust,
da drin
hält er verborgen ein Ding.

Zieht der Mai ins Land,
tut er auf jede Hand.
Was kommt da heraus?
Ein Blätterzweig,
und manchmal sogar
ein ganz herrlicher Blütenstrauß.

Josef Guggenmos
a.a.O.

Die Gäste der Buche

Mietegäste vier im Haus
hat die alte Buche.
Tief im Keller wohnt die Maus,
nagt am Hungertuche.

Stolz auf seinen roten Rock
und gesparten Samen
sitzt ein Protz im ersten Stock,
Eichhorn ist sein Namen.

Weiter oben hat der Specht
seine Werkstatt liegen,
hackt und zimmert kunstgerecht,
daß die Späne fliegen.

Auf dem Wipfel im Geäst
pfeift ein winzig kleiner
Musikante froh im Nest.
Miete zahlt nicht einer.

Rudolf Baumbach

Fragen

Warum?

Warum wachsen die Leute nicht auf Bäumen?
Ich mein nicht in Träumen,
Sondern echt.
Wär doch nicht schlecht.
Die hingen und täten im Winde wehen.
Man könnte sie sich genau besehen.
Die Dünnen und Feisten,
Die Scheuen und Dreisten,
Die Großen und Kleinen,
Die Groben und Feinen,
Die Lauten und Leisen,
Die Dummen und Weisen.
Die Mut'gen und Feigen.
Die baumelten an Ästen und Zweigen,
So zwischen Birnen und Aprikosen.
In Röcken und Hosen,
Die Starken und Zarten,
Robusten, Aparten.
Die Muffel, die Netten,
Die Lustigen, Fetten,
Die Hübschen und Faden,
Die Krummen und Geraden.
Da könnte man sich einen pflücken,
Und an sich drücken.
Ein Freund am Stiel?
Ist ja nur Spiel!

Gina Ruck-Pauquèt
(Rechte bei der Autorin)

Was müssen da für Bäume stehn,
im Lande, wo die großen
Elefanten darunter gehn,
ohne oben anzustoßen!

Friedrich Rückert

Fingerspiele

Das Büblein

Steigt ein Büblein auf den Baum,
hoch, so hoch, man sieht es kaum,
hüpft von Ast zu Ästchen,
guckt ins Vogelnestchen.
Hei, da lacht es!
Hui, da kracht es!
Plumps, da liegt es unten.

Der linke Unterarm bildet den Baum, die Finger die Äste, der Handteller das Vogelnest. Die andere Hand ist das Büblein und klettert am Arm hinauf, springt von Finger zu Finger, schaut in den Handteller und fällt herunter.

Ich bin ein Daum[1]

Ich bin ein Daum
und steig auf den Baum
und wenn ich
oben bin
schrei ich
hallo!

Ein Wichtelgeschichtel[2]

Ein Baum ein Baum ein Baum ein Baum ein Baum
ein Wald!
Ein Wichtel ein Wichtel ein Wichtel ein Wichtel ein Wichtel!
Der Wald und die fünf Wichtel
erzählen sich jetzt ein Geschichtel:
bs bs bs bs bs bs bs ...

Wichtel

Tannenbaum

Für zwei Hände. Erste Hand zur Faust geschlossen. Ein Finger nach dem andren wird hochgestreckt, dazu sagt man jedesmal „ein Baum". Wenn die Faust offen ist, wird die Hand hergezeigt: „ein Wald".
Die Finger der zweiten Faust stellen die Wichtel dar. Beim Geschichtenerzählen sind beide Handflächen nahe aneinander und die Finger bewegen sich tuschelnd.

1)2) aus: F.Hofbauer, Minitheater, Herder Verlag, Freiburg 1983

Verklanglichung einer Erzählung: Die Kastanie

Uschi Geils

Die Kastanie

So rund in der Hand, so seidigfein! Nichts in der Welt kann schöner sein als eine Kastanie, frisch aus dem Stachelmantel gezogen.	*Triangel einmal zart anschlagen*
Die Kinder spielten hinter dem Haus mit den Kastanien, die sie gesammelt hatten.	*Mit den Klangstäben verschiedene Rhythmen spielen*
Und als es zu regnen begann, gingen sie hinein, um aus ihren Kastanien einen Zoo zu basteln.	*Mit den Fingerspitzen zuerst langsam und zart, dann stärker auf die Rahmentrommel klopfen.*
Aber wie es so geht, eine Kastanie hatten sie verloren. Sie war in ein Mauseloch gefallen. Da lag sie, und da blieb sie.	*Tiefes c auf dem Altxylophon*
Und im anderen Jahr stand was hinterm Haus im Gras: ein kleines Gewächs mit breiten gefingerten Blättern.	*d,e, auf dem Altxylophon*
Das Haus schaute auf die kleine Pflanze herab und fragte von oben: „Wer bist denn du? Du bist kein Gras, du bist kein Gemüse. Was willst du im Garten hier?“	*Heftiges Aufeinanderschlagen der beiden Hälften der Kokostrommeln im „Schimpfrhythmus“*
„Wachsen will ich“, sagte das Pflänzlein. „Wachsen, bis ich so groß bin wie du!“	*Leises Spiel auf dem Altxylophon*
„Du Knirps, du Wicht!“ rief das Haus. „An einem Salatkopf ist dreimal soviel dran wie an dir, aber solchen Unsinn redet er nicht! Die Kinder treten dich um, dann ist es mit dir ’rum!“	*„Schimpfrhythmus“*
Aber die Kinder gaben auf das Baumkind acht. Sie baten den Vater, es nicht umzumähen.	*Gleichmäßiges Anschlagen der Klangstäbe*
Das Kastanienbäumchen konnte wachsen, wie es wollte. Und zuletzt stand ein richtiger Kastanienbaum hinterm Haus.	*Den ganzen Tonraum des Altxylophons aufsteigend spielen*
Da wurden eines Nachts alle wach und riefen: „Was war das für ein Krach?“ Das war der Kastanienbaum gewesen. Der gab dem Haus eins aufs Dach.	*Alle Instrumente lebhaft spielen, sie symbolisieren den Krach*

Josef Guggenmos
aus:
Ein Elefant marschiert durchs Land
Verlag G.Bitter, Recklinghausen 1968

Die Illustration dieser Geschichte mit Orff-Instrumenten ist sicher eine von vielen Möglichkeiten. Sie soll als Anregung verstanden werden, in die jeder seine eigenen Vorstellungen mit einbringen kann.

Verklanglichung einer Geschichte: Begegnung eines Baumes mit Mond, Sternen und dem Hagelmann

Carola Christ-Werner

Gestaltungsvorschlag:

Der Erzieher erzählt den Inhalt der Geschichte, Kinder sprechen in verteilten Rollen.

Sterne, Regentropfen und Hagelkörner sprechen mehrere Kinder gemeinsam (Sterne und Hagelkörner sehr kontrastreich). Der Baum spricht ganz langsam und behäbig.

Zu den einzelnen Aktionen gemeinsam mit den Kindern Instrumente auswählen (z.B.: der Mond zieht auf – Beckenklang; Sterne kommen – Fingerzimbeln, Glockenspiel o.ä.).

Die Geschichte klingt aus mit einer zuvor ausprobierten „Wintermusik" (sehr leise, vorwiegend mit Metallinstrumenten; einzelne, auf einer Cantele oder Gitarre gezupfte Töne sind sehr schön; die Erzieherin kann auf einem Melodieinstrument eine einfache ruhige Melodie dazu spielen; Kinder summen mit).

Begegnung eines Baumes mit Mond, Sternen und dem Hagelmann

Am Ende unserer Straße steht ein großer Baum. Wenn man hinaufklettert, kann man den Leuten auf die Köpfe und Hüte gucken.

Der Baum steht immer da und geht nie weg, auch nachts nicht, wenn der Mond kommt. Der guckt erstaunt und sagt: „Ei, lieber Baum, du stehst ja immer noch da! Willst du denn nicht nach Hause gehn?"

– „Ich bin hier zu Hause, und weggehn kann ich nicht."

– „Ach so", sagt der Mond und zieht weiter.

Da kommen die vielen Sterne und verwundern sich: „Ei, Baum, was tust du noch hier? Bist du denn nicht müde?"

– „Nein", sagt der Baum, „ich habe feste Wurzeln, müde werd ich nicht." Und so steht er die ganze Nacht.

Wenn es regnet, fallen ihm die Regentropfen auf den Kopf.
„Ach, Baum", sagen sie „du wirst ja ganz naß. Such dir doch ein Dach, damit du im Trockenen stehst."

– „Nein", sagt der Baum, „mir gefällt es im Regen; es macht nichts, wenn ich naß werde." Und die Regentropfen fließen an ihm herunter oder verkriechen sich in seiner Rinde.

Und, wenn der Hagelmann kommt und seinen Sack ausschüttet, dann springen ihm die Hagelkörner auf seine Äste und überallhin. Rattattattatt, so schlagen sie auf, aber er rührt sich nicht.

– „Baum", sagen die Hagelkörner, „warum läufst du nicht weg?"

– „Ich bin doch stark und habe eine dicke Rinde. Mir tut das alles nichts."

Und wenn der Blitz kommt, zicke zacke zuck zuck, dann ruft er: „Du, Baum, wenn du noch lange hier stehst, fahr ich in deinen Kopf hinein, dann knallt's aber!"

– „Das kannst du ruhig tun. Du kannst an mir hinunterlaufen und in die Erde hineinfahren, da willst du ja doch hin."

– „Zicke zacke zuck zuck“, spottet der Blitz, „du weißt ja, wie es scheint, ganz genau Bescheid. Übrigens lasse ich mir von dir keine Vorschriften machen. Zicke zacke zuck zuck!“ Und schon ist er weg.

– „Rumpel-pumpel-rumpel-pumpel“, rumpelt der Donner hinterdrein, „da soll doch gleich das Donnerwetter reinschlagen in so einen alten Querkopf! Rumpel-pumpel-rumpel-pumpel!“

Der Rumpelmann läuft nämlich immer hinter dem Blitz her und rumpelt fürchterlich, aber er tut keinem was zuleide, er spielt sich nur so auf. Zu ihm sagt der Baum kein Wort. Mit solchen alten Knurrpetern gibt er sich nicht ab.

Aber, wenn die gute Frau Holle ihre Betten schüttelt, dann fallen die Schneeflöckchen dem Baum auf den Kopf, da bekommt er eine weiße Pelzmütze. Und dann fallen ihm die Schneeflöckchen auf die Äste, da bekommt er weiße Pelzhandschuhe, und schließlich bleiben sie sogar an seinem Stamm hängen und auf seinen Wurzeln liegen und machen ihm herrlich warme Pelzpantoffeln. Oh, das ist aber schön!

Da, kommen die schwarzen Raben und krächzen: „Ei, Baum, bist du aber fein!“ – „Ja“, sagt er schmunzelnd, „so schön bin ich!“

Und, wenn er so recht behaglich von oben bis unten in lauter weißen Pelz eingemummelt ist, schläft er im Stehen ein.

– „Gute Nacht, lieber Baum, schlaf gut!“

Carola Christ-Werner
nach einer Idee von Thea Sander: Der Mann auf der Vendôme-Säule

Text und Melodie: Carola Christ-Werner

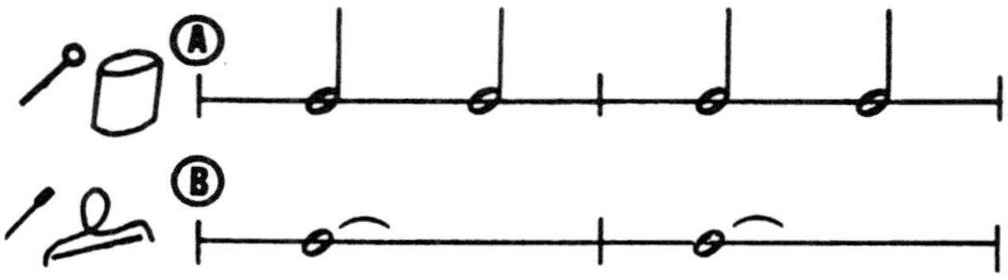

Die Kinder stellen gemeinsam einen großen Baum dar und singen das Lied. Im B-Teil des Liedes bewegt sich der Baum sachte hin und her. Die Arme (Äste) lösen sich und machen weite, langsame Bewegungen.

Linolschnitt: Thomas Werner

Rhythmik: Einfühlen in den Baum

Carola Christ-Werner

Wesensmerkmale des Baumes (Unter dem Aspekt der Bewegung)

- *er steht*
- *er geht nicht fort*
- *er wurzelt*
- *er ist hoch*
- *er ist groß*
- *er wird bewegt (Wind, Sturm ...)*

vieles ist anders als bei uns

- *wir sind immer in Bewegung*
- *wir tun ständig irgend etwas*
- *wir bleiben nicht an einem Ort*

I. Übungen, die den Unterschied von Ruhe und Bewegung erfahren lassen

- Gehen oder Laufen im Raum, immer langsamer werden, am Boden immer mehr haften, bis man schießlich steht (evtl. mit Bewegungsbegleitung)
- Augen schließen, in den Boden hineinwachsen, durch die Fersen „atmen", Wurzeln bekommen, ganz stark sein
- Gewicht verlagern nach vorn, nach hinten und im Kreis herum; Kreisbewegung wird kleiner, bis man ganz in der Mitte, ganz im Schwerpunkt steht
- Erzieher geht um die Kinder herum und prüft, ob sie wirklich festgewachsen sind

diese Übungen sind auch in umgekehrter Reihenfolge durchzuführen; bei mehrmaligem Wiederholen können Bewegungsbegleitung und das Prüfen der Standfestigkeit von einem der größeren Kinder übernommen werden

- Kinder bilden zu zweit im Hocken einen Stamm (sind am Rücken zusammengewachsen und stehen nun gemeinsam auf) (Haltungsübung)
- eine Hälfte der Kinder steht als Bäume mit weit ausgebreiteten Armen im Raum verteilt, die andere Hälfte bewegt sich auf unterschiedliche Weise (durch Zuruf oder Bewegungsbegleitung des Erziehers) um die Bäume herum; auf ein Zeichen wechseln die beiden Gruppen
- verschiedene Körperteile wachsen am Boden an

II. Übungen, die verschiedene Formen und Gestalten erfahren lassen

- ausprobieren, wie unterschiedlich wir dastehen können
  durch Veränderung der Rückenhaltung
  durch Veränderung der Kopf- und Armhaltung
  durch Veränderung der Beinstellung
- ein Kind verändert die Stellung eines anderen Kindes

Foto: P.Satt

Spiel (ungerade Teilnehmerzahl)
einige Kinder stehen als Bäume (unterschiedliche Form und Gestalt) im Raum, die anderen suchen sich auf ein Zeichen des Spielleiters blitzschnell einen Baum aus, dem sie sich anpassen; ein Kind bleibt übrig; es kontrolliert nun, ob die Gestalt der Bäume gut imitiert wurde; bei einem Fehler darf es mit dem entsprechenden Kind tauschen

III. Übungen, die Größe und Masse erfahren lassen

- zu zweit oder zu dritt, evtl. auch mit der ganzen Gruppe einen dicken Stamm, bzw. ganzen Baum mit Wurzeln, Stamm und Krone bilden
- ein Kind versucht, durch den Stamm hindurchzudringen oder ihn wegzuschieben

Spiel
jeweils drei Kinder bilden zusammen einen hohlen Baum; ein Kind versteckt sich in einem der Bäume, ein Teil der Gruppe sucht

Variation
die Sucher dürfen nicht zu den Bäumen hingehen, sondern müssen aus der Entfernung beobachten und sich einig werden, auf welchen Baum sie tippen.

Rhythmik: Wenn junge Bäume entstehen – was geschieht denn da?

Marina Birn und Carola Christ-Werner

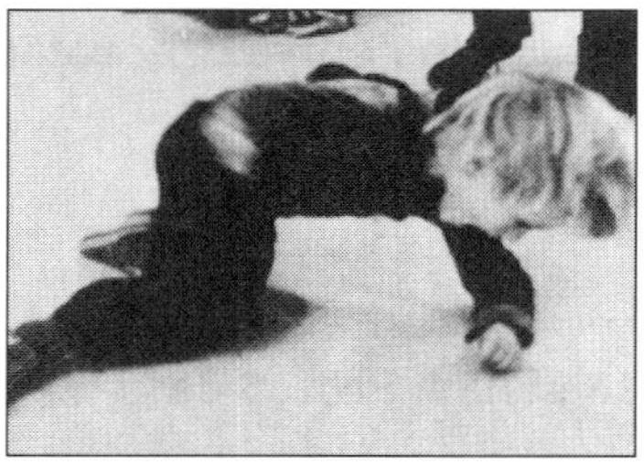

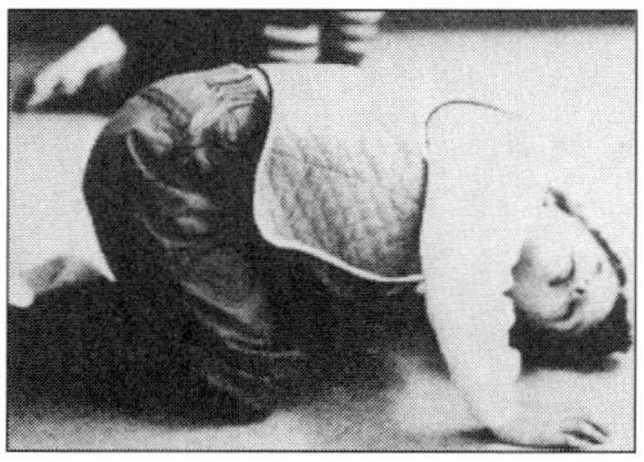

- Ein Kind steht als Baum mitten im Raum.
  Um ihn herum liegen ganz klein zusammengerollt die übrigen Kinder als Samen.
  Die Erzieherin gibt jedem einzelnen Kind mit einer Triangel das Signal, als Samen vom Baum wegzufliegen.

- Alle Samen fliegen herum und suchen sich ein Plätzchen aus, wo es ihnen besonders gut gefällt. Da lassen sie sich ganz leise fallen und versuchen, sich in die Erde hineinzubohren. Sie wollen jetzt Wurzeln schlagen.

- Je nachdem, wo der Erzieher das Kind berührt (am Kopf, Rücken, Bauch usw.), wächst jede Wurzel unterschiedlich.

- Nun fangen sie an zu wachsen. Der Haupttrieb schafft es, aus der Erde hervorzukommen. Er entwickelt sich von einer kleinen, schwachen Pflanze zu einem jungen, starken Baum.
  Das geht natürlich nicht so schnell. Die Bäume müssen sich mit vielem auseinandersetzen, z.B. mit dem Wind (Erzieherin, Kinder). Er bläst und die Bäume beugen sich nach vorne, nach hinten, zur Seite usw. Ihre Standfestigkeit wird von der Erzieherin überprüft.

- Die Jahre gehen vorbei und unsere Bäume gehen in eine Baumschule, wo sie die letzten Kniffe des Baumseins lernen.
  Die Kinderbäume stehen in einem Halbkreis, die Erzieherin als Baumlehrer vor ihnen.
  Nach dem Prinzip des Führens und Folgens ahmen die Bäume sie nach.
  Sie wachsen in die Höhe, zur Seite, in die Breite, nach vorne, stellen sich traurig, fröhlich, schlafend usw. hin.

- Dann wird der Baum alt und stirbt. Seine Bewegungen werden immer weniger und langsamer.
  Die Erzieherin begleitet diesen Prozeß mit leiser Xylophonmusik.
  Der Baum ist aber nicht traurig, er ist zufrieden mit allem, was er erlebt hat, und er weiß, daß aus seinen Samen wieder neue Bäume wachsen werden.
  Er fällt langsam um und bleibt ausgestreckt am Boden liegen.

- Nach einiger Zeit gibt die Erzieherin wieder ein Triangelzeichen. Die Kinder rollen sich zusammen, werden wieder Samen und wachsen von neuem.

  Es ist wichtig, daß die Kinder den Kreislauf der Natur erfahren, und daß in dem Prozeß des Sterbens wieder ein Neubeginn steckt.

  Man kann die Stunde auch beenden, indem die Kinder als Samen in ihren Gruppenraum zurückfliegen.

Zauberwaldfest

Carola Christ-Werner

Vorbereitung:
Wir basteln einen Hexenbesen

Such dir zunächst einen geraden Ast, etwa 1,5 m lang. Bitte nirgends abreißen!
1. Brich die Seitenzweige ab.
2. Wickle eine feste Schnur eng an den Ast, etwa 20 cm vom Ende. Such dir lange, weiche Zweige, und binde eine erste Lage davon fest an den Ast.
Binde so viele weitere Lagen Zweige darauf, bis der Besen schön buschig ist.

1.

2.

3. Die äußere Lage mußt du mit viel Schnur besonders fest binden – die äußere Schnurwicklung sollte wenigstens 5 cm breit sein.

3.

Ein szenisches Spiel mit Sprache, Musik und Tanz

Im Zauberwald stehen Bäume, die von Kindern mit Hilfe eines Zauberspruchs in verschiedene Wesen verwandelt werden. Nach jeder Verwandlung tanzen diese Wesen mit den Kindern. Wenn der Spuk vorbei ist, nehmen Hexen, Gespenster und Feen wieder die Gestalt eines Baumes an.

1. Szene, Verwandlung der Bäume in Hexen

Waldmusik
leise auf kleinen Schlaginstrumenten improvisierend

Ein Teil der Kinder spielt den Wald, dessen Bäume möglichst verschieden gewachsen sind (siehe Übungen, die verschiedene Formen und Gestalten erfahren lassen).
Die anderen Kinder kommen mit Besen und Kopftuch in der Hand in den Wald und verwandeln die Bäume in Hexen mit folgendem Spruch:

> Ong dong Drachenkopf -
> Hexenbesen, Hühnerkropf -
> Lebertran und Rattenschwanz –
> Auf geht's zum Walpurgistanz!

Hexentanzmusik
z.B.: „Branle d'ecosse"
Tänze für die Schule 2
swiss pan 17004
oder von Erziehern und Kindern selbst gespielt
(Orff-Instrumentarium)

Dabei gibt jedes Kind einem der Bäume Besen und Kopftuch ab.
Die nun zu Hexen gewordenen Bäume antworten mit demselben Spruch.
Die Kinder ärgern die Hexen, laufen ihnen davon, äffen ihre Bewegungen nach und bilden schließlich einen möglichst großen Kreis (ohne Handfassung), in welchem die Hexen den Hexentanz aufführen. Die Kinder klatschen dazu.

Waldmusik (s.o.)

Wenn der Spuk vorbei ist (Beckenschlag), werfen die Hexen Kopftuch und Besen auf einen Haufen und verwandeln sich in die Bäume zurück. Die Bäume stehen wie zu Beginn des Spiels, als ob nichts geschehen wäre.

2. Szene, Verwandlung der Bäume in Gespenster

Waldmusik

Statt mit Besen und Kopftuch werden die Bäume von den Kindern mit weißen Stoffmasken, evtl. mit Leintüchern verkleidet und mit folgendem Spruch verzaubert:

Weia waa weia waa,
wir sehn euch nicht,
doch ihr seid da!

Die Gespenster antworten mit jämmerlichem Geheul:

Weia waa weia waa ...!

Geheul der Gespenster begleitet den Tanz

Gespenstertanz mit und um die Kinder herum. Beim Beckenschlag werfen sie ihre Masken weg und verwandeln sich in Bäume zurück.

3. Szene, Verwandlung der Bäume in Feen

Waldmusik

Die Kinder beschwören die Bäume mit Chiffontüchern und folgendem Spruch:

Schaluu schalaa schalei,
ihr Feen kommt herbei!

Tanzmusik
z.B.: V.Papthanassiou
l'apocalypse des animaux
„La petite fille de la mer"
polydor 2393 058

Feen antworten:

Schalei schalaa schaluu,
kommt und schaut uns zu!

Tanz der Feen

Waldmusik klingt aus

Ende des Spuks – Beckenschlag

Hinweise und Veränderungsvorschläge:

Hexen-, Gespenster- und Feentanz sollten sehr unterschiedlich sein:

Hexenbewegungen sich eckig, zackig, sehr schnell, bedrohlich langsam, evtl. auch akrobatisch mit Sprüngen, Purzelbäumen etc.; auch Gestik und Mimik einbeziehen!

Gespensterbewegungen haben eher flüchtigen Charakter, sind weit ausladend, mit Laufschritten, weiten Kurven und Drehungen.

Die Feen sind grazil, bewegen die Chiffontücher leicht und anmutig.

Das Spiel gliedert sich in drei Teile. Um eine Überforderung der Kinder zu vermeiden, können die einzelnen Szenen auf drei verschiedene Kindergruppen verteilt werden.

Die Einstudierung sollte gut überlegt sein und spielerisch in unabhängige Einheiten eingebaut werden.

Eine Variation wäre noch, statt einer größeren Gruppe von Kindern, die die Bäume verwandelt, einen einzigen Zauberer einzusetzen.

Im Wald und im Park

Uschi Geils

Die Kinder freuen sich, wenn sie an einem sonnigen Tag gemeinsam in einen nahen Wald oder Park gehen können. Es tut ihnen gut, sich erst einmal frei bewegen und herumtummeln zu dürfen. Ganz von selber spielen sie miteinander und machen sich gegenseitig auf Entdeckungen aufmerksam.

Naturmemory

Material:

mehrere kleine Gegenstände aus der Natur: Eicheln, Steine, Federn ... ein Tuch

gG

Spielanregung:

Wir sitzen im Wald oder Park zusammen. In unserer Mitte liegt ein Tuch, unter dem „geheimnisvolle" Dinge versteckt sind. Die Erzieherin hebt das Tuch hoch, und die Kinder dürfen sich die Gegenstände für kurze Zeit ansehen. Danach sollen sie die gleichen Dinge im Wald (oder Park) suchen. Nach ca. 5 Minuten ruft die Erzieherin die Kinder zurück, und nun werden die gefundenen Sachen den bereits vorhandenen zugeordnet.

Phantasiewald

Material:

alles, was sich im Wald finden läßt

EPG

Spielanregung:

Jedes Kind erhält ein Stück „Waldland", das es zunächst einmal von Blättern und Holzstückchen freimacht. Dann sind der Phantasie keine Grenzen gesetzt: Die Kinder suchen im Wald Materialien und statten ganz nach eigener Wahl ihr „Waldland" mit Blumen, Bäumen, Schlössern oder Hexenhäuschen aus. Vielleicht denken sich einige Kinder auch Geschichten zu ihrem Wald aus. Es können auch mehrere Kinder zusammen einen Zauberwald bauen.

Bäumchen, Bäumchen, wechselt euch!

Material: -

gG

Spielanregung:

Eine gut zugängliche Baumgruppe wird ausgesucht und die Bäume durch ein Band gekennzeichnet, ein Baum weniger, als Kinder mitspielen. Jedes Kind umarmt einen Baum. Das Kind in der Mitte ruft: Bäumchen, Bäumchen, wechselt euch! Alle Kinder versuchen einen andern Baum zu erreichen und zu umarmen. Eins bleibt übrig und ruft wieder ...

Vorsicht, Wilde!

Material:

Für jedes Kind vier Bucheckern o.ä., Sachen zum Kostümieren

gGg

Spielanregung:

Einige Kinder sind getarnte Wilde, die sich im Dickicht verteilen (furchterregend verkleidet und geschminkt). Jedesmal, wenn ein Kind einem Wilden in die Hände fällt, muß es eine der vier Bucheckern abgeben. Welcher Wilde hat die meisten „Beutestücke" erwischt? Welches der anderen Kinder hat die meisten Bucheckern übrigbehalten?

Im Kreis

Uschi Geils

Blinder Jäger

Material:
Augenbinde

gGg

Spielanregung:
Am hellen Tag kann die alte Eule nichts sehen. Sie muß sich dann auf ihr Gehör verlassen. Sie steht in der Mitte des Kreises mit verbundenen Augen. Die Singvögel (oder die Mäuse) bilden den Kreis. Die Erzieherin gibt zwei Kindern das Zeichen, ihre Plätze leise zu wechseln. Die Eule versucht, eines zu fangen. Gelingt es ihr, tauscht sie den Platz mit dem gefangenen Kind.

Vogel aus dem Busch

Material: -

gGg

Spielanregung:
Je zwei Kinder geben sich die Hände und bilden einen Busch. In jedem Busch steht ein Vogel. Die Büsche müssen gut verteilt stehen. Ein Kind, das keinen Busch hat, klatscht in die Hände und ruft: „Husch! Husch! Vogel aus dem Busch!" Rasch sucht sich jeder Vogel einen neuen Busch, auch das rufende Kind. Wer übrig bleibt, muß beim nächsten Spiel rufen. Die Rollen von Busch und Vogel sollen öfter getauscht werden.

Blätter bestimmen

Material:
mehrere Blätter von verschiedenen Bäumen

gG

Spielanregung:
Vorausgegangen sind Gespräche über Blätter; die Kinder haben verschiedene Blattarten kennengelernt. Jetzt sind alle gespannt, wie viele sie sich merken konnten.
Die Kinder sitzen im Kreis auf dem Boden. In der Mitte liegen die Blätter verteilt. Die Erzieherin nennt nun den Namen eines Baumes. Wer zuerst das entsprechende Blatt gefunden hat, dessen Gruppe darf es behalten. Gewonnen hat, wer am Schluß den größten Blätterschatz gesammelt hat.

Kimspiele

Material:
kleine Gegenstände aus der Natur

gG

Spielanregung:
- Erzieherin und Kinder sitzen im Kreis. Hinter dem Rücken der Kinder gibt die Erzieherin der Reihe nach kleine Naturmaterialien durch. Wie fühlt es sich jeweils an? Was könnte es sein?
- Mehrere kleine Naturmaterialien liegen unter einem Tuch versteckt. Das Tuch wird kurz weggenommen. Die Kinder schauen sich die Gegenstände schnell an und zählen dann auf, was sie gesehen haben.
- Mehrere kleine Naturmaterialien liegen offen aus. Ein Kind dreht sich herum, ein Gegenstand wird weggenommen. Welcher fehlt?

Am Tisch

Ulla Floeth-Schubert

Baumwürfelspiel

Material:
Teile vom Baum: Wurzeln, Rindenstücke (Stamm), Äste, Blätter, Früchte (oder Blüten), Samen, ca. 10 Teile von jeder Sorte, ein größerer Würfel mit den 6 Zeichen von Baumteilen (siehe Abbildung)

G

Spielanregung:
Die Kinder stehen im Kreis und würfeln der Reihe nach. Jedes Kind legt sein Teil, das es würfelt, dorthin, wo es am Baum sein soll. Langsam wächst der Baum, und es macht den Kindern Spaß, am Wachsen des Baumes teilzuhaben.
Bei diesem Spiel gibt es keine Gewinner und Verlierer. Jedes Kind trägt beim Würfeln dazu bei, daß der Baum wächst. Jedes Teil ist für den Baum wichtig.

Wurzeln

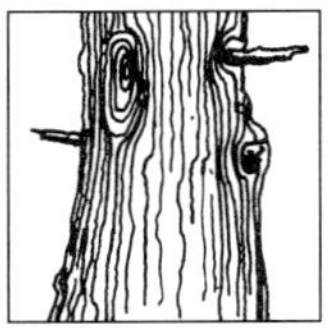
Stamm

Äste

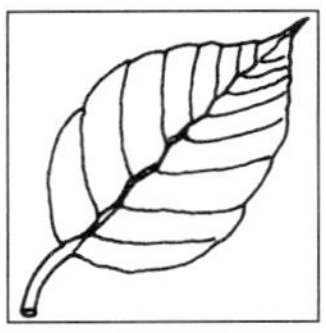
Blatt

Frucht

Samen

Spielentwurf und Idee:
Kath. Kindergarten Marienheim, Ingolstadt

Becher-Memory

Material:
je zwei gleiche Stücke, insgesamt 20: 2 Eicheln, 2 Kiefernzapfen, 2 Birkenblätter ... für jedes Stück einen Joghurtbecher

EPG

Spielanregung:
Ein Kind versteckt die Gegenstände einzeln unter den Joghurtbechern. Die Becher stehen dicht nebeneinander auf dem Tisch verteilt. Nun wird Memory gespielt.

Blätter-Memory

Je zwei gleiche Blätter pressen, auf Kärtchen kleben, mit Namen versehen, die Kärtchen mit Klarsichtfolie überziehen. Beim Memoryspielen auch die Blattnamen nennen.

Tast-Memory

Naturmaterialien je zweimal auf Holzplättchen kleben.
Die Kinder ertasten blind die Paare.

Baumpuzzle

Aus Zeitschriften gesammelte Baum-Bilder auf Pappe kleben und in einige Puzzleteile zerschneiden.

Blattpuzzle

Verschiedene Blätter werden auf Kärtchen geklebt, die Kärtchen werden genau halbiert. Welche Blatteile gehören zusammen?

Rosettenspiel

Material:
Blätter, Zapfen, Gräser, Schneckenhäuser, Steine, Astscheiben, möglichst viele von der gleichen Art

EPG

Spielanregung:
Die Kinder sitzen um einen großen Tisch oder einen Bauteppich. Der Reihe nach darf jedes Kind einen Gegenstand in der Mitte ablegen, es soll eine Rosette entstehen (Reihung, Muster beachten).

Bäume zeichnen und malen

Nach Möglichkeit sollte immer eine Naturbeobachtung vorausgehen. Auf die Anwendung von Schablonen wie Kugelbäume oder dreieckige Tannenbäume wird verzichtet. Es ist wichtig für die Entwicklung des Kindes, daß es Äste und Zweige darstellen lernt.

Themen:

„Unser Baum"

„Unseren Baum" zu den verschiedenen Jahreszeiten zeichnen mit Bleistift, Kohlestift, Kreiden, Buntstiften, Filzstiften;
oder ihn malen mit Temperafarben, Aquarellfarben, Pflanzenfarben, Kleisterfarben ...

Baum im Nebel

Zeichenblatt naß machen.
Mit dem Pinsel wäßrige schwarze Tusche drauffließen lassen.

Pustebaum

Mit schwarzer Tusche Stamm und Äste malen. Dicke wäßrige Tuscheflecken auf die Äste setzen, mit einem Strohhalm die Farbe zu Zweigen verpusten. (Für die größeren Kinder.)

Winterbäume

Mit weißer Wachsmalkreide Winterbäume auf blaues oder schwarzes Tonpapier malen.

Zauberwald

Mit Wasserfarben Phantasiebäume auf Packpapier malen, zu einem Wald zusammenkleben.

Weitere Themen

Gespensterwald/Hexenwald/blühende Bäume/Bäume mit Früchten/Herbstbäume

Bilderbücher

Zu Baummärchen oder -geschichten Bilderbücher malen.
Im Kindergarten aufbewahren zum Betrachten.

Bäume drucken

Mit Holzstempeln Bäume drucken:
Stamm, Äste, Blätter, Blüten, Früchte ... je nach Jahreszeit. Als Stempelkissen kleine Schaumstoffkissen mit wasserlöslichen Farben füllen.

Bäume kleben

Mit Naturmaterialien, wie Rindenstücken, einen Zweigen den Stamm und die Äste kleben, Blätter pressen und drankleben. Oder mit bunten Papieren einen Baum gestalten. Auch Stoffreste eignen sich zum Kleben eines Baumes.

Bäume formen

Mit Plastilin, besser noch mit Ton, „unseren Baum" formen: Der Stamm muß dick sein, er soll fest stehen könne, Würste rollen als Äste aufsetzen.

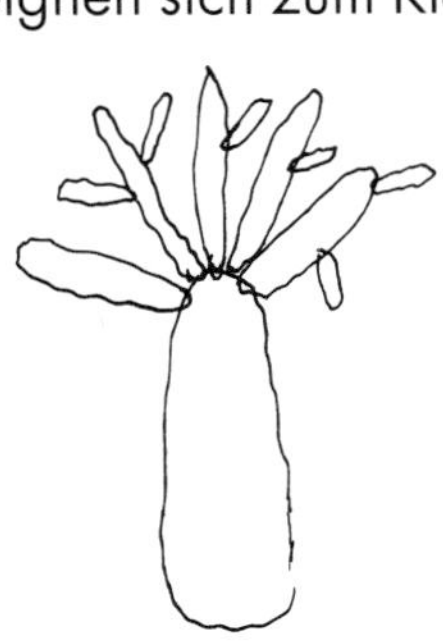

Bäume: Pustetechnik
Gemeindekindergarten Wellheim
Die Anregungen zum kreativen Gestalten (S.65-71) wurden erarbeitet von Ulla Floeth-Schubert

Foto: V.Schubert

Gestickter Baum

Gemeinschaftsarbeit von Kindergartenkindern des Gemeindekindergartens Wellheim

Die Kinder haben erst einmal auf kleine Stoffe für sich selbst zum Abschluß des Kindergartenjahres einen kleinen Baum mit Spannstichen gestickt und dann Holzperlen als Früchte aufgenäht.
Dieses Bild (Originalgröße 1.00 x 0.80 m) wurde von den Größeren in Gemeinschaftsarbeit gestickt. Der Stoff wurde vorher im Rahmen mit Heftklammern befestigt. Unter Anleitung der Erzieherinnen entstand dieser schöne Baum mit großen Spannstichen. Zum Schluß wurden unterschiedlich große Holzperlen (naturfarben) aufgenäht.

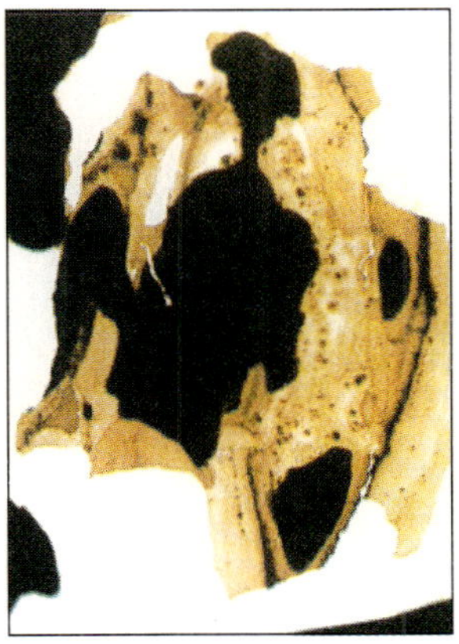

Rindenbild

von Schwester Maria-Regina Zohner, München

Dünne Rindenstückchen von Birken und Platanen, fast pergamentartig, wurden zu dieser Komposition auf ein rundes Pergamentpapier geklebt, mit einem dunklen Papprahmen versehen und ans Fenster gehängt. Das Bild scheint dann durch.

Zwei Ausschnitte aus dem Rindenbild

Schau genau hin! Finde die Ausschnitte im Rindenbild!

Fotos: Sr.M.-R.Zohner

Mit Baumrinden gestalten

Strukturbilder:

Über ein Stück nicht zu rauhe Rinde ein dünnes, weißes Papier legen und mit einem weichen Stift die Struktur herausholen.
Ein Stück Rinde genau anschauen und versuchen, die Strukturen zu zeichnen, ruhig einmal mit einem Kohlestift.

Masken:

Aus Rinden, Blättern, Zapfen, Reisern, Kiefernnadeln lustige Waldgeistermasken herstellen (Faschingsmasken). Zapfen als Nasen oder Augen aufsetzen, mit einem Draht an der Rinde befestigen, dafür evtl. ein kleines Loch bohren

Boote:

Aus Rinde einfache Boote herstellen, einen Stock als Mast in die Rinde einstecken; die Besatzung dazu aus Naturmaterial oder aus Pappe basteln und die Boote zusammen im Wasser schwimmen lassen.

Mit Blättern gestalten

Blätterdruck:

Blätter mit Wasserfarbe anmalen und auf Papier abdrucken.

Reibedruck:

Über ein Blatt ein dünnes Papier legen und mit Wachsmalkreiden durchreiben.

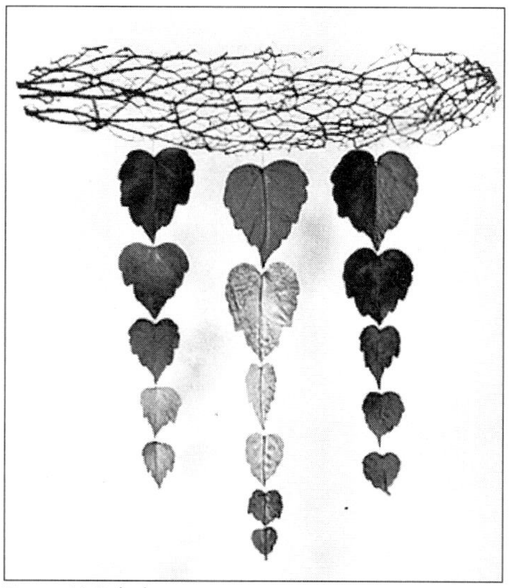

Fotos: V.Schubert

Mobile:

Blätter einige Tage pressen,
an Fäden untereinander ans Fenster oder an Reisern als Mobile aufhängen.

Laternen:
Gepreßte Blätter auf Pergamentpapier kleben und zu Martinslaternen verarbeiten.

Blätter-Buch:
Gepreßte Blätter zwischen Klarsichtfolien aufbewahren, in Buchform eine Sammlung zusammenstellen.

Mit Baumscheiben gestalten

Baumscheibendruck:
Baumscheiben mit Temperafarbe einstreichen und auf Papier abdrucken.

Reibedruck:
Auf eine Baumscheibe ein Blatt Papier legen und mit einem Wachsmalblock durchreiben.

„Jahresringe sind Lebensrosetten":
Eine Baumscheibe intensiv betrachten und den Kindern die Jahresringe erklären. Einen Baumquerschnitt malen: In die Mitte eines Zeichenblattes mit einer Farbe einen runden Ring setzen, darum einen größeren Kreis ziehen, so oft wiederholen, bis die Anzahl der Ringe dem eigenen Alter entspricht.

Aus farbigem Plastilin oder aus Ton auf einem Brettchen die Jahresringe nachformen.

Osterkörbchen:
In vorgelochte Baumscheiben am Rand Reisigsteckerl einstecken und mit dünnen Reisern (Hasel oder Birke) durchflechten, bis ein ca. 3-5 cm hoher Rand erreicht ist.

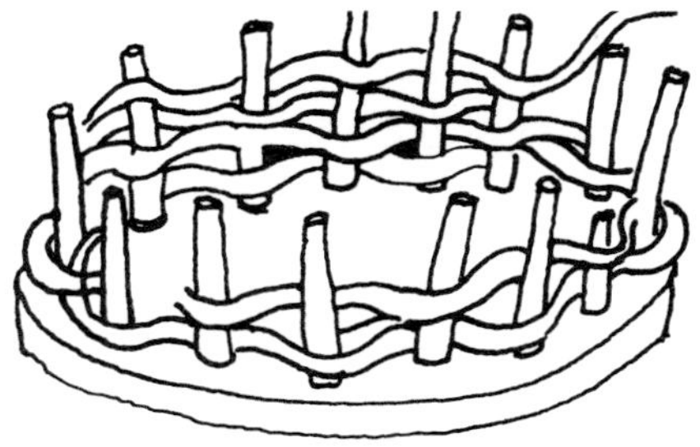

Phantasiefiguren

Arbeiten von Kindern des Kath. Kindergartens Schernfeld bei Eichstätt

Jedes Kind suchte sich ein oder mehrere Teile aus: Kleine Baumscheiben, Blätter, Rindenstückchen. Es klebte sie auf ein Blatt Papier. Mit Hilfe von Filzstiften wurden z.B. diese Tiere weitergemalt.
So können immer andere Phantasiefiguren entstehen: lustige Igel, Schmetterlinge, Tausendfüßler, Vögel, Männchen, Gesichter ...

Theater mit Figuren aus Naturmaterial

Puppenspiel
Urige Wurzeln suchen. Daraus Köpfe für Tiere und Gnomen gestalten.
Mit den Kindern ein Puppenspiel erfinden.

Fotos: V.Schubert

Tischtheater
Aus Naturmaterial mit den Kindern Figuren für ein Märchen basteln: Zapfen, Baum- und Wurzelstücke, Disteln und Blätter zurechtschneiden und zusammenkleben (Klebepistole).
An jeder Figur zwei Fäden befestigen, um sie als Marionetten über den Tisch führen zu können. Auf einem langen Tisch die Szenerie aufbauen mit Hilfe von Steinen, Kartons, Ästen, Tüchern, – je nachdem, wo das Märchen spielt.
Die Erzieherinnen spielen erst einmal vor; später versuchen die Kinder, selbst zu spielen.

Schattenspiel
Auch zum Schattenspiel eigenen sich Figuren aus Naturmaterial. Vorher ausprobieren, wie eine Figur hinter der Leinwand wirkt; da kann ein verdorrter Fichtenzweig zum Pferd, können zwei Blätter zu einem Löwen oder drei Äste zu einem Baum werden. Schaschlikstäbe mit Klebeband auf der Rückseite der Figuren befestigen.

Legebilder aus Naturmaterial

Bild vom „Waldgeist" legen
Viele Materialien aus dem Wald suchen:
Wurzeln, Rinden, knorrige Äste, kleine Zweige, Blätter, Früchte etc.
Auf einem freien Platz, am besten im Hof oder auf einem Weg, darf reihum jedes Kind ein Stück legen, bis ein großer „Waldgeist" fertig ist.

Tiere und Blumen mit bunten Blättern legen

Einen Baum mit Seilen legen
Erst einen dickeren Stamm, dann die Äste (im Gymnastikraum).

Einen Wunderbaum legen
Mit geeigneten Materialien wie Bausteinen, Spänen, Muggelsteinen, Kinderbildern, Strohblumen ...

Rezepte

Rita Sperber-Nusch

A wie Ahorn

Ahornsirup wird aus dem Saft des kanadischen Zuckerahorns gewonnen. Er ist in allen Naturkostläden und Feinkostgeschäften erhältlich. Ahornsirup ist ein natürliches Süßungsmittel, z.B. für Kuchen, Marmeladen, Quarkspeisen.

Ahorn-Mandel-Eis:
1 Becher süße Sahne
1 Vanilleschote
1/2 Tasse Ahornsirup
2 Eigelb
1 Tasse geriebene Mandeln

Die Sahne mit der aufgeschlitzten Vanilleschote kurz aufkochen. Abkühlen lassen. Den Ahornsirup mit dem Eigelb verquirlen und unter die Sahne mischen. Nun die ganz fein geriebenen Mandeln darunterrühren. In eine Schüssel füllen und ins Gefrierfach stellen. Wenn die Flüssigkeit gefroren ist, nochmals etwas auftauen lassen, gut umrühren und wieder gefrieren lassen.

B wie Birnen

Dörrobst:
Ganze Birnen in Wasser kurz aufkochen. Schale und Kernhaus entfernen. In Scheiben schneiden, auf einen Rost legen. Im Backofen bei 50° ca. 20 Stunden trocknen lassen.

C wie Citronen

Heißes Citronenwasser bei Erkältung.

D und F wie Datteln und Feigen

Sie wachsen in südlichen Ländern.
Bei uns sind sie als Trockenobst zu kaufen, z.B. für eine Quarkspeise.

E wie Ebereschen

Auch als Vogelbeeren bekannt. Wilde Art ist nicht genießbar.
Inzwischen gibt es Züchtungen, die eßbar sind.
Verwendung zum Ebereschenkompott.

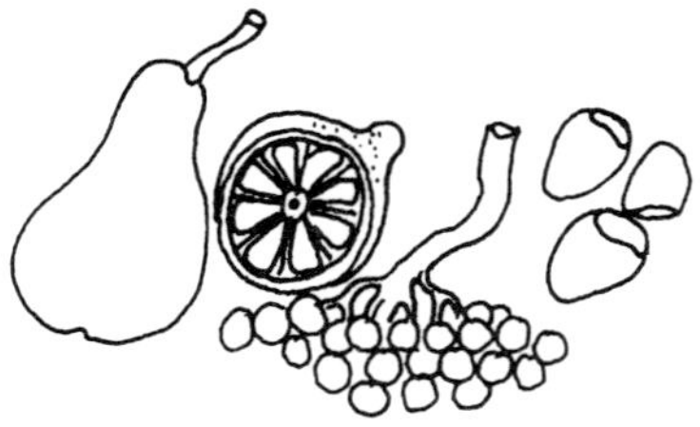

H wie Haselnuß

Energiebälle:
1,5 Tassen gemahlene Haselnüsse
1,5 Tassen Datteln
1 Tasse Feigen
1 Tasse Rosinen
1 Teelöffel Johannisbrotpulver
1 Teelöffel Anis
1 Zitrone (unbehandelt)
1 Tasse Sesam

Datteln, Feigen und Rosinen durch den Fleischwolf drehen. Alle Zutaten zu einem festen Teig verkneten. Kleine Bälle formen und in dem gerösteten Sesam wälzen. Es können auch Formen gestochen werden.

K wie Kastanie

Der aus dem Süden kommenden Eßkastanie begegnen wir vor allem in der Winterzeit. Wir nennen sie auch heiße Maroni.

L wie Linde
Die im Sommer gesammelten und dann getrockneten Lindenblüten sind im Winter als Tee ein Heilmittel gegen Husten.

M wie Marmelade
Apfel, Kirsch, Hollunder, Quitten ...

N wie Nüsse
Nuß-Pfannkuchen:
60 g gemahlene Nüsse mit gleichviel Zucker, einer Prise Zimt und einem Eßl. geriebener Schokolade vermengen, dünne Pfannkuchen backen.

O wie Obst
Obstkuchen, Obstquark, Obstsaft

R wie Rosenbusch
Rosenwasser kann man zwar nicht selbst herstellen, aber es ist in der Apotheke erhältlich.

Marzipan:
4 Tassen geschälte geriebene Mandeln
4 Tassen Puderzucker
1-2 Eßl. Rosenwasser

Die Mandeln, den gesiebten Puderzucker und das Rosenwasser unter ständigem Rühren in einer Pfanne ca. 10 Minuten erwärmen. Erkalten lassen und mit Puderzucker zu einem Teig kneten. Über Nacht kaltstellen.

S wie Schlehen
Die herb schmeckenden Beeren des Schlehenbusches können leicht zu einem Schlehensaft verarbeitet werden. Sammelzeit: Nach dem ersten Frost.

Schlehensaft:
Schlehen in einen Topf geben und mit kochendem Wasser übergießen. Mit einem Tuch bedecken und 24 Stunden ziehen lassen. Den Saft abseihen, wieder erhitzen und nochmals über die Beeren gießen, wieder 24 Stunden ziehen lassen. Das Ganze noch ein drittes Mal. Heiß in Flaschen abfüllen.

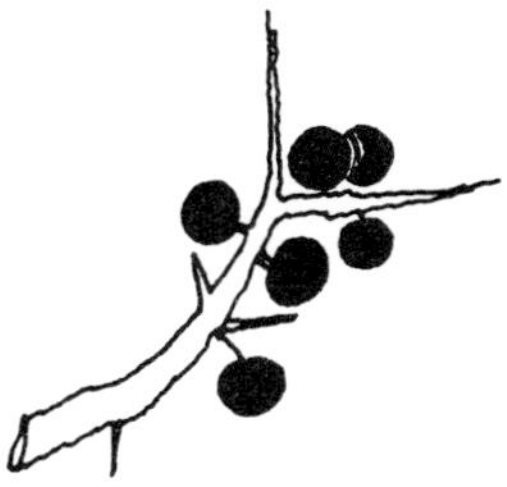

T wie Tannen
Tannenhonig zum Süßen. Erhältlich in Naturkostläden und Reformhäusern.

W wie Walnüsse
Salznüsse:
Öl in einer großen Pfanne heiß werden lassen. Walnußhälften unter ständigem Rühren anrösten. Mit einem Sieblöffel herausnehmen und in einem Teller mit Salz wälzen. Abkühlen lassen.

Z wie Zwetschgen
Zwetschgenmännle:
Mit getrockneten Zwetschgen und Rosinen und Draht ein lustiges Männchen basteln zum Herschenken.

Die Seele wird vom Pflastertreten krumm.
Mit Bäumen kann man wie mit Brüdern reden
und tauscht bei ihnen seine Seele um.
Die Wälder schweigen. Doch sie sind nicht stumm.
Und wer auch kommen mag, sie trösten jeden.

Erich Kästner
aus:
Gesammelte Schriften für Erwachsene
Atrium Verlag, Zürich

Literatur für Kinder

Bilderbuchgeschichten

Der Apfelbaum: Mira Lobe/Angelika Kaufmann, Jugend und Volk
Der alte Apfelbaum: Masako Matsumura, Peters
Mein Freund, der Baum: Arnim Diel/Sakura Fujita, Peters
Der Kirschbaum: Ivan Gantschev, Peters
Filio, der Baum: Ivan Gantschev/Dimiter Inkiow, Neugebauer Press
Guten Morgen, alter Baum: Masao Tsurumi/Mamoru Suzuki, Jugend und Volk
Mußt du wirklich weg? Ed Franck/Koen Fossey, Wittig
Mein Freund der Opabaum: Irmtraud Guhe/Habib Bektas, Boje
Die zwei im alten Baum: Käthe Recheis/Alicia Sancha, Herder
Herr von Ribbeck auf Ribbeck im Havelland: Theodor Fontane/Arend Agthe, Ellermann
Herr von Ribbeck auf Ribbeck im Havelland: Theodor Fontane/N.Hogrogian, Atlantis
Der freigebige Baum: Shel Silverstein, Middelhauve
Der letzte Baum: Stephan Zavrel, Nord-Süd
Die Linde, die Füße bekam: Friedrich Kohlsaat/Astrid Tümpel, Ellermann
Lise Jansens Haus: Ursula Kirchberg, Ellermann
Der große Kapokbaum: Lynne Cherry, ars edition
Meine allerliebsten Bäume: Barbara Bartos-Höppner/Monika Laimgruber, Gerstenberg
Stamm und Laub: Marlene Reidel, Sellier

Sachbilderbücher

Unser Baum: Gerda Muller, Ravensburger
Jana im sprechenden Wald: Regina Klünder, Ökotopia Verlag
Unser Baumstumpf: Natalia Romanowa/Gennadij Spirin, Thienemann
Die Baum-Uhr: Irmgard Lucht, Ellermann
Die Wald-Uhr: Irmgard Lucht, Ellermann
Mein kleines Baumbuch: Lars Klinting, Oetinger
Wie ist es im Wald? Wolfgang de Haen, Ravensburger
Kommt in den Wald: Hilde Heyduck-Huth (kartoniert, ohne Text), Ravensburger
Vom Baum zum Tisch: Ali Mitgutsch, Sellier

Fotosachbücher

Der Tannenbaum: Heiderose und Andreas Fischer-Nagel, Kinderbuchverlag Luzern
Der Kastanienbaum: Heiderose und Andreas Fischer-Nagel, a.a.O.
Die Eiche: Heiderose und Andreas Fischer-Nagel, a.a.O.
Der Apfelbaum im Jahreslauf: Claudia Schnieper/Othmar Baumli, Kinderbuchverlag Luzern
Der Apfelbaum: Barrie Watts, Reihe: Wir erleben die Natur, Peters
Der Wald: Ingrid Nijkerk, Reihe: Entdecke die Natur, Breitschopf
Der Wald lebt: Solange Duflos, Herder
Bäume im Jahreslauf: Goud Morel, Reihe: Die Welt entdecken, Ravensburger
Schau mal: Unser Holz: Gabi Kohwagner, Kinderbuchverlag Luzern
Reihe: Der rote Faden – Holz: Terry Jennings, Peters

Tischspiel

Mein erstes Naturspiel – Kennst Du den Baum? Ravensburger
Ein Such- und Merkspiel für 2–4 Spieler mit 36 Kärtchen zu den Bäumen Linde, Kastanie, Buche, Lärche, Eiche, Ahorn und Apfelbaum

Literatur für Erwachsene

Ein Märchen: Heinz Körner, DM 3,– , lucy körner verlag, 70701 Fellbach
Ein liebevoll gestaltetes Bändchen in Heftformat für alle, denen in irgendeiner Weise Kinder anvertraut sind.
Botschaft der Bäume – gestern, heute, morgen?: Gerda Gollwitzer, DuMont
Das kleine grüne Buch – Ein poetisches Baumbrevier: Cherry Denman, Gerstenberg
Kein Herbst ohne Blätter: Tillmann Stottele und Sonja Ruf, Spectrum
Jugendaktion gegen Umweltzerstörung
Ein Baum ist mehr als ein Baum – Ein Fensterbuch: Frederic Vester/Peter Schimmel, Kösel

Foto: R.Scholz, Düren

Du bist der köstlichste Besitz dieser Erde. Du bist auch der empfindsamste, der rein dem Leib der Erde entquillt. Du nimmst nicht jede Mischung an, duldest nicht jede Veränderung. Du schenkst uns ein unbeschreiblich einfaches und großes Glück.

Antoine de Saint-Exupéry: Wind, Sonne und Sterne, Karl Rauch Verlag, Düsseldorf

Erfahrungsfeld der Kinder

Wasser ist den Kindern im täglichen Leben in selbstverständlicher Weise vertraut. Das Wasser hat einen großen Aufforderungscharakter und reizt Kinder, tätig zu werden. Solches Tun macht Spaß, läßt Raum und Zeit vergessen: wenn sie in der Badewanne sitzen, sich im Schwimmbad tummeln, mit Wasser und Erde matschen.
Die Kinder erfahren das Wasser in seinen jahreszeitlichen Erscheinungsformen: Der Winter mit Schnee- und Eiserlebnissen liegt jetzt fern. In der Frühlingszeit läßt der Regen blühen, grünen und wachsen. Jetzt, in der Sommerzeit, lockt das Badewetter zu jeder möglichen Berührung mit Wasser.
Viele Kinder haben durch Urlaubsaufenthalte intensive Begegnungen mit dem Meer. Diese Erlebnisse prägen sich tief ein und werden beim Erzählen wieder ganz lebendig. Dazu gehören auch Negativerlebnisse wie unsauberes Wasser, tote Vögel oder Fische am Strand, verschmutzte Strände, und auch durchlebte Angstsituationen.
Kinder sind fasziniert vom Leben auf und im Wasser. Gerne beobachten sie Tauchenten und Schwäne, Libellen und Wasserläufer, Frösche und Fische; sie verweilen vor Aquarien um dem Treiben der Fische zuzuschauen; sie vertiefen sich in naturkundliche Bilderbücher, die das geheimnisvolle Leben im Wasser zeigen.
Besondere Vorgänge in der Natur wie ein Wasserfall, ein Gewitter, Hagel oder Hochwasser wecken ihre Neugier, wecken Staunen und Furcht. Das Erleben des Regenwetters teilen alle Kinder miteinander, wenn ihnen die Regentropfen ins Gesicht platschen, wenn sie in und über Pfützen springen, wenn nach einer erdrückenden Hitzeperiode ein erlösender Sommerregen fällt.
Dem Kindergarten fällt im täglichen Umgang mit Wasser eine besondere Rolle zu in den Übungen des täglichen Lebens: Hände waschen, Geschirr spülen, etwas abwischen, Puppenwäsche waschen, Blumen gießen, Schnittblumen mit frischem Wasser versorgen, Tiere mit frischem Wasser versorgen, Getränke eingießen. All das dürfen hier die Kinder selbständig tun, und sie lernen, sachgerecht und verantwortungsvoll mit Wasser umzugehen. Manche Kinder sind zu Hause nicht dazu angehalten worden, Spiel-, Wasch-, Putz- oder Bademittel sparsam zu verwenden, und wissen nicht, daß manche Mittel das Wasser belasten.
Die Kinder erleben, daß sauberes Wasser dann, wenn wir es möchten, aus dem Wasserhahn läuft und schmutziges Wasser durch den Abfluß abfließt. Sie haben keine Vorstellung davon, welche Mengen Wasser von uns täglich gebraucht werden, und sind voller Erstaunen, wenn sie selbst einmal bewußt aufzählen, wo überall wir Wasser benötigen und welche Mengen Wasser die Tiere und Pflanzen zum Leben brauchen.
In Märchen und Geschichten spielt das Wasser eine wichtige Rolle: Es werden Sehnsüchte und Ängste – Grunderfahrungen der Menschen – bewältigt, wenn im Märchen erlösende und vernichtende Kräfte wirksam sind.
Der Brunnen, in vielen Märchen zentrales Bild, ist nur wenigen Kindern unmittelbar bekannt, er müßte durch eine Exkursion nahegebracht werden. Quellen sind vielfach unzugänglich und fehlen ebenfalls in der Erfahrungswelt der Kinder.
Die großen schöpferischen Kräfte des Wasserkreislaufs können die Kinder nur erahnen, weil zum Verständnis viele Erfahrungen und Denkvorgänge nötig sind.
Möglicherweise sind einzelne Kindergartengruppen über die Einheit „Ich mag Kartoffeln, ich mag Reis" oder einzelne Kinder auch durch aktuelle Bilder damit konfrontiert, daß es in manchen Ländern Dürrekatastrophen oder auch riesige Überschwemmungen gibt, und daß viele Menschen mit sehr, sehr wenig Wasser auskommen müssen und unsere Hilfe brauchen.
Durch Fotos von ihrer eigenen Taufe oder auch durch Tauffeiern in der Gemeinde wissen sie, daß bei der Taufe Wasser als heiliges Zeichen eingesetzt wird.
Vor uns liegt die Sommerzeit, die erfahrungsgemäß für die Kinder mit vielen Wasserfreuden verbunden ist.

Dimension des Themas

Das Wasser ist das liebste Element für kleine Kinder, es ist lebendig, wenig greifbar, es zerrinnt, verwandelt sich, strömt; sie erleben es immer wieder neu und anders, ob sie im Badewasser planschen oder die Spülung ziehen, ob sie mit dem Mund frisches Wasser aus dem Wasserhahn schlürfen oder Nudeln kochen, ob sie Blumen gießen, sich gegenseitig naß spritzen, sich in den Regen stellen oder in Pfützen herumstapfen, ob sie im nassen Sand matschen, einen kleinen Bach aufstauen oder in einem See baden, ob sie im Winter Schlitten fahren oder einen Schneemann bauen ... Hier brauchen die Kinder Freiräume, immer wieder genügend Zeit und die Chance, selbst etwas zu erproben und zu gestalten. Sie lernen gerade dann, wenn etwas nicht gleich gelingt, und sie müssen sich dabei naß und schmutzig machen dürfen. Der Kindergarten kann hier als Erlebnisparadies und Lebensraum tiefe Grunderfahrungen ermöglichen, wie das in der Schule so vielleicht nicht mehr möglich sein wird.

Die Sachinformationen (S.85) möchten in einer Zusammenschau die überaus große und einzigartige Bedeutung des Wasser in unserem Leben darstellen. In der Aufzeichnung der Eigenschaften des Wassers (S.82f.) zeigt sich etwas von der Fülle dessen, was sich sinnenhaft erfahren läßt, letztlich, daß Leben ohne Wasser nicht möglich ist. Die literarischen Texte deuten, vertiefen und generalisieren unsere konkreten existentiellen Erfahrungen mit Wasser.

Die einzelnen Medien enthalten viele Vorschläge, wie wir Kindern zu einem vielfältigen Erleben mit Wasser verhelfen können:
in leisen Wasserübungen im Gruppenkreis,
im freien Spiel am Wassertisch,
im Zaubern und Experimentieren mit Wasser,
im Bewußtmachen, wo überall wir Wasser brauchen,
im Erfahren, daß es Menschen anderswo an Wasser mangelt,
in Begegnungen mit Wasser draußen in der Natur,
in einer meditativen Stille-Übung,
im Hinhören auf die Musik des Wassers,
im Umsetzen der Eindrücke vom Wasser – musikalisch und bildnerisch,
im Entdecken, wo Wasser uns zur Freude wird,
im Erahnen, wo Wasser uns zum symbolhaften heiligen Zeichen wird.
Im Märchen „Das Wasser des Lebens" wird das Wasser zum Sinnbild für die Reinheit und Klarheit unseres Geistes, unseres Denkens und Wahrnehmens. Den Kindern kann das Märchen nur als Bild mit auf den Weg gegeben werden.
Erwähnt sei, daß auch in der Bibel Leben mit Hilfe von Wasser symbolisiert wird. Das „Wasser aus dem Felsen" erscheint als Zeichen für die verläßliche Gegenwart Jahwes (Ex 13). Jahwe selber ist „Quelle lebendigen Wassers" (Jer 2,13). Von Jesus gehen Ströme lebendigen Wassers aus (Joh 2,19).

Der Themenbereich „Wasserkreislauf" wird wegen seiner Schwere nur ansatzhaft ausgeführt. Er sollte dann eingebunden werden, wenn Kinder nach dem Woher und Wohin des Wassers fragen oder in Bilderbüchern auf entsprechende Illustrationen stoßen.

Auch Themen wie die Verunreinigung des Wassers bei uns durch die Industrie und die Landwirtschaft und der Wassermangel in vielen Teilen der Länder der Dritten Welt sollen nicht ausgeklammert werden, können aber in einer Überbetonung die Kinder überfordern, weil Probleme aufgeworfen werden, die für sie nicht lösbar sind.

Wenn es gelingt, die Kinder durch die Einheit für das Wasser zu sensibilisieren, wenn sie mit Leib und Seele erspüren, wie wunderbar geheimnisvoll das Wasser ist, werden sie sicherlich ein Stückchen dankbarer Freude empfinden für etwas, das uns reichlich geschenkt wird, und sie werden empfindsamer und verantwortungsvoller mit Wasser umgehen. Denn unsere Zukunft ist untrennbar mit dem Wasser verbunden.

Modellziele

- durch Erfahrungsspiele Wasser intensiv und bewußt erleben
- im spielerischen Umgang mit Wasser dessen Eigenschaften finden
- erkunden, wo überall wir Menschen Wasser brauchen
- im täglichen Umgang mit Wasser bedachtsam und verantwortungsvoll umgehen
- aufgeschlossen werden für die Situation in anderen Ländern, wo es an Wasser mangelt und Menschen nicht einmal sauberes Trinkwasser haben
- das Wasser in der Natur in seiner ganzen Vielfalt erleben, aufgeschlossen sein für tiefe Erlebnisse: Erfahrungen mit sich selbst machen
- in der Natur jenen Zusammenhang sehen, daß alles Lebendige durch Wasser wächst und sich erneuert, daß auch Wasser sich in schöpferischer Weise zu erneuern vermag – doch es ist empfindlich bedroht
- auf die „Musik" des Wassers hören und Impulse, die uns vom Wasser anmuten, eigenschöpferisch umsetzen durch Sprache und Bewegung, mit Instrumenten und Farben
- das Wasser auskosten als ein Element uns zur Freude
- im Wasser ein heiliges Zeichen sehen
- durch Märchen und biblische Texte im „Wasser des Lebens" ein Bild sehen, das wahres Leben schenkt, das erquickt, reinigt und heilt
- die Ambivalenz des Wassers in seiner lebensermöglichenden und lebensbedrohenden Seite sehen und annehmen

Wasser kann

rinnen
fließen
strömen
wild springen
fallen
sprudeln
schäumen
spritzen
sprühen
sich kräuseln
kreisen
wallen
wogen
branden
fluten
stehen, ruhen

glucksen
gurgeln
murmeln
gluckern
plätschern
rauschen
brausen
still sein

glänzen
glitzern
spiegeln

verdunsten
sich erwärmen
kochen
sieden
verdampfen
kondensieren
abkühlen
erstarren, gefrieren

tropfen
regnen
nieseln
schütten
peitschen
prasseln
graupeln
hageln
schneien

wärmen
erfrischen
beleben
erquicken
heilen
reinigen
erfreuen

Pflanzen zum
Duften bringen
Farben zum
Leuchten bringen

tragen
bewegen
antreiben
mitreißen
glätten
runden
aushöhlen
lösen

gefährden
bedrohen
überschwemmen
überfluten
vernichten

perlen
benetzen
durchdringen
einsickern
versickern
klettern
hervorquellen
sich ergießen
zusammenlaufen

Wasser kann sein

eisig
kalt
warm
heiß
kochend

fest
flüssig
gasförmig

süß
salzig
brackig

hart
weich

rein
genießbar
sauber

ungenießbar
verschmutzt
vergiftet
sauer

durchsichtig
klar
trübe
hell
dunkel
blau schimmernd
grün
silbern
golden schimmernd

freundlich
finster

flach
tief

Wasser ist nicht hart, nicht weich; ist nicht feucht, nicht trokken; nicht bewegt, nicht still; nicht kalt, nicht warm; kein Sein, kein Nichts; nicht Verblendung, nicht Erkenntnis. Wenn es gefriert, ist es härter als Diamant, und keiner kann es brechen; schmilzt es, ist es weicher als Milch und entzieht sich der Zerstörung. Hierin liegt seine Vollkommenheit. Wasser ist überall. Denk darüber nach. Schau genau hin. Aber nicht so, daß du, als einer, der das Wasser erblickt, denkst. Nein. Das Wasser denkt, das Wasser erblickend. Das Wasser bezeugt das Wasser. Das Wasser erkennt das Wasser. Das Selbst trifft auf das

Wasser kann ausbleiben

Wasser ist
Bedingung für jedes Leben
Anfang und Ende des Lebens

Wir können im Wasser
waten
baden
schwimmen
tauchen
spielen
planschen
blubbern
schnorcheln
beobachten
Tiere und Pflanzen sehen
Steine und Muscheln suchen

verunglücken
versinken
ertrinken

Wir können Wasser
mit dem ganzen Körper und
mit allen Sinnen erfahren:

sehen
hören
berühren, fühlen
schmecken, trinken

schöpfen
gießen
träufeln
aufteilen
verteilen
reichen

verwenden
verschwenden
verschmutzen
reinigen
vergiften

beobachten
untersuchen
malen
fotografieren
musikalisch nachahmen
in der Körpersprache darstellen

Wir können ins Wasser
springen
gleiten
rutschen
fallen
stürzen
eintauchen

Selbst und geht mit ihm seinen Weg. Das Anderselbst durchdringt das Anderselbst, geht mit ihm vor und zurück, hinein und hinaus.

Aus dem Shôbôgenzo Dôgen (1200-1253),
einem der Begründer der Sôtô-Schule
des japanischen Zen-Buddismus
Gelesen in der Austellung „Quellen", vgl. S.84

Wir können auf dem Wasser
fahren
segeln
rudern
paddeln
surfen
Schiffe schwimmen lassen

Wir können mit Wasser
kochen
waschen
reinigen
spielen
erfrischen
kühlen
wärmen
heilen
taufen

naß machen
formbar machen
verdünnen
auflösen
löschen
spritzen
überfluten

unachtsam umgehen
achtsam umgehen

Im Anfang schuf Gott Himmel und Erde;
die Erde aber war wüst und wirr,
Finsternis lag über der Urflut, und
Gottes Geist schwebte über dem Wasser.

Gen 1,1-1,2

Millionen Jahre hat es gedauert,
bis Leben auf der Erde war:
Im Wasser begann es
mit winzigen Lebewesen,
dann Pflanzen auf dem Land,
dann Tiere und Vögel.
Dann der Mensch.

Dietrich Steinwede

Die Erde ist der Grundstoff aller Dinge, Wurzel und Garten allen Lebens, der Ort, wo die Dinge entstehen, die schönen wie die häßlichen, die guten wie die schlechten, die törichten wie die intelligenten. Das Wasser ist Blut und Atem der Erde, es fließt in ihr und stellt in ihr die Verbindung her gleich den Arterien und Venen. Daher sage ich: Das Wasser ist der Grundstoff aller Dinge.

Aus dem philosophischen Traktat Guanzi, aus älteren Texten kompiliert, im China der Han-Zeit (206 v.Chr. - 220 n. Chr.)
Gelesen in der Ausstellung: Quellen - Das Wasser in der Kunst Ostasiens, Museum für Ostasiatische Kunst, Köln 1992

Sachinformation

Hubertus Vorholt

Wasser ermöglicht im Zusammenwirken mit dem Sonnenlicht, mit Sauerstoff und Nährstoffen alles Leben auf dieser Erde.
Während wir auf anderen Planeten vergeblich nach Wasser Ausschau halten, gibt es auf der Erde viel Wasser. Und es hat weltweit die Temperaturen, die die Entstehung und die Entwicklung allen Lebens ermöglichen.
Fünf Komponenten seien genannt, die – aus welchem schöpferischen Grunde auch immer – beim Klima ursächlich zusammenwirken:

- Die Erde ist etwa 150 Mio. Kilometer von der Sonne entfernt, 16 Mio. Kilometer weniger ließen alles Wasser verdampfen, 16 Mio. Kilometer mehr ließen alles Wasser gefrieren.
- Die Erde rotiert in 24 Stunden um die eigene Achse, bei langsamerer Umdrehung wäre die Erwärmung von Luft und Wasser weniger ausgeglichen.
- Die Erdachse hat zur Drehebene um die Sonne einen bestimmten Neigungswinkel, auch dies hat ausgleichende Wirkung, deutlich in den Jahreszeiten. Nicht auszudenken, wenn die Erdachse auf die Sonne ausgerichtet wäre.
- Die Erde ist von einer schützenden Lufthülle umgeben, welche ebenfalls die Wärmewirkung der Sonne auf das Wasser ausgleicht.
- Der Planet Mond verursacht Ebbe und Flut auf der Erde und sorgt so für die Umwälzung der riesigen Wassermassen.

Das Wasser füllt aber nicht nur die Weltmeere, die etwa zwei Drittel der Erdoberfläche bedecken, die genannten Bedingungen und die speziellen Eigenschaften des Wassers führen dazu, daß schätzungsweise etwa 505000 Kubikkilometer Wasser pro Jahr aus dem Meer verdunsten, eine riesige Wassermenge, die die ganze Bundesrepublik Deutschland, Österreich und die Schweiz einen Kilometer hoch mit Wasser bedecken würde. Etwa neun Zehntel davon regnet ins Meer zurück, weniger als ein Zehntel wird in riesigen Wolken weit über die Länder getragen und fällt als Niederschlag auf die Erde; hinzu kommt allerdings hier noch die doppelte Menge Niederschlag von dem Wasser, das durch Verdunstung über Land aufsteigt. Der ständige Kreislauf des Wassers gibt den Meeren über die großen Flüsse seine Wassermengen zurück.

Nun ist das Wasser der Meere und das Wasser in der Erdoberfläche keineswegs chemisch rein, es enthält in gelöster Form alle jene Elemente, die als Baustoffe die Entstehung und das Fortbestehen des Lebens ermöglichen.

Im Wasser begann das Leben und entwickelte sich von den einzelligen Pflanzen und Tieren bis hin zum Menschen. Wasser dringt in alle lebenden Zellen ein und aus, bringt Nährstoffe und Sauerstoff mit und schafft die Abfallstoffe fort. Bei den Pflanzen wird von den Wurzeln nährstoffreiches Wasser aufgenommen und durch viele haarfeine Röhren zu den Zellen transportiert, es steigt – gegen alle Schwerkraft – bis in die Spitzen der höchsten Bäume, damit dort neue Zweige mit Blättern und Früchten wachsen können. Für jedes Kilogramm Holz, Blattwerk und Früchte, das ein Baum bildet, muß er ein Hundertfaches an Wassergewicht aufnehmen.

Der Mensch nimmt täglich im Durchschnitt etwa zweieinhalb bis drei Liter Wasser zu sich, die Hälfte durch Trinken und die andere Hälfte durch Nahrungsmittel – Gemüse und Früchte enthalten meist über 90 Prozent Wasser. Die gleiche Menge Wasser verläßt den Körper auch wieder: 15 Prozent mit dem Atem, 20 bis 30 Prozent durch Transpiration, der Rest wird direkt ausgeschieden. Immer aber enthält der Körper gleichbleibend zwei Drittel seines Gewichtes an Wasser. Ohne Wasser kann ein Mensch höchstens zehn Tage existieren.

Das Wasser, das zur Verfügung steht, entscheidet über die Vegetation auf unserer Erde. Das Wasser hat auch immer wieder über das Schicksal der Menschheitsgeschichte entschieden. Wo das Wasser reichlich floß, blühten Zivilisationen, wo es versiegte, verdorrten die Ernten und hungerten die Menschen.

Die Wasserversorgung ist in vielen Ländern heute zu einem lebensentscheidenden Problem geworden. Bei der ungeheuren Wasserverschmutzung in den industrialisierten Ländern wird auch dort die Versorgung mit gutem Trinkwasser immer schwieriger.
Weil Wasser eines der wichtigsten Elemente für unser Leben und unsere Gesundheit darstellt, gilt es, dieses kostbare Gut mit Sorge zu erhalten.

Elternbrief

Liebe Eltern!

„Wasser des Lebens" heißt unser Sommerthema im Kindergarten, vielleicht vermag es in Ihre Freizeit und in Ihren Urlaub hineinzuwirken.
Wie immer wollen wir Sie durch einen Brief einstimmen und anregen, unser Vorhaben mitzutragen.

Das uns so vertraute Wasser gibt uns viel auf zum Entdecken und ist – besonders im Sommer – deutlicher Anlaß zur Freude.

In der Schulzeit haben wir manches über das Wasser gelernt, manches behalten, vieles angewandt.
Tiefer und nachhaltiger jedoch sind sicherlich Erinnerungen an persönliche Erlebnisse: Wann und wo wir schwimmen lernten, an welchen Stränden und in welchen Seen wir badeten, wo wir kleine Waldbäche stauten, wie wir in kaltes Wasser gerieten, durch Wasser wateten, tausend Ängste ausstanden beim Bootfahren, uns erfreuten an der Schönheit eines stillen Sees, in einen tiefen Brunnen schauten ...

Wir können dazu beitragen, auch unseren Kindern intensive Erlebnisse mit Wasser zu vermitteln, seien es Badefreuden, sei es der behutsame Umgang mit Wasser, sei es das Wecken des Staunens und des Verständnisses um die lebensspendende Kraft des Wassers. Mit den Kindern haben wir zudem die Chance, selbst noch einmal neugierig zu werden und zu entdecken.

In den Kindern wird Naturverbundenheit und Achtung vor der Natur geweckt; sie wachsen in wichtige Lebenszusammenhänge und Denkprozesse hinein.
Beim Wasser läßt sich so viel entdecken: Schauen Sie einmal auf den Aushang „Vom Wasser" an der Gruppentür!

Spiele, Bilderbücher, Geschichten, Märchen, Lieder, Bilder, Beobachtungsgänge und Experimente sind unsere Mittel, mit denen wir das Thema angehen. Dabei wollen wir die spontanen Erlebnisse und Erfahrungen der Kinder aufgreifen.

Dankbarkeit für das uns reichlich geschenkte Wasser mag sich äußern im verantwortungsvollen Umgang mit Wasser und in der Hilfe für die vielen, die nicht zuverlässig mit Wasser versorgt sind.

Mit freundlichen Grüßen

Der Wasserkreislauf wird Kindergartenkindern nur in seinen Phänomenen, d.h. in seinen Erscheinungsformen, deutlich werden.
Die Kinder empfangen Wasser und geben es weiter. Sie fragen nach dem Woher und Wohin. Sie erleben das Wasser als ein Element, das ständig in Bewegung ist: Es fließt aus dem Wasserhahn und verschwindet im Abfluß; die nasse Wäsche auf der Wäscheleine trocknet, die Straße ist nach dem Regen bald wieder trocken – das Wasser verdunstet unsichtbar; es fließt in Bächen und Flüssen (meerwärts); in großen Wolkenherden zieht es (vom Meer) landeinwärts; bald regnet es in feinen Tropfen, bald in Strömen nieder, zum Teil verdunstet es wieder, zum großen Teil aber sickert es in den Boden und läßt in Verbindung mit Luft, Nährstoffen und Sonnenenergie Pflanzen wachsen und ernährt Menschen und Tiere. Alle diese Phänomene erfahren die Kinder mehr oder weniger bewußt.
Die naturgesetzlichen Zusammenhänge von Wärmeeinwirkung, Luftströmung, Luftfeuchtigkeit und Luftdruck, von Schwerkraft, Kapillarwirkung ... werden erst viel später und dann oft nur halbwegs durchschaut. Und wer macht sich schon eine Vorstellung davon, welche ungeheuren Mengen Wasser sich in diesem Kreislauf bewegen.

Der Einstieg in die Einheit kann über Erfahrungsspiele erfolgen. Die Aufmerksamkeit der Kinder wird dabei in besonderer Weise auf das Wasser gelenkt. Durch diese Spiele können die Kinder die nachfolgenden Begegnungen mit Wasser – z.B. in der Natur – intensiver und bewußter erleben.
Neben den Erfahrungen, die die Kinder ganz selbständig im Freispiel mit dem Wasser machen (vgl. hierzu die Erfahrungsberichte S.89f. und 118f.), können in einer geführten Tätigkeit gemeinsam leise Übungen durchgeführt werden. Der ruhige und behutsame Umgang mit Wasser in diesen Spielen vermittelt den Kindern, daß das Wasser etwas Kostbares ist; gleichzeitig werden Eigenschaften erfahren.

Leise Übungen

Wasser einfüllen und umhertragen

Zwei Tische werden aneinandergerückt. Auf den einen Tisch werden eine Schüssel (größeres Glasgefäß) mit Wasser, eine kleine Glaskanne und ein Tablett mit kleineren Keramik -, Porzellan- und Glasgefäßen gestellt und auf den anderen eine leere Schüssel und ein leeres Tablett. Ein Küchentuch wird bereitgelegt.
Die Kinder setzen sich im Kreis um die beiden Tische. Ein Wort der Ein- und Hinführung vermag, daß die Kinder ruhig und aufmerksam werden.
Nacheinander wählt sich jedes Kind ein Gefäß aus, hält es in den Händen, setzt sich wieder und wartet ab. Nach Aufruf treten die Kinder nun einzeln zu den Tischen, füllen mit dem Gießkännchen vorsichtig Wasser in ihr Gefäß, tragen es behutsam wie ein kostbares Gut ein- oder zweimal im Kreis herum, gehen zum anderen Tisch, gießen das Wasser dort in die Schüssel und stellen das Gefäß auf dem Tablett ab.

Wasser mit den Händen schöpfen

Ein Tisch wird in die Mitte gerückt. Zwei größere Schüsseln, eine zur Hälfte mit Wasser gefüllt, werden auf den Tisch gestellt. Ein Handtuch dient als Unterlage. Weitere Handtücher liegen bereit.
Die Kinder setzen sich im Kreis um den Tisch. Nach Aufruf treten die Kinder an den Tisch. Sie bilden mit den Händen eine Schale, schöpfen Wasser, versuchen es über der anderen Schüssel eine Weile zu halten, bis es ihnen doch durch die Finger rinnt. Sie lassen ihre Hände abtropfen und trocknen sie mit dem Handtuch ab.

Wasser weitergeben

Das Wasser ruhig mit den Händen schöpfen und in die Hände eines nächsten Kindes weitergeben.

Wasser dringt in die Erde

Auf einem Tisch wird ein Handtuch ausgebreitet und ein größeres Glasgefäß (Einmachglas o.ä.) darauf gestellt, ferner Plastikbecher oder gewaschene Sandförmchen.
Eine kleine Gruppe von Kindern versammelt sich um den Tisch. Erzieherin: Nehmt einen Becher, geht nach draußen an den Sandkasten, füllt den Becher halbvoll mit Sand (der Sand muß trocken sein) und bringt den Sand hierher! Die Erzieherin stellt inzwischen eine kleine Gießkanne mit Wasser bereit. Die Kinder schütten nacheinander ihren Sand in das Glasgefäß. Ist es mit Sand gefüllt, dürfen die Kinder reihum langsam etwas Wasser hineingießen. Die Kinder beobachten, wie das Wasser in den Sand einsickert. Vielleicht verweist die Erzieherin die Kinder auf den Regen, der in die Erde dringt und den die Wurzeln der Sträucher und Bäume dann aufnehmen.
Zum Schluß tragen die Kinder den nassen Sand in den Sandkasten zurück. Hier können sie mit dem Sand spielen.

Wassertropfen bilden Ringe

Eine flache Schüssel wird auf einen Tisch gestellt und zur Hälfte mit Wasser gefüllt. Eine Pipette (von einem ausgedienten Medizinfläschchen) liegt bereit.
Einige Kinder versammeln sich um den Tisch. Nacheinander nehmen sie mit der Pipette Wasser auf, beobach-

ten, wie sich beim Drücken Tropfen bilden, die immer größer werden, bis sie ins Wasser fallen und dort auf der Wasseroberfläche Ringe bilden, die sich gleichmäßig nach allen Seiten ausbreiten.

Wasser anblasen

Mit dem Mund nahe an die Wasseroberfläche herangehen und das Wasser flach anblasen. Beobachten, wie sich Wellen bilden. Sich an Bilder erinnern, wie der Wind oder ein Sturm einen See oder das Meer aufwühlen.

Am Wassertisch finden die Kinder immer etwas Neues zum Ausprobieren.

Wenn z.B. ein Kind stundenlang mit Wasser spielt, so bilden sich in ihm die Verständnisstrukturen für Physik, Geographie und viele benachbarte Gebiete der Sachkunde. Sind diese inneren organischen Kontakte einmal vorhanden, so sind Vorbedingungen und Bereitschaft für formales Wissen gegeben. Sind sie nicht vorhanden, so muß man eben früher oder später zu Paukmethoden greifen.

Rebeca Wild: Die Welt erforschen, in: R. Wild, Erziehung zum Sein, S. 196, Abor-Verlag, Am Saisen 4, 79348 Freiamt

Der folgende Erfahrungsbericht aus der von Rebeca und Maurizio Wild in Ecuador gegründeten „Aktiven Schule" macht am praktischen Beispiel – das Geschehen rund um den Wassertisch – deutlich, wie ein Lehrer bewußt das Lernen und Forschen der Kinder fördern kann, ohne sie von ihren selbstgewählten Tätigkeiten abzulenken. Er vermittelt nicht Schulbuchwissen, sondern ermöglicht und organisiert das Lernen. Die Kinder nehmen die Chance an. Sie fühlen sich in ihren Bedürfnissen und Interessen ernstgenommen. Sie spielen und experimentieren, probieren angstfrei, was Erwachsene sonst nicht gerne dulden. Sie sind neugierig, stellen Fragen und suchen aktiv nach Antworten. Sie forschen und finden und sind glücklich. „In diesem ganzen Prozeß müssen die kleinen Hilfen, Fragen und Antworten, die wir Erwachsene beisteuern, um das Interesse der Kinder immer neu anzufachen und sie neue Möglichkeiten und Hilfsmittel finden zu lassen, mit Vorsicht dosiert werden." [1)]

Erfahrungsbericht aus einer „Aktiven Schule"

Da sind zwei Kinder darin vertieft, mit allerlei Geräten das Wasser am Spieltisch in Bewegung zu bringen. Sie rühren und planschen, schlagen auf die Oberfläche, spritzen das Wasser hoch hinaus und begleiten ihre Spiele mit verschiedenen Lauten und Reden. Ich helfe gerade einem Jungen, die Druckwalze zu reinigen und bleibe eine Weile in der Nähe der Wasserspieler. Fast nebenbei frage ich sie: „Könnt ihr das Wasser auch bewegen, ohne es zu berühren?" Sie schauen mich verdutzt an. Dann lacht eins der Kinder und bläst aus voller Lunge gegen die Wasseroberfläche. Bald sind noch mehr Kinder von dieser neuen Beschäftigung angezogen und starten einen Wettstreit, wer das Wasser am stärksten anblasen kann. Dabei reden sie von Winden – Ostwind und Westwind, von ihren Ferien am Strand, als die Wellen so hoch waren, daß sie sich nicht ins Wasser trauten. Neue Ideen tauchen auf: ein Blasebalg, eine Radpumpe, und die Wellen schlagen höher und höher. Wenige Minuten später erscheint eine Wasserpumpe im Spiel, bald darauf Schläuche verschiedener Durchmesser, Gefäße, die mit Strohhalmen verbunden werden. Eine Wasserbahn wird gebaut und über verschiedene Hindernisse geleitet. „Schiffe" werden zum Fahren gebracht und die Reisezeit mit der Stoppuhr gemessen. Um diese Wasserprojekte haben sich verschiedene Grüppchen gebildet, die untereinander jeden neuen Schritt beratschlagen und kommentieren. Zwei größeren Mädchen, die dabeistehen, ohne selbst Hand anzulegen, stelle ich eine neue Frage: „Könntet ihr Wasser bewegen, ohne es mit dem Körper oder einem Gegenstand zu berühren, ohne es ins Gefälle zu bringen oder Wind zu machen?" Die Mädchen versuchen dies und jenes, aber immer wieder müssen sie sich selbst korrigieren: „So geht es nicht. Es darf kein Gefälle dabei sein." „Du hast eben durch den Strohhalm geblasen." Sie sind von der gesuchten Lösung so weit entfernt wie am Anfang, als eine Freundin ihnen zuruft: „Kommt essen, die Suppe kocht!" Einem der Mädchen bleibt der Mund offen: „Komm, ich zeig dir was!" Sie zieht ihre Kameradin zum Suppentopf, in dem es lustig brodelt. „Siehst du: es bewegt sich, aber nicht durch Rühren, nicht mit Pusten, nicht durch Gefälle."

Und so geht es weiter. Ich frage ein paar Kinder unschuldig, was denn das Meer zum Bewegen bringt. Die Vermutungen sind von der wildesten Natur. Wir suchen Hilfe in Büchern, die vom Meer handeln und Flut und Ebbe erklären. Wieder Erinnerungen aus den Ferien. „Einmal war das Meer ganz draußen, und wir konnten Muscheln und Seesterne suchen. Wenn Ebbe ist, fahren die Autos am harten Strand entlang. (Die Kinder haben erfahren, daß zur Ebbezeit die Strände die besten Autostraßen Ecuadors sind). Einmal haben wir gesehen, wie ein Auto nicht mehr rechtzeitig vor der Flut zur nächsten Ausfahrt kam und vom Meer verschluckt wurde." Die Größeren lesen über den Einfluß des Mondes, machen sich Modelle über die Stellung von Sonne, Mond und Erde und ihre Bewegung. Sie spielen mit den Magneten und erproben ihre Anziehungskraft auf verschiedene Objekte. Wir machen ein Assoziationsspiel: Wer kann in fünf Minuten die meisten Wörter aufschreiben, die mit Wasser zusammenhängen?

Am nächsten Tag nehmen wir vielerlei Gegenstände ins Schwimmbad mit, die wir zum Sinken bringen. Wir stoppen die Zeit, die ein jeder braucht, um auf Grund zu kommen. Die Kinder springen und tauchen und holen die Gegenstände unzählige Male wieder aus dem Wasser, lassen sie an einer tieferen Stelle hineinfallen, probieren neue Springtechniken aus.

Am Mittwochmorgen finden die Kinder ein großes Tablett mit Gefäßen verschiedenster Durchmesser und auch Meßbänder auf den Tischen gleich am Eingang. Denen, die neugierig fragen, was sie damit anfangen sollen, zeige ich, wie sie eine Tasse Wasser nacheinander in die verschiedenen Behälter gießen und die Höhe des Wasserstandes zusammen mit dem entsprechenden Durchmesser in eine Tabelle eintragen können. Für die Kleineren ist dies ein schwieriges Unternehmen, und sie bringen es vielleicht nur auf fünf Eintragungen. Den Größeren geht diese Arbeit schnell von der Hand, und sie lernen bei der Gelegenheit, eine Kurve herzustellen, die Wasserstände und Durchmesser in ein sichtbares Verhältnis bringt.

Am Donnerstag machen wir einen Ausflug zu einem nahen Fluß. Die Kinder werfen Steine ins Wasser, üben

Weitwurf, waten im Wasser, fischen Kaulquappen und Algen. Sie schicken Schiffchen flußabwärts, diskutieren über Flüsse im allgemeinen und diesen insbesondere und wollen wissen, in welcher Provinz unsere Schiffchen schließlich zum Meer gelangen. In der Schule holen wir uns die Landkarten aus dem Schrank, verfolgen mit den Fingern Flußläufe, lesen die Namen der Provinzen ab. Manche Kinder packt das Reisefieber. Mit Hilfe von Autokarten rechnen sie Distanzen aus – dazu benutzen sie wieder konkrete Materialien – kalkulieren Benzinpreise und Reisestunden. Andere ziehen auf vorbereiteten Karten die Flüsse des Landes nach und schreiben ihre Namen ein, malen die Meere der Welt aus oder stellen ein großes Bild von Meeren und Flüssen her, für das sie die typischen Fische Ecuadors als Vorlage nehmen; Muscheln und getrocknetes Seegras wird zu einer Collage vereinigt und neue Varianten um das Thema Wasser solange bearbeitet, wie das Interesse der Kinder anhält.[2]

1)2) Rebeca Wild: Das dreifache einfache Curriculum, in: R. Wild, Erziehung zum Sein, 1) S. 153, 2) S. 151, a.a.O.

Zaubereien

Der Wasserberg

Ein Glas auf den Tisch stellen, Pfennige oder Knöpfe bereitlegen. Das Glas randvoll mit Wasser füllen.
Frage: Wie viele Pfennige (Knöpfe) können wir noch hineinfallen lassen? Das Wasser darf nicht überlaufen! Der Reihe nach dürfen die Kinder Pfennige (Knöpfe) ins Wasser gleiten lassen.

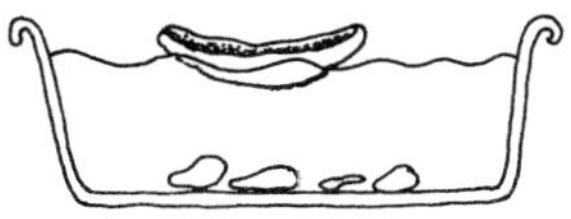

Schwimmt Plastilin?

Eine Schüssel mit Wasser auf den Tisch stellen. Die Kinder auffordern zu untersuchen, ob Plastilin schwimmt. Sie formen aus Plastilinstückchen kleinere oder größere Kugeln, Rollen, Figuren ... oder auch eine Schale, ein Schiffchen!

Ein Glas Wasser auf dem Kopf

Ein Trinkglas (zylinderförmig) auf ein Tablett stellen. Es so weit mit Wasser füllen, daß ein Wasserberg darauf entsteht. Ein Stück Postkarte – nicht viel größer als der Glasrand – seitlich so über das Glas schieben, daß keine Luftblasen unter der Karte bleiben. Nun eine Hand fest auf die Karte legen, mit der anderen Hand das Glas fassen und umdrehen, die erste Hand vorsichtig wegnehmen:
Ob mit oder ohne Zauberspruch – das Wasser läuft nicht aus. Das Glas – auf dem Kopf – kann sogar vorsichtig durch den Raum getragen werden.

Sprudelnde Quelle

Den Boden eines stabilen Klarsichtbechers mit einem Loch versehen. Eine Schüssel mit Wasser – wenigstens in Becherhöhe – auf den Tisch stellen. Nun den Becher in das Wasser drücken und beobachten, wie das Wasser von unten durch das Loch in den Becher quillt.

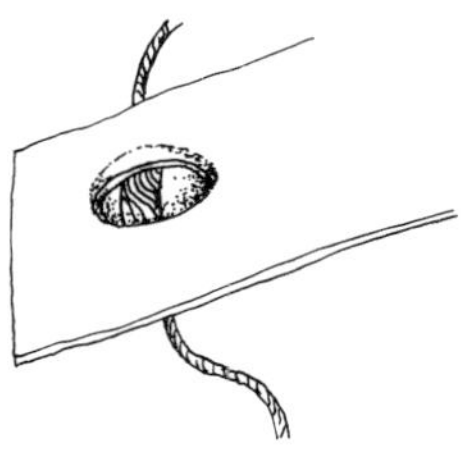

Ein Wassertropfen als Lupe

Mit dem Locher in ein festes oder kartoniertes Papier ein Loch stanzen. Mit einem Finger vorsichtig ein paar Wassertropfen auf das Loch geben, bis ein schöner Wassertropfen im Loch hängt. Durch die Wassertropfen-Lupe kleine Dinge vergrößert betrachten.

Wasser klettert

- aus einem Glas in ein anderes Glas

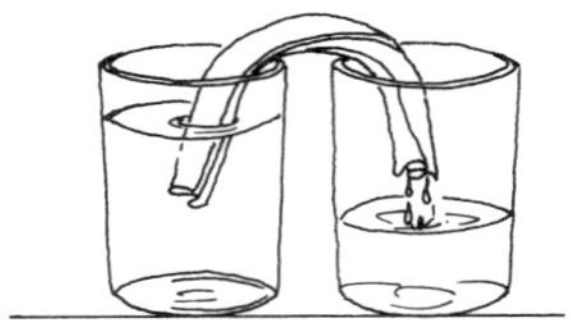

Zwei Gläser nebeneinander stellen, das eine mit Wasser füllen.
Einen Stoff- oder Küchenkreppstreifen in das volle Glas eintauchen und über die Ränder ins leere Glas legen. Das Wasser klettert vom vollen ins leere Glas hinüber, bis in beiden Gläsern gleicher Wasserstand erreicht ist.

- im Sand empor

Den Boden eines klarsichtigen Trinkbechers mit einem Loch versehen. Das Loch mit (Krepp-)Papier abdecken und mit feinem Sand füllen. Wasser in eine Wanne füllen und den Becher hineinstellen. Innerhalb von Stunden klettert das Wasser im Sand bis oben empor. (So steigt auch das Regenwasser im Boden wieder zu den Wurzeln der Pflanzen auf.)

- im Schwamm empor

Einen ausgedrückten Schwamm nur mit einer Ecke ins Wasser halten, im Nu ist er mit Wasser gefüllt.

- in Papierstreifen empor

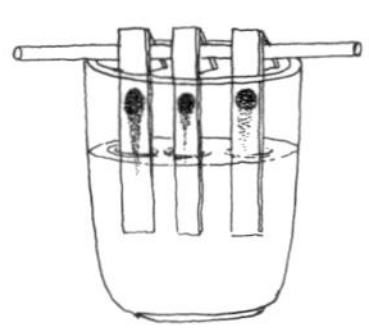

Drei Kreppapierstreifen oben mit Farbpunkten (Filzstifte) versehen und über einen Trinkhalm in ein Glas Wasser tauchen. Das Wasser klettert „um die Wette" in den Papierstreifen empor und die Farben zerlaufen.

Der Wasserstand bleibt gleich

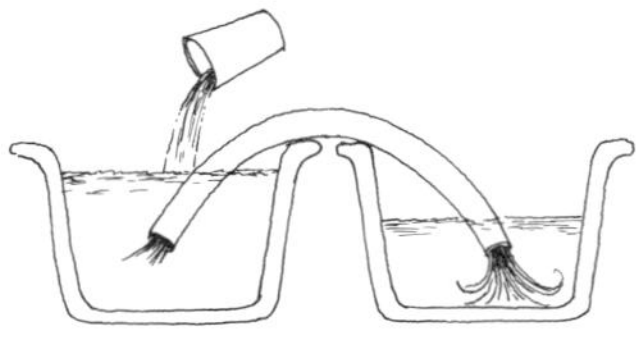

Zwei Wasserschüsseln zur Hälfte mit Wasser füllen. Einen kürzeren Plastikschlauch so in eine Schüssel eintauchen, daß er ganz mit Wasser gefüllt ist. Ein Ende zuhalten und hinüber in die andere Schüssel tauchen. Nun läßt sich mit einem Becher beliebig lange Wasser von der einen in die andere Schüssel umfüllen – der Wasserstand in den Schüsseln bleibt gleich hoch.

Eine Wasserrose „blüht auf"

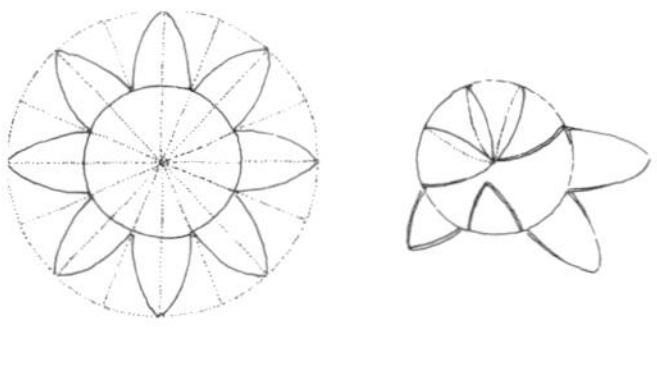

Zwei konzentrische Kreise zeichnen und acht Diagonalen einziehen. Eine Blütenrosette einzeichnen und innen gelb und die Blütenblätter mit Wachsmalstiften weißrosa ausmalen. Die Rückseite grün übermalen. Die Rosette ausschneiden. Alle Blütenblätter zur Mitte falten. Die „geschlossene Blütenknospe" aufs Wasser legen. Nach kurzer Zeit „blüht sie auf".

Bilder und Erzählung:
Wasser – wozu?

Das Bild mit den zwölf Einzeldarstellungen (siehe Anhang) soll für die Kinder eine Möglichkeit sein, sich an verschiedene Situationen, in denen wir Wasser brauchen, zu erinnern und darüber zu sprechen.
So kann die Erzieherin über die Äußerungen der Kinder deren Erfahrungshintergrund kennenlernen.

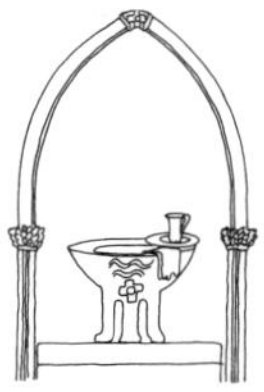

Details der Einzelbilder

Küche: Spüle, Kochtopf, Kaffeekanne, Putzeimer
Bad: Badewanne, Dusche, Toilette, Zahnbürste und -becher
Kinderzimmer: Wasserfarben, Blumenvase, Topfblume
Garten: Gießkanne, Blumen, Gemüsepflänzchen, Vogel, Maus
Krankenzimmer: Kopfwickel, Trinkbecher
Badesee: frohe, spielende, beobachtende Kinder am und im Wasser
Kirche: Taufstein, Kännchen und Schale, Tuch
Park: Plätscherbrunnen, Parkbank
Meer: Fischkutter, Netz, Fische
Wald, Feld, Wiese: Bäume, Getreide, Gräser, Tränke, trinkende Kühe, Wolken
Feuerwehr: Feuerwehrauto, Schlauch, Feuerwehrleute
Fabrik: Fabrikgebäude, Wasserentnahme, Schmutzwasserabgabe

Für die Gespräche mit den Kindern mag nachfolgender Text eine Hilfe sein.

Wasser – wozu?

Die Kinder sagen: Wir brauchen es zum Malen mit Wasserfarben.
Die Kleinen sagen: Wir brauchen es beim Spielen im Sand.
Die Mutter sagt: Ich brauche es zum Kaffeekochen, ich brauche es für Tee und Saft. Ich brauche es zum Kochen. Beim Putzen brauche ich Wasser. Beim Waschen brauche ich Wasser.
Vater sagt: Zum Wagenwaschen brauche ich Wasser. Wasser wird im Motor zum Kühlern gebraucht. Wasser kommt in die Scheibenwaschanlage.
Alle sagen: Wir brauchen Wasser beim Waschen und beim Duschen. Und nimmt einer ein Vollbad, so braucht er 40-60 Liter Wasser.
Der Hund trinkt Wasser. Die Kuh trinkt Wasser. Der Vogel trinkt Wasser.
Die Blumen stellen wir in eine Vase mit Wasser. Die Pflanzen auf dem Fensterbrett müssen Wasser haben.
Bäume, Blumen, Sträucher, Gras und alles Land brauchen Wasser.
Die Leute von der Straßenreinigung sagen: Wir brauchen zum Sprengen mit dem Sprengauto viel Wasser.
Der Bademeister sagt: Das Becken im Freibad wird im Sommer jede Woche einmal neu mit Wasser gefüllt.
Der Kranke sagt: Mein Kopf ist so heiß. Ein feuchtes Tuch auf meine Stirn gelegt, das tut gut.
Der Wanderer sagt: Das Schönste nach einer langen Wanderung ist ein Glas Wasser!

Anneliese Pokrandt
aus:
Krenzer/Pokrandt/Rogge (Hrsg.), Kurze Geschichten 1
Verlage Kaufmann und Kösel, Lahr und München 1975

Anregungen für ein Gespräch:

Alle sagen: Wir brauchen Wasser! – Das Wasser sagt: Ihr braucht mich! – Stelle dir vor: Es gibt kein Wasser!

Anregung für eine Übung:

Bevor der Kindergarten am Morgen geöffnet wird, werden alle Absperrhähne innerhalb des Kindergartengebäudes zugedreht. Nur der Wasseranschluß im Garten spendet noch Wasser. Die Kinder sollen erleben, was es bedeutet, wenn einmal die Wasserversorgung im Haus ausfällt; wenn die Kinder dann das Wasser von draußen hereintragen ...

Ein Kinderlied für den Sommer

Vorbereitung:

Die Kinder werden gefragt, was ihnen zu den Wörtern „Wasser" und „Sommer" einfällt. Da alle durcheinander antworten, wird die Spielregel vereinbart: Niemand darf mit Worten, jeder nur pantomimisch oder mit Bewegungen ausdrücken, was er zu sagen hat. Erst, wenn die Handlung klar durch die Körpersprache zu erkennen ist, soll sie benannt und gemeinsam besprochen werden.

Um aus der Fülle von Möglichkeiten nur einige herauszugreifen, können folgende „Wasserspiele" bewegungsmäßig gestaltet werden: Blumen gießen, Rasen sprengen, jemanden naßspritzen, das Auto waschen, durch Wasser patschen oder durch eine nasse Wiese, Wäsche aufhängen, von einem Brunnenstrahl trinken, Eis essen, Wasser mit Sand mischen, untertauchen, schwimmen, planschen, rudern, sich unter eine Dusche stellen, usw. Anschließend kann die Erzieherin allgemein über das Wasser und seine Bedeutung für alles Lebende sprechen und, daß es z.B. Gebiete auf der Erde gibt, wo es fast nie regnet und darum kaum etwas wächst.

Liedeinführung:

Die Erzieherin stellt den Kindern das Wort „Naßgedicht" vor und fragt, was es wohl zu bedeuten habe. Die meisten Kinder kennen Gedichte und wissen, daß es sich dabei um etwas Gereimtes handelt.
Sich reimende Wörter werden gesucht: Fisch – Tisch, Haus – Maus, waschen – naschen usw.
Der Text des A-Teils wird zunächst gesprochen, wobei die Erzieherin abwartet, ob die Kinder das letzte Wort „nicht" spontan als Reimwort zu „ — dicht" sprechen. Sie sollte bald zum Singen übergehen und den A-Teil mit den Kindern erarbeiten, dieser wiederholt sich vor bzw. nach jeder Strophe und prägt sich bald ein. Beim Singen sollte die Erzieherin die Strophen, die Kinder sollten den Refrain singen;
immer aber sollte sie sich Zeit lassen, die Antwort der Kinder auf jede Frage abzuwarten, auch den Text der verschiedenen Strophen zu besprechen und mit Bewegungen zu verbinden.
Auf kleinen Handtrommeln oder Tamburins können verschiedene Spieltechniken ausprobiert und entwickelt werden, die den Text mit Geräuschen untermalen. Zur Begleitung des Liedes können Tenor/Alt Klingende Stäbe eingesetzt werden:

C''	G'	C''
A' und	E' oder	G'
F'	C'	C'

dabei schlagen drei Kinder gleichzeitig (räumlich voneinander getrennt) den F-Dreiklang und drei andere den C-Dreiklang

Das Naßgedicht

Text und Melodie: Christel Neuhäuser

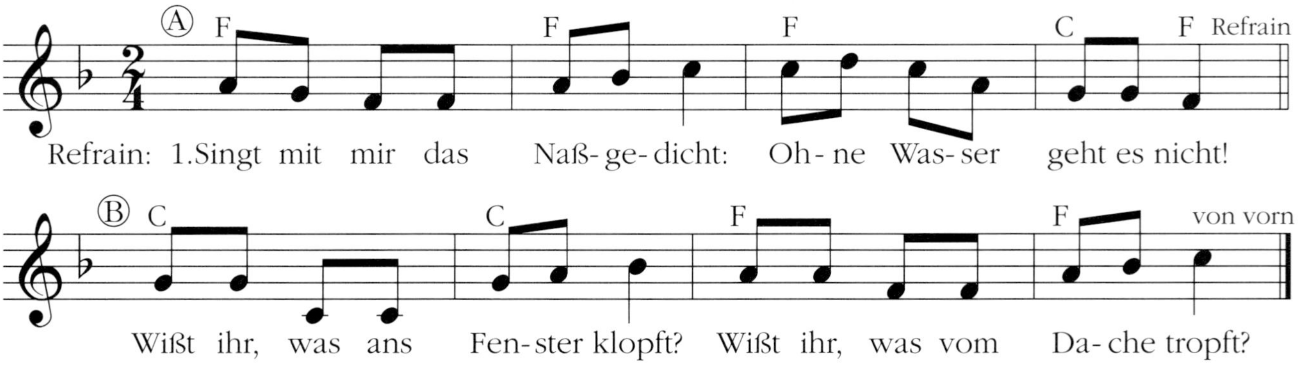

2. Wovon wird der Rasen naß?
   Wovon wachsen Bäum' und Gras?

3. Womit kocht die Mutter Tee?
   Womit wascht ihr den VW?

4. Worin platschern gern die Kleinen?
   Worin Große mit den Beinen?

5. Woraus ist im Meer die Welle?
   Woraus ist im Berg die Quelle?

letzter A-Teil:
Hört das Ende der Geschicht':
Ohne Wasser geht es nicht.

Die Buchstaben F und C bedeuten den Einsatz der beiden Dreiklänge.

Christel Neuhäuser

Übungen des täglichen Lebens mit Wasser

Unsere Kinder sind es gewohnt, den Wasserhahn aufzudrehen, und es fließt Wasser, solange und so viel sie wollen. Wenn jeder von uns täglich im Haushalt etwa 150 Liter Wasser verbraucht – das sind 15 randvoll gefüllte Wassereimer –, dann drängen sich zwei Überlegungen auf: Für die Wasserwerke wird es immer schwieriger und kostspieliger, uns mit einwandfreiem sauberem Trinkwasser zu versorgen. Den Klärwerken gelingt es bei hohem Kostenaufwand nur zum Teil, unsere Abwässer wieder zu reinigen.
Unsere Kindergartenkinder können vielleicht nur eine erste Ahnung bekommen, wie groß die Probleme der Wasserversorgung und Schmutzwasserentsorgung sind, aber sie können gewöhnt werden, Wasser sparsam zu gebrauchen und es möglichst wenig zu belasten.

EPG

- Tee zubereiten
  Kartoffeln, Nudeln oder Reis kochen
- Geschirr spülen – wenig Spülmittel verwenden, Geschirr mit klarem Wasser nachspülen
- Puppenwäsche waschen – wenig Waschpulver verwenden, Wäsche aufhängen, prüfen, ob die Wäsche trocken ist, Wäsche abnehmen, bügeln, falten
- Spielzeug und Tische abwaschen
- Schnittblumen mit Wasser versorgen
- Topfblumen gießen
- Tiere mit Wasser versorgen
- Mit Wasserfarben malen – Wasser in Gläsern holen, schmutziges Wasser wegschütten, Gläser und Pinsel reinigen
- Hände mit Seife waschen
- Zähne putzen – von „rot" nach „weiß"

Sauber soll das Wasser sein

Text: Marina Palmen Melodie: Ludger Edelkötter

Refrain:
2. Wenn wir Tiere tränken.
Und wir tränken
unsre Tiere
mit dem Wasser klar und rein.
Ja!

Refrain:
3. Wenn wir Blumen gießen.
Und wir gießen
unsre Blumen
mit dem Wasser klar und rein.
Ja!

Refrain:
4. Wenn wir Zähne putzen.
Und wir putzen
unsre Zähne
mit dem Wasser klar und rein.
Ja!

Refrain:
5. Wenn wir Puppen waschen.
Und wir waschen
unsre Puppen
mit dem Wasser klar und rein.
Ja!

Spielanregung:
Alle Spieler stehen im Kreis.
Man singt zunächst den Refrain, wobei folgende Bewegungen ausgeführt werden können:
Bei „schwib" tippt jeder Teilnehmer mit dem linken Fuß und
bei „schwub" mit dem rechten Fuß auf den Boden;
bei „schwubbeldiwab" reibt sich jeder seine Hände (wie beim Händewaschen).
Die in den einzelnen Strophen besungenen Tätigkeiten werden spielerisch dargestellt. Weitere Verse kann man beliebig ergänzen, z.B.:
... wenn wir Böden schrubben ...
... wenn wir Teller spülen ...

aus:
Hallo, du im Nachbarhaus, a.a.O.

Foto: WHO, P.Larsen, Kenia

Hierzulande regnet es im allgemeinen viel, und Bäume, Gräser und Feldfrüchte wachsen üppig. Aus vielen Talsperren und aus ergiebigen Grundwasservorräten steht uns jederzeit Wasser zur Verfügung: Wir drehen den Wasserhahn auf, und schon fließt das Wasser.
Unsere Kinder werden mit Bildern konfrontiert, die Kinder und Erwachsene in einem Umfeld zeigen, wo es an Wasser mangelt. Ausgewählte Fotos aus der Presse können uns Anlaß und Hilfe sein, mit den Kindern das Thema „Wasser – anderswo" anzusprechen.

Einwandfreies, frisches Wasser ist für unser Dasein und für unsere Gesundheit lebensnotwendig. Jedem zweiten Bewohner der Dritten Welt mangelt es an sauberem Trinkwasser, und drei Viertel von ihnen kennen keine sanitären Einrichtungen; 80 % der Krankheiten sind dort auf ungenügende Wasserqualität und Hygiene zurückzuführen.

In den großen Trockengebieten von Afrika, Asien und Lateinamerika regnet es sehr wenig und die Hitze läßt die Feuchtigkeit schnell verdunsten. Oft müssen Frauen und Kinder lange Wege durch große Hitze zurücklegen, um Wasser von einem Brunnen, einem Fluß oder einem See auf dem Kopf nach Hause zu tragen. Oft ist das Wasser schmutzig und Krankheiten werden durch das verseuchte Wasser übertragen.

Die Unesco und die kirchlichen Hilfsorganisationen haben im letzten Jahrzehnt viele Anstrengungen unternommen, damit die Menschen auch in den Trockengebieten über sauberes Wasser und geeignete sanitäre Anlagen verfügen. Doch das Ziel ist noch lange nicht erreicht.

Anregungen:
Wasser auf dem Kopf tragen

Immer waren und sind es die Frauen und Mädchen, die das Wasser in Krügen, Eimern oder Kanistern auf ihrem Kopf nach Hause tragen müssen. Das erfordert einen aufrechten und gleichmäßigen Gang. Die Hände bleiben frei, um das eigene Gleichgewicht leichter ausbalancieren zu können.
Die Kinder können versuchen, ein Eimerchen mit Wasser über eine größere Strecke mit den Händen zu tragen, und sie werden bald merken, wie anstrengend das ist. Vielleicht reizt es die Kinder, Wasser auf dem Kopf zu tragen; das erfordert Ruhe und Geschick. Ein Küchenhandtuch, zu einer „Wurst" gerollt, kann als Unterlage dienen.

Foto: Unicef, E.Thoring, Sambia

Wenn in einem Dorf ein Brunnen gebaut und dann eine Pumpe Wasser fließen läßt, ist das eine große Freude und Hilfe für die Menschen.
Endlich können alle, die in diesem Dorf wohnen, zu dieser Pumpe gehen und Wasser holen. Die Frauen und Kinder brauchen nicht mehr stundenlang durch die Hitze laufen für eine Kanne Wasser. *Jetzt macht Wasserholen Spaß*. Man trifft sich am Brunnen, grüßt sich, erzählt einander; auch die Kinder treffen sich hier, haben ein wenig Zeit zum Spielen, dann tragen sie ihr Wasser nach Hause.

Anregungen zum Erleben: Im Garten und auf der Straße

- Im Garten ein kleines Wasserbecken (Stein- oder Tongut) als Vogeltränke aufstellen; einen Stein als „Insel" hineinlegen – das Wasser fängt ein Stückchen Himmel ein –;
  Spiegelungen bemerken;
  Vögel beobachten, wie sie trinken (Schnabel runter, Schnabel hoch),
  wie sie im Wasser baden und dann flügelschlagend das Wasser herumspritzen.
  Ab und an für frisches Wasser sorgen.

- Am Haus eine Wassertonne aufstellen, evtl. Regenwasser einleiten, sonst mit Leitungswasser füllen; das abgestandene Wasser zum Gießen der Pflanzen – drinnen und draußen – verwenden.
- Manche Kinder haben morgens im taunassen Gras nasse Schuhe bekommen;
  bewußt Tautropfen an Gräsern, an Blatträndern und auf Blüten finden, bei Sonnenschein die in allen Regenbogenfarben schillernden Wasserperlen schauen;
  mit den Händen über das feuchte Gras streichen;
  Handtücher mitbringen lassen und bereithalten:
  Mit bloßen Füßen durchs taunasse Gras laufen.
  (Erklärung: In klaren frischen Sommernächten kühlt sich die Luft in Erdbodennähe stark ab, die Luftfeuchtigkeit kondensiert an Grashalmen, an Blättern von Kräutern, bildet Tautropfen auf Blüten.)
- Trockenheit im Garten bewußt erleben: Der Rasen verliert seine sattgrüne Farbe, Stauden lassen ihre Blätter hängen, der Boden wird trocken, hart, rissig, staubig; – wir Menschen erfrischen uns mit Wasser; Tiere suchen Wasserstellen auf und gehen in den Schatten; und die Pflanzen ...?
  Nach Bedarf morgens im Garten Wasser verteilen, (nicht in der Mittagshitze, weil sonst die Pflanzen verbrennen); die Kinder Wasser in kleinen Kannen austragen lassen.
- Sich freuen, wenn nach langer Trockenheit die ersten schweren Wolken am Himmel aufziehen und endlich der Regen fällt; beobachten, wie das Regenwasser in Erde und Sand versickert, wie nach dem Regen glitzernde Tropfen an allen Blättern hängen,
  wie der Garten in allen Farben leuchtet;
  spüren, wie es frisch und kühler geworden ist,
  wie Bäume und Sträucher Duft verströmen (besonders intensiv bei Buchsbaum und Birke);
  bemerken, wie alles wieder abtrocknet (Verdunstung);
  sehen, wie Blumen und Blätter sich aufrichten;
  nach längerem Regen im Rasen Regenwurmhäufchen entdecken.

- Sich einem Sommerregen aussetzen:
  die Regentropfen im Gesicht spüren; Tropfen von der Nase wegpusten;
  durch Pfützen laufen, stapfen; Pfützen überspringen;
  sehen, wie die Straße spiegelglatt ist, wie vielleicht der Boden „dampft" (starke Verdunstung und Kondensierung).
- Beim Regen draußen unter einem schützenden Dach (Vordach, Schober, Regenschirmen, Plastikplane) eng aneinandergerückt hocken, sehen und hören, wie die Regentropfen fallen ...
- Gefäße in den Regen stellen und nach dem Regen schauen, wieviel Wasser sich in ihnen gesammelt hat.

Regenschirme

Wenn die ersten Tropfen fallen,
lustig auf das Pflaster knallen,
blühen sie wie Blumen auf.
Bunt gestreifte, bunt gefleckte,
bunt getupfte, bunt gescheckte
nehmen fröhlich ihren Lauf.
Seit die ersten Tropfen fielen,
schweben sie auf dünnen Stielen,
leuchtend, schimmernd, rund und glatt.
Bunt gestreifte, bunt gefleckte,
bunt getupfte, bunt gescheckte
Schirme blühen in der Stadt.

Vera Ferra-Mikura
aus:
H.-J.Gelberg (Hrsg.), Die Stadt der Kinder
Verlag G.Bitter, Recklinghausen 1969

Verklanglichung von Regenreimen

Zahlreiches Reim- und Liedgut spricht ein herzliches Verhältnis des Kindes zum Wasser, besonders auch zum Regen, an. Einige dieser Regenreime, Gedichte und Geschichten fordern geradezu dazu auf, sie während des Sprechens oder nach kurzen Textabschnitten mit Geräuschen zu untermalen. Da bietet sich zunächst das Regengeräusch selbst an. Wir versuchen, mit unseren Fingern auf den Tischen das Tröpfeln des Regens nachzumachen, wie er auf ein Vordach oder gegen die Fensterscheibe trommelt. Wir achten darauf, daß die weichen Fingerkuppen das Regengeräusch besser wiedergeben als die harten Fingernägel.
Wenn der „Regen" stärker wird, muß sich auch unser „Trommeln" verstärken. So könnte man als Übung ein langsames Crescendo und dann wieder ein Decrescendo spielen.
Noch wirkungsvoller könnten für das Fingerspiel Handtrommeln oder Pauken eingesetzt werden. Die Handtrommeln können dabei folgendermaßen gehalten werden:
1. Kinder sitzen und halten die Trommeln zwischen ihren Oberschenkeln und spielen. Die unterschiedlichen Klangfarben der „Regentropfen" hängen davon ab, ob man am Rand oder in der Mitte der Handtrommel spielt.
2. Die Handtrommel hängt in einer Hand und wird mit der anderen Hand gespielt. Die Pauken können in gleicher Weise differenziert am Rand oder in der Fellmitte mit beiden Händen gespielt werden.
Der folgende Vers bietet sich für eine Verklanglichung des Regens ganz besonders gut an.

Es fängt an zu tröpfeln,
da kommt ein Mann mit Äpfeln.

Es fängt an zu regnen,
da will uns einer segnen.

Es fängt an zu gießen,
da will uns einer schießen.

Es fängt an zu schütten,
da laufen wir in die Hütten.

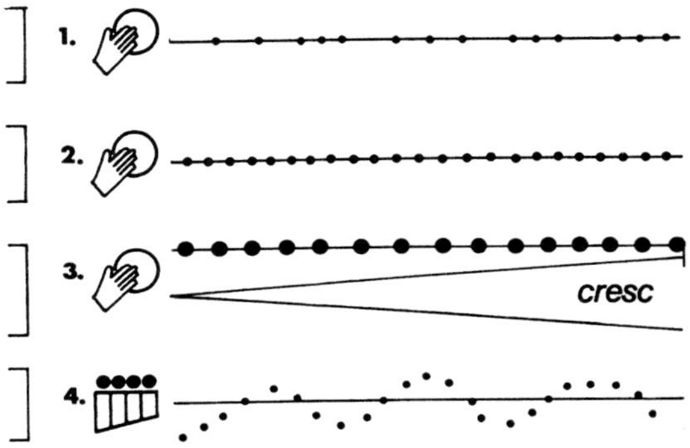

Jenny Neuhäuser

Spiel vom Sommerregen

Sommerregen, Sommerregen
tröpfelt leis ins grüne Gras,
macht dem Regenwurm das Schwänzlein,
und dem Mäusekind das Schnäuzlein
und dem Eichhörnchen die Pfote
und dem Hasenkind die Ohren
und dem Schwalbenkind die Flügel
und uns selbst die Nase naß.

Doch das macht uns gar nichts aus,
komm doch mit und lauf und lauf,
denn die große grüne Buche
spannt den Regenschirm schon auf.
Unterm grünen Blätterhaus
schaun wir in den Regen raus,
bis die liebe Sonne ruft:
„Kommt heraus! Kommt heraus!
Die Sonne steht schon überm Haus!"

Barbara Cratzius

Spielanregung:

Die Kinder sitzen im Stuhlkreis. Sie halten die Hände hoch über den Kopf und senken die zappelnden Finger langsam als Regentropfen herunter. –
Über einen Tisch ist ein großes grünes Tuch gebreitet. Da können die Kinder sich verkriechen und in den Regen hinausschauen.
Am Schluß lockt ein Kind als Sonne die andern wieder aus ihrem „Blätterhaus" heraus.

aus: Barbara Cratzius, Sommer im Kindergarten, Herder Verlag, Freiburg 1992 / 6. Aufl.

Bettina Wölfel

Es regnet und regnet

Es regnet und regnet, der Himmel ist grau.
Nun bleib nicht am Fenster stehen,
komm mit in den Garten, ich weiß es genau:
da gibt es jetzt viel zu sehen.

Ich zeig dir den riesigen Kürbis am Zaun,
und wie unsre Bohnen sich recken,
wir wollen auch nach den Radieschen schaun
und suchen gebänderte Schnecken.

Der Regen macht alles so stark und groß.
Die Stiefel zieh an und die Mütze,
und freue dich über den Regen! Los -
spring mitten durch die Pfütze!

Ursula Wölfel
aus:
Vom Morgen bis zum Abend
Patmos Verlag, Düsseldorf 1987

Wasser durchdringt die Erde

Text: H.Neubauer Melodie: Sr.C.Sillmann

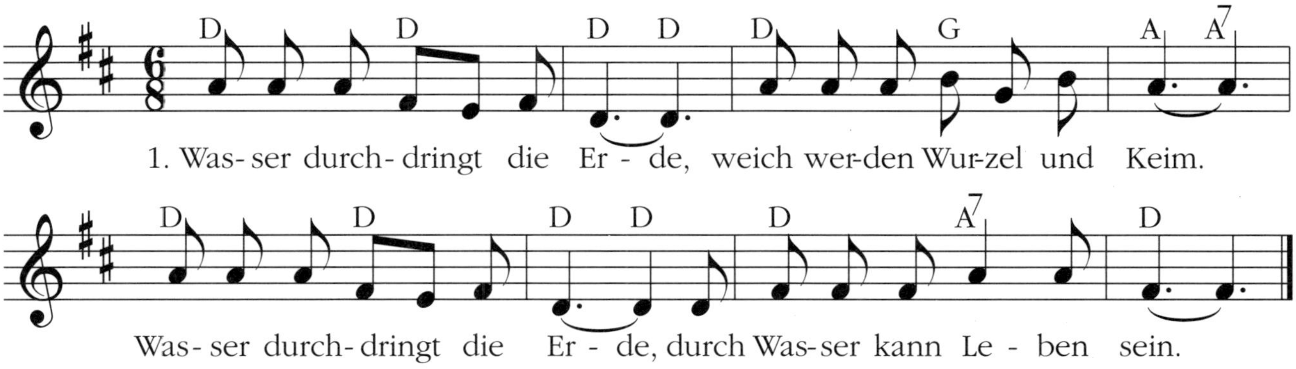

2. Sonne durchdringt die Erde,
warm werden Wurzel und Keim.
Sonne durchdringt die Erde,
durch Sonne kann Leben sein.

Regentropfenspiel als eutonische Übung

In diesem Identifikationsspiel wird das Eindringen besonders intensiv erfahren.
Die Kinder überlassen sich in dieser Vorstellung ganz dem Boden.
Sie lassen sich los. Der Körper wird locker, entspannt. Tiefe wird erspürt.

Die Erzieherin regt die Kinder an, Regentropfen zu spielen.
Sie führt das Spiel folgendermaßen:

Die Regentropfen sind noch in der Wolke. Sie sind zusammen eine dunkle schwere Regenwolke.
Nun fallen sie aus den Wolken.
Sie fallen auf das Gras.
Sie fallen auf Blumen.
Sie rollen den Stengel hinab, hinunter auf den Boden.
Sie dringen langsam in den Boden – die Erde ein.
Die Erde wird feucht und weich.
Die Tropfen dringen tief in die Erde ein, immer tiefer,
bis zu den Wurzeln der Blumen, der Bäume,
bis zum Wasser am Grund.
Das Wasser wird verbraucht, von den Wurzeln, von Sonnenstrahlen. Langsam verdunstet es wieder.
Es steigt zum Himmel auf.

Mit einem Beckenschlag lösen sich die Kinder langsam vom Boden.

aus: F.Kett/Sr.E.Kaufmann (Hrsg.), Religionspädagogische Praxis, Heft 2/79, RPA Verlag, Landshut

Geschichte: Regen, Sonne und Wind

In der Erzählung von Charles Keeping wird das Wachstum von Pflanzen innerhalb seiner natürlichen Lebensbedingungen von Regen, Sonne, Wind und Jahreszeit bewußtgemacht. Am Anfang gibt es auf Josefs Hof nichts Lebendiges, keine Pflanze, keine Insekten, keine Vögel, keine Katzen; Regen, Sonne und Wind können nicht wirksam werden, erst muß Versteinertes aufgebrochen werden. Der Mann Josef tauscht rostendes Eisen gegen eine Pflanze.
Er liebt seine Blume. Durch sein überbesorgtes Eingreifen scheint die Pflanze zweimal zu sterben. Als Josef Regen, Sonne und Wind walten läßt, wird ihm geschenkt, was er sich ersehnt: eine große blühende Pflanze, zwischen deren Zweigen Insekten fliegen, auf deren Zweigen Vögel sitzen, in deren Schatten Katzen liegen.

EPG

- Die Erzieherin kündigt eine Erzählung an.
  Sie regt einige Kinder an, auf dem Bauteppich ein Haus zu bauen mit einer Hofmauer darum.

gG

- Die Gruppe setzt sich im Halbkreis um den Bauteppich.
- Die Erzieherin legt rostige Eisenteile in den Innenhof. Sie zeigt den Kindern eine Spielfigur (z.B. aus Holz) und beginnt: „Das ist Josef." – "Und das ist sein Haus." – "Und das ist sein Hof." –
  Wenn Josef aus dem Fenster schaut oder in seinen Hof geht, was sieht er da? – Was mag er denken? –
- Die Kinder äußern sich.
- Die Erzieherin setzt die Erzählung fort bis zu der Stelle, wo Josef das alte Eisen gegen eine Pflanze eintauscht.
- Kinder räumen das Eisen aus dem Hof und stellen eine Blume hinein.
- Sie äußern ihre Vermutungen zum Fortgang der Erzählung.
- Erzieherin: Hört einmal, wie meine Geschichte weitergeht ... Sie führt die Erzählung fort und veranschaulicht den Text jeweils durch Zeichnungen mit Kreide an der Tafel (Ergänzungen, Löschen) – bis zum letzten Markierungspunkt;
  dann wird der Abschnitt der Erzählung im Spiel fortgesetzt.

gG

- Die Kinder äußern, was Josef nun in seinem „lebendigen" Hof empfindet und überlegen, welche Fehler Josef gemacht hat und wie die Pflanzen abhängig sind von Regen, Sonne und Wind.
- Im Kinder-Garten auch eine Pflanze in den Boden setzen oder auch ein kleines Beet anlegen.

EPG

- Von der Geschichte ein Bilderbuch erstellen.

Regen, Sonne und Wind

Das ist Josef.
Und das ist sein Hof. Eine Ziegelmauer, ein Bretterzaun, ein Steinpflaster und rostiges altes Eisen.
Sonst gab es nichts auf diesem Hof. Keine Insekten, keine Vögel, keine Katzen.
Regen fiel auf den Hof.
Die Sonne schien auf ihn.
Die Winde bliesen hindurch.
Der Schnee bedeckte ihn.
Eines Tages hörte Josef einen Mann rufen: Lumpen! Altes Eisen!
Er brachte ihm das rostige alte Eisen, und der Mann gab ihm dafür eine Pflanze.
Josef trug die Pflanze auf den Hof und zog einen Stein heraus.
Er lockerte die Erde, die darunter war, und setzte die Pflanze ein.
Regen fiel, die Sonne schien, und die Pflanze wuchs.
Nach einiger Zeit trieb die Pflanze eine kleine Knospe. Josef wartete, bis aus ihr eine Blüte wurde.
Und weil er die Blüte liebte, brach er sie ab.
Die Blüte begann zu welken. Sie wurde dürr – und starb.
Wieder war Josef allein auf dem Hof.
Die Winde bliesen, und wieder deckte der Schnee alles zu.
Dann brachte der Frühling Regen und warmen Sonnenschein.
Josef sah, daß die Pflanze zum Leben erwachte.
Eine neue Knospe erschien. Und als aus ihr eine Blüte wurde, brach er sie nicht ab, damit sie nicht auch starb.
Weil die Pflanze da war, kamen Insekten auf den Hof.
Weil Insekten da waren, kamen Vögel.
Weil Vögel da waren, kamen Katzen.
Aus Angst um seine Pflanze jagte Josef die Besucher aus dem Hof.
Er deckte die Pflanze mit seiner Jacke zu.
Aber jetzt konnten Sonne und Regen nicht mehr zu ihr.
Und als Josef seine Jacke wegnahm, war die Pflanze tot.
Josef war von tiefer Reue erfüllt. Erst hatte seine Liebe und jetzt hatte seine Sorge das wunderbare Ding auf seinem Hof getötet.
Als die Winde kamen, war die Pflanze kahl. Der Schnee bedeckte sie, und dann kam der Regen.
Die Sonne schien, und die Winde kamen wieder. Josef rührte seine Pflanze nicht an.
Die Jahreszeiten folgten einander, und die Pflanze wuchs und wuchs.
Mit der Zeit füllte die Pflanze den ganzen Hof. Zwischen ihren Blüten flogen Insekten, auf ihren Zweigen saßen Vögel, in ihrem Schatten lagen Katzen. Und Josef war glücklich.

Charles Keeping
(Übersetzung Josef Guggenmos)
aus:
Regen, Wind und Sonne
Signal-Verlag, Baden-Baden

Anregungen zum Erleben:
An der Quelle, am Bach oder Fluß, am Teich oder See

Umfang und Art der Erlebnisse sind gerade bei Gewässern stark abhängig von den örtlichen Gegebenheiten.

- Eine ***Quelle*** aufsuchen:
  (Regenwasser, das in der Erde versickert ist und auf festeren Bodenschichten abfließt, tritt als Quelle zutage.)
  Ein wenig nachdenklich werden: „Die Quellen sind wie Wasserhähne, die immer offen sind."
  Mit den Händen das Quellwasser schöpfen, durch die Finger rinnen lassen, sich erfrischen, trinken; den Wasserverlauf verfolgen.

- Bei schönem Wetter einen ***Bach*** aufsuchen:
  Sehen, wie die Wasseroberfläche glänzt, glitzert, sich kräuselt;
  hören, wie der Bach murmelt;
  kleine Stöckchen aufs Wasser werfen und auf die Reise schicken, ein Stück mitlaufen;
  das Wasser zwischen den Händen und Füßen durchlaufen lassen;
  auf dem Grund des Baches Steine entdecken;
  sehen, wie sie im Wasser in vielen Farben glänzen;
  versuchen, Steine mit den Zehen zu fassen;
  bedenken, wie die Steine sich aneinander rundgeschliffen haben;
  einige besonders schöne Steine sammeln;
  kleine Staudämme bauen;
  sehen, wie schnell Wassertrübungen wieder abklären;
  Ausschau halten nach Pflanzen, die am und im Wasser stehen:
  Vergißmeinnicht, Sumpfdotterblumen, Binsen ...;
  wenige Blumen für die Vase pflücken, Binsen schneiden für Bastelarbeiten;
  Tiere am, auf und im Wasser beobachten:
  Kaulquappen, Frösche, Elritzen, Tauchenten, Wasserläufer.

- Einen ***Teich oder See*** aufsuchen:
  Stöckchen hineinwerfen und feststellen, daß das Wasser hier steht;
  hören, wie die Wellen leise ans Ufer schlagen;
  einzelne Steine ins Wasser werfen und die Ausbreitung der Wellen verfolgen;
  flache Steine übers Wasser hüpfen lassen;
  wie sich im Wasser das Licht der Sonne, der blaue Himmel oder helle und graue Wolken spiegeln;
  am seichten Ufer mit den Füßen durch das Wasser waten oder stapfen;
  auch hier Tiere entdecken und beobachten; am Ufer nach Federn suchen
  und nach Blumen Ausschau halten;
  über angeschwemmte Abfälle und Verschmutzungen sprechen.

- Einen ***Wasserfall*** aufsuchen:
  Erleben, wie das Wasser immerfort niederstürzt, wie es schäumt,
  spritzt, wild springt, lärmt, braust, rauscht,
  wie frisch und feucht die Luft ist.

- Ein ***Wasserrad (Mühlrad)*** aufsuchen:
  Beobachten, wie das fließende Wasser das große Rad dreht.
  Im Kindergarten mit Wasserrädern spielen.

Grieselbach-Gedicht

Wasser rinne nicht so schnell davon,
bleibe länger bei uns.
Durch Bäume, durch Wiesen, durch Auen,
wie du, Wasser, fließt, ist es gut.
Der Weg, den du, ganz von selbst, nimmst,
ist der schönste Weg.

Gewidmet dem Grieselbach in der Gemeinde St.Ulrich am Pillersee

Friedrich Hundertwasser

Am Meer

Der Sachtext „Am Meer" vermittelt in Dialogform Gegebenheiten des Meeres. Besonders neugierig macht er Kinder auf die geheimnisvolle Unterwasserwelt.

In dem sibirischen Märchen „Eine Brücke übers Meer" läßt der listige Fuchs die großen Tiere des Meeres an die Oberfläche kommen; ein Stück unsichtbarer Welt tritt in Erscheinung. Das Märchen bewirkt bei den Kindern, daß sie etwas ahnen von der Weite und Tiefe des Meeres, vom Lebensraum besonders auch der großen Wassertiere.

Das Dichtermärchen „Der Fischer und der Hochzeitsfisch" regt die Phantasie der Kinder besonders an. Sie hören von den Kostbarkeiten des Meeres, die uns erfreuen. Der Fischer erhält reichen Lohn, weil er einem Fisch an seinem Hochzeitstag das Leben schenkt. Die Braut des Hochzeitsfisches macht dem Fischer Schätze des Meeres zum Geschenk. Die gegenseitige Zuneigung der Hochzeitsfische findet Entsprechung in der Liebe der beiden Fischersleute.

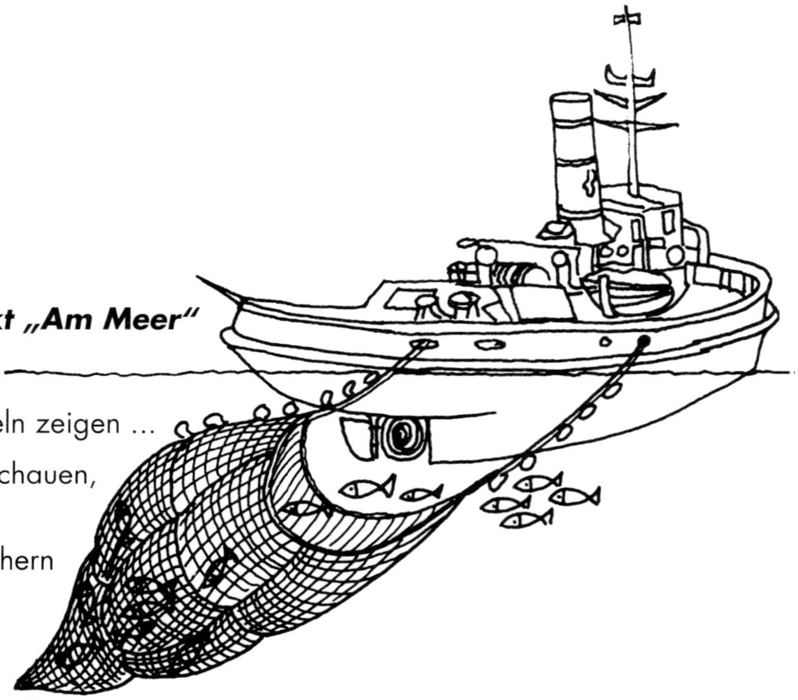

Methodische Möglichkeiten zum Text „Am Meer"

- Von den Ferien am Meer erzählen.
- Fotos und Postkarten mitbringen, Muscheln zeigen ...
- Auf eine Landkarte, auf einen Globus schauen, viel Blau sehen.
- Geheimnisvolle Unterwasserbilder in Büchern anschauen.

Methodische Möglichkeiten zum Märchen „Eine Brücke übers Meer"

- Tiere nennen, die im Meer leben, kleine und große Tiere.
- Die großen Tiere in Büchern anschauen.
- Das Märchen im Rollenspiel darstellen.
- Eine Collage zum Märchen anfertigen.
- Ein Bild zum Märchen malen.

Methodische Möglichkeiten zum Märchen „Der Fischer und der Hochzeitsfisch"

- Muscheln, Perlen und Korallen anschauen und anfühlen.
- Eine Collage anfertigen: Schätze des Meeres.
- Eine große Muschel ans Ohr halten und das „Rauschen des Meeres" hören.

Vom Meer

Und der Knirps kam ans Meer. So weit er sehen konnte, war da nur Wasser.
„Du bist wirklich unglaublich groß", sagte der Knirps. Er fühlte sich selbst sehr klein.
„Ja, du Knirps", sagte das Meer. „Ich bin sogar noch viel, viel größer, als du sehen kannst. Ich reiche um die ganze Erde herum."
„Das ist fabelhaft", meinte der Knirps.
„Mir gefällt es auch, daß die Schiffe auf dir schwimmen."
„Das ist noch lange nicht alles", sagte das Meer. „Auf mir treiben auch Eisberge. Natürlich nur dort, wo es sehr kalt ist. Oder ich bekomme eine dicke Eisschicht. Da sausen die Eskimos mit Hundeschlitten, sie lassen die Peitsche knallen, und die Hunde rennen. Und in den warmen Ländern wachsen Palmen an meinem Strand. Dort ist das Wasser ganz warm."
„Wirklich?" fragte der Knirps. „Und bist du sehr tief? Gibt es etwas in dir, was ich nicht sehen kann?"
„Allerdings! Auf meinem Grund stehen Berge", antwortete das Meer. „Überall wachsen Pflanzen, so farbig und seltsam, wie du sie noch nie gesehen hast. Und Fische schwimmen unter meiner Oberfläche. Viele sind bunt. Viele sind winzig. Und wieder andere sind so groß wie Häuser. Es gibt Seepferdchen. Es gibt Seesterne. Es gibt Muscheln und Fische mit Schleiern. Es gibt auch Wassertiere mit vielen Armen."
„Das möchte ich sehen", sagte der Knirps.
„Wenn du groß bist, kannst du Taucher werden", antwortete das Meer.

Max Kruse
(Rechte beim Autor)
aus:
M.Kruse/M.Laimgruber, Warum?
Verlag dtv junior, München

Märchen:
Eine Brücke übers Meer

Ein Maul voll Fische würde mir munden! dachte der Fuchs und sah sich um.
Den Fluß herunter kam ein Baumstamm geschwommen. Darauf saßen zwei Möwen.
„Möwen, was macht ihr da?“ fragte der Fuchs.
„Wir fangen Fische.“
„Ach, nehmt mich doch mit. Ich esse auch gern Fische.“
„Spring nur zu uns herüber!“
Der Fuchs sprang. Aber der Baumstamm drehte sich. Die Möwen flogen davon; und der Fuchs fiel ins Wasser. Als er sah, daß um ihn herum nur noch Wasser war, sagte er zu seinen Pfoten: „Seid meine Ruder!“ und zu seinem Schwanz: „Sei jetzt mein Steuer!“
Da bewegten sich seine Pfoten wie Ruder, und der Schwanz schwenkte wie ein Steuer hin und her und her und hin ... Wie wenn er in einem Boot säße, schwamm der Fuchs. Nur hatte er leider vergessen, dem Schwanze zu sagen, wohin er steuern sollte. Und so schwamm er und schwamm schließlich aufs offene Meer hinaus.
Da traf er einen Seehund. Der sprach: „Ei, Fuchs, wo kommst du denn her? Du hast dich wohl verirrt?“
„Ich weiß, wohin ich schwimme“, erwiderte der Fuchs. „Ich wollte nur einmal sehen, ob es im Meer auch noch Tiere gibt. Wie man hört, sollen hier nur noch ein paar übriggeblieben sein.“
„Nein, nein, es gibt viele Tiere im Meer“, antwortete der Seehund.
„Mag sein. Aber was ich nicht sehe, kann ich mir immer schlecht vorstellen. Kommt doch mal alle nach oben und legt euch nebeneinander aufs Wasser, damit ich euch zählen kann!“
„Warum nicht?“
Die Seehunde, Walrosse und Wale tauchten aus dem Meer auf und sammelten sich an der Oberfläche des Wassers. Eins neben dem anderen. Bis zur fernen Küste reichte die Reihe. Der Fuchs freute sich. „Ein Seehund, zwei Seehunde, drei Seehunde ..., ein Walroß, zwei Walrosse, drei Walrosse ..., ein Wal, zwei Wale, drei Wale ...“ Er zählte, zählte, zählte, lief über die Rücken der Tiere, sprang ans Ufer und rief: „Danke schön! Seehund, du hast die Wahrheit gesagt. Es gibt wirklich noch viele Tiere im Meer, so viele, daß man aus ihnen eine Brücke bauen kann – von der Mitte des Meeres bis zur Küste. Schwimmt nun, wohin ihr wollt. Ich aber will mich ausruhen.“

Sibirische Märchen
aufgeschrieben von Anne Geelhaar

Märchen:
Der Fischer und der Hochzeitsfisch

Der Fischer und der Fisch

Es war einmal ein Fischer. Der war arm. An einem Morgen stieg er in sein Boot und fuhr aufs Meer hinaus. Er hatte schon lange nichts mehr gefangen. Er ließ seine Angelschnur ins Wasser hängen; aber es wollte kein Fisch kommen. Da wurde der Fischer traurig und dachte: „So gibt es heute wieder nur trocken Brot bei uns.“
Und als er das dachte, da zuckte die Schnur, und er merkte, daß ein Fisch angebissen hatte. Er zog die Schnur herauf, und da hatte er einen großen, schönen Fisch gefangen. Er nahm ihn vom Haken ab. Da sagte der Fisch: „Lieber Fischer, laß mich schwimmen. Meine Braut wartet auf mich. Heute ist mein Hochzeitstag.“ Da taten dem Fischer der Fisch und seine Braut leid. Er ließ den Fisch ins Wasser zurück. Da schoß der Fisch fröhlich fort.
Der Fischer fuhr noch lange auf dem Meer umher, aber er fing keinen Fisch mehr.

Der Fisch und die Braut

Der Hochzeitsfisch kam zu seiner Braut. Er erzählte ihr alles. Dann wurde die Hochzeit gehalten. Da kamen Muschelwagen, die brachten die Hochzeitsgeschenke: Korallen und Perlen und Perlmutter. Seepferdchen zogen die Wagen. Auf dem Bock saß ein Fisch. Und die Wagen wollten kein Ende nehmen. Der Hochzeitsfisch und seine Braut saßen auf einem Stuhl von Korallen.
Bei jedem Wagen sagte der Bräutigam: „Freust du dich?" Bei jedem Wagen sagte die Braut: „Viel mehr freue ich mich, daß du da bist. Du warst am Haken und bist wiedergekommen."
Als der letzte Wagen angefahren kam, fragte sie den Fisch: „Ist der Fischer arm?"
Und der Fisch sagte: „Er ist sehr arm."
Da rief die Braut den Seeadler zu sich und sagte zu ihm: „Nimm von allen meinen Geschenken so viel du tragen kannst und bring sie dem Fischer in seine Hütte."
Und der Seeadler belud sich mit den Geschenken und flog zur Fischerhütte.

Die Frau und der Seeadler

In der Fischerhütte saß die Fischersfrau. Sie wartete auf ihren Mann. Da hörte sie ein gewaltiges Rauschen, es wurde dunkel am Fenster von großen Schwingen. Es klopfte laut gegen die Scheiben.
Da ging die Frau hin und machte das Fenster auf. Da war ein großer Seeadler draußen. Der warf Perlen und Perlmutter und Korallen herein, so viel, daß der ganze Fußboden bedeckt war. Er sagte: „Dies schickt dem Fischer die Braut", und er breitete seine Schwingen aus und flog wieder fort. Die Frau stand lange und konnte es nicht begreifen. Endlich sagte sie: „So hat mein Mann eine Braut, die ihm solche Geschenke schickt. Sie muß eine Königin sein. Woher hätte die sonst so viele Schätze! Ich will fortgehen. Dann können sie sich heiraten." Sie bückte sich und sammelte die Geschenke in ihre Schürze und tat sie dann in einen Kasten, den stellte sie mitten auf den Tisch.
Dann nahm sie ihr Tuch um den Kopf. Das war das einzige, was ihr noch gehörte, außer den Kleidern, die sie trug.
Und sie ging zur Tür hinaus und verschloß die Tür mit dem Schlüssel und versteckte den Schlüssel unter einem Stein, wo ihr Mann ihn finden konnte. Denn sie dachte: „Es soll ihm niemand etwas stehlen von dem, was ihm seine Braut geschickt hat, bis er nach Hause kommt."
Und dann stand sie draußen und wußte nicht, wohin sie gehen sollte.
Sie ging ein wenig, und dann setzte sie sich an den Wegrand hin und weinte.

Der Fischer und seine Frau

Nun ging der Fischer nach Haus. Er war traurig, weil er nichts gefangen hatte. Da fand er das Haus verschlossen und seine Frau nicht daheim.
Er ging wieder fort und suchte sie.
Da fand er sie am Wegrand sitzen und weinen. Er erschrak sehr und sagte: „Was machst du da?"
Sie sagte: „Ich bin von dir fortgegangenen. Du sollst deine Braut, die Königin, heiraten." Der Fischer sah seine Frau an und konnte nicht begreifen, was sie sagte. „Da erzählte sie ihm von dem Seeadler und den Geschenken.
Aber der Fischer verstand immer noch nicht, wer ihm Geschenke geschickt hatte. Er nahm seine Frau an der Hand, und sie gingen zusammen nach Haus.
Der Fischer schaute die Geschenke an, und dann sagte er: „Das kommt alles aus dem Meer. Das schickt mir die Braut von meinem Hochzeitsfisch."
Und er erzählte seiner Frau, was am Morgen auf dem Meere geschehen war.
Und sie freuten sich über die Geschenke. Jetzt waren sie nicht mehr arm. Die Frau stellte sich vor den Spiegel und schmückte sich mit den Perlen und Korallen. Und der Fischer küßte sie und sagte: „Du bist meine Braut und Königin."

Irmgard Faber du Faur
aus:
Liebe Welt
Verlag Sauerländer, Aarau 1958

Zum Schluß ihres Berichts „Ein musikalischer Spieltag am Wasser" (in „Das Musikbuch für Kinder", S.26, Ravensburger Buchverlag, Neubearbeitung 1992) schildert Dorothée Kreusch-Jakob den Abschied der Kinder von ihrem See, vom Wasser. Wir können herauslesen, daß dieser stille Abschied den Kindern sicherlich zu einem sehr tiefen Erleben wurde.

Leiser Abschied vom Wasser

... Du kannst Dir vorstellen, daß wir nicht den ganzen Tag nur Musik am Wasser gemacht haben. Dazwischen wurde gespielt, getobt, gegessen. Wir lagen faul in der Sonne. Erst am Nachmittag hieß es Abschied nehmen. Abschied von unserem See, vom Wasser. Es war ein leiser Abschied. Wir legten uns noch einmal auf die warmen Holzbretter des alten Stegs und schauten ins Wasser. Jeder von uns ließ einen Stein ins Wasser fallen. Wir horchten auf das Geräusch. Wir schauten zu, wie unser Stein im Wasser nach unten sank. Wir beobachteten die Kreise, die sich im Wasser bildeten. Und wir warteten, bis sich diese Kreise berührten und ineinander verschmolzen. Wir warteten geduldig und still, bis das Wasser wieder ganz ruhig war. Und was meinst Du, was wir dann entdeckten? – Unser eigenes Gesicht. Es spiegelte sich im ruhigen Wasser. – Der See hatte es uns zum Abschied geschenkt.

Dorothée Kreusch-Jacob

Eine lange Wanderung im Gebirge ohne Trinkvorrat macht Mühe, läßt wirklichen Durst spüren. Ausschau halten nach Wasser und schließlich finden lassen Wasser als kostbares Gut erleben.

Durst und Erquickung

Eine Wanderung im Gebirge. Ein warmer Sommertag. Unsere jüngste Tochter und ihre Cousine wandern mit. Ein langer, mühsamer Aufstieg. Uns ist heiß. Wir haben Durst. Und wir sind ohne Getränke aufgebrochen. Nur die Kamera im Gepäck. Welcher Leichtsinn! Zum ersten mal haben die beiden wirklich Durst. Getränke gibt es nicht. Wir haben nichts. Unsere Wanderung wird beschwerlich unter der Sonne. Langer Weg. Lange Zeit. Kleine Schönheiten unterwegs wollen wir nicht mehr wahrnehmen. Beim Abstieg halten meine Augen immer nur Ausschau nach einem Zeichen. Endlich, ein grüner Streifen in den trockenen Wiesen. Wasser! Wir zeigen hin und rufen. Die Mädchen kennen das Zeichen nicht. Da ist Wasser! Die beiden stürzen sich auf den kleinen Wasserlauf. Bücken und schöpfen und trinken. Lachen. Ein unbeschreibbares Glück. Ein einfaches Glück. Eine kostbare Weile. Von innen und von außen werden wir frisch und neu und das Herz jubelleicht – so auch unser Schritt, als wir dann heimwärts ziehn.

Christine Vorholt

Im einsamen Turm erlebt C.G.Jung eine unbeschreibliche Stille. Überm Kaminfeuer fängt im Kessel das Wasser an zu singen, und bald tönt es wie ein vielstimmiges Orchester, eine leise Musik mit allen Disharmonien der Natur.

Eingetaucht in eine Naturmelodie

Einmal war ich in Bollingen, als der erste Turm gerade fertig gebaut war. Es war im Winter 1923/24. Soviel ich mich erinnern kann, lag kein Schnee; es muß wohl schon im Vorfrühling gewesen sein. Ich war allein, vielleicht eine Woche lang, vielleicht etwas länger. Es herrschte eine unbeschreibliche Stille. Noch nie hatte ich sie so intensiv erlebt.
Eines Abends, ich kann mich noch genau erinnern, saß ich am Kaminfeuer und hatte einen großen Kessel aufgesetzt, um mir heißes Wasser zu machen zum Abwaschen. Dann begann das Wasser zu sieden, und der Kessel fing an zu singen. Es klang wie viele Stimmen oder wie Streichinstrumente, und es tönte wie ein vielstimmiges Orchester. Wie ganz polyphone Musik, die ich ja nicht leiden kann, die mir nun aber doch eigentümlich interessant erschien. Es war nämlich so, als ob sich ein Orchester innerhalb des Turmes befände und ein anderes draußen. Bald herrschte das eine, bald das andere vor, als gäben sie sich gegenseitig Antwort.
Ich saß und lauschte fasziniert. Weit über eine Stunde hörte ich dem Konzert zu, dieser zauberhaften Naturmelodie. Es war eine leise Musik mit allen Disharmonien der Natur. Und das war richtig, denn die Natur ist nicht nur harmonisch, sondern auch furchtbar gegensätzlich und chaotisch. So war auch die Musik: ein Strömen von Klängen, wie die Natur des Wassers und des Windes – so wundersam, daß man es überhaupt nicht beschreiben kann.

Carl Gustav Jung erzählt
aus: Erinnerungen, Träume, Gedanken von C.G.Jung, Aufgezeichnet und herausgegeben von Aniela Jaffé, Walter-Verlag, Olten 1971, Sonderausgabe 1990/7. Auflage, S.232f.

Vielleicht findet sich eine Gelegenheit – wenn wir einen Tee zubereiten – auf das Singen des Wassers im Wasserkessel hinzuhören.

Vielleicht findet sich eine Gelegenheit, mit ein paar Kindern unter einem schützenden Dach das Singen im Regenrauschen zu vernehmen.

Vielleicht findet sich die Gelegenheit, in einen Brunnen hineinzuschauen, einen Brunnen zu erleben.

Oder es kommt die Gelegenheit für ein anderes tiefes Erlebnis ...

„Während das Haus in Küsnacht der Welt und den Menschen offenstand, zog sich Jung hier (Turm in Bollingen) in die Stille und das Schweigen zurück. Im Alter verbrachte er fast die Hälfte des Jahres in seinem Turm, arbeitend und ausruhend." 1)
Er schreibt hierüber: „In Bollingen bin ich in meinem eigentlichsten Wesen, in dem, was mir entspricht. (...) zuzeiten bin ich wie ausgebreitet in die Landschaft und in die Dinge und lebe in jedem Baum, im Plätschern der Wellen, in den Wolken, den Tieren, die kommen und gehen, und in den Dingen. Es gibt nichts im Turm, das nicht im Laufe der Jahrzehnte geworden und gewachsen ist und mit dem ich nicht verbunden bin. Alles hat seine und meine Geschichte, und hier ist Raum für das raumlose Reich des Hintergrunds. – Ich habe auf Elektrizität verzichtet und heize selber Herd und Ofen. Abends zünde ich die alten Lampen an. Es gibt auch kein fließendes Wasser, ich muß das Wasser selber pumpen. Ich hacke Holz und koche das Essen." 2)
„Der Turm in Bollingen" am oberen Zürichsee enstand in mehreren Bauetappen von 1923-1956.

1) Aniela Jaffé: Der Turm in Bollingen, in: A.Jaffé, C.G.Jung Bild und Wort – Eine Biographie, S.189, Walter-Verlag, Olten 1983 (Sonderausgabe)
2) Carl Gustav Jung: Die Jolle, Walther Niehus, S.229f.

Stille-Übung

Vorbereitung:

– genügende Anzahl von Decken, auf denen die Kinder liegen können (wenn möglich, vorher haben die Kinder nach ihrer Phantasie – oder gelenkten Phantasie durch die Erzieherin – je ein halbes Bettuch mit ungiftigen Stoffarben bemalt; diese „Phantasietücher" werden auf die Decken gelegt und helfen, mit unserer Phantasie auf Reisen zu gehen).
– eine (erdfarbene) Tonschlüssel wird mit Wasser gefüllt. Wenige Kiesel-/Flußsteine liegen in dem Wasser.

Durchführung:

In der Mitte des Raumes steht die Schüssel. Darum sind kreisförmig die Decken ausgelegt. Die Kinder kommen mit ihrem Traumtuch leise und behutsam in den Raum. Sie legen ihr Tuch auf die Decken.
– „Wir setzen uns vorsichtig auf unsere Tücher. – Wir sind ganz still. – Wir schließen die Augen. – Jetzt können wir gut hören." – Nach einer gewissen Zeit benennt die Erzieherin die Geräusche (z.B. das Geräusch eines vorbeifahrenden Autos, Schritte im Flur usw.). Was beim Namen genannt ist, wird nun – hoffentlich – nicht mehr stören!
– „Nun öffnen wir langsam unsere Augen und schauen auf das Wasser. – Ganz genau merken wir uns, was wir sehen. – Nun legen wir uns vorsichtig auf den Rücken. – Wir schließen wieder die Augen. – Jetzt seht ihr das Wasser und die Steine mit geschlossenen Augen. – Vielleicht fällt euch jetzt ein, daß ihr draußen in der Natur schon einmal etwas ähnliches gesehen habt. – Eine kleine Zeit dürft ihr jetzt vom Wasser in der Natur träumen.
– Wir öffnen die Augen. – Langsam setzen wir uns wieder. – Wovon habt ihr geträumt?"
Es folgt ein leises und behutsames Gespräch.

... „Nun öffnen wir langsam unsere Augen und schauen auf das Wasser."

Gerhard Krombusch
(Rechte beim Autor)
aus:
W.Poeplau und Ludger Edelkötter, Komm mit zur Quelle – Mit Kindern auf dem Weg in die Stille
Impulse – Musikverlag, Drensteinfurt 1989

Geräusche mit und vom Wasser

Wasserglockenspiel

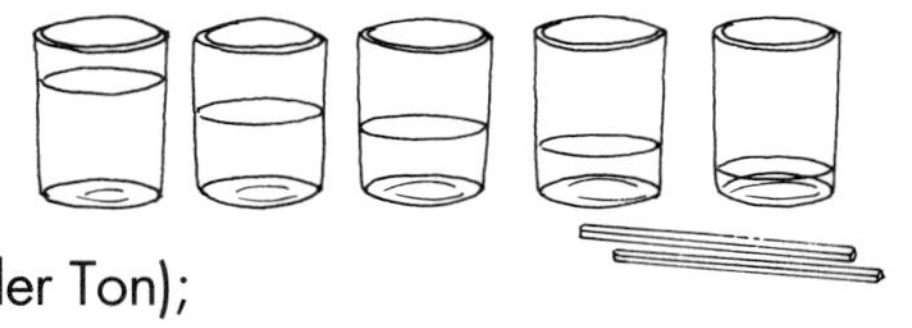

Acht Trinkgläser und eine Wasserkanne auf einen Tisch stellen;
mit der Kanne Wasser holen und die Trinkgläser unterschiedlich füllen;
mit Holzstäbchen die Gläser am Rand zum Klingen bringen;
die Gläser nach der Tonhöhe anordnen (je voller das Glas, desto tiefer der Ton);
Tonfolgen improvisieren;
vielleicht durch löffelweises Geben und Nehmen von Wasser die Gläser auf eine Oktav abstimmen oder mit nur fünf Gläsern auf die pentatonische Reihe; kleine Melodien spielen.

Glasharfe

Weingläser unterschiedlich mit Wasser füllen; einzeln an Kinder verteilen:
mit nasser Fingerkuppe des Mittelfingers auf dem Glasrand herumfahren, bis der glasklare Ton zu hören ist; dabei mit der anderen Hand das Glas am Fuß festhalten;
vielleicht auch hier Gläser aufeinander abstimmen und zusammen Melodien und Klänge erzeugen.

Flaschenorgel

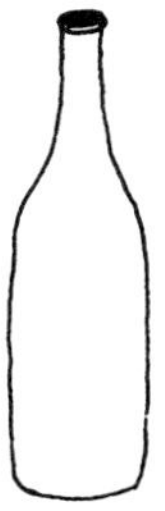

Leere Flaschen von zu Hause mitbringen;
durch vorsichtiges Überblasen Töne erzeugen, es erfordert einige Übung;
mal mehr, mal weniger Wasser einfüllen; hören, wie sich die Tonhöhe ändert (je voller die Flasche, um so höher der Ton).
Die Töne größerer Flaschen hören sich an wie die Signale von Nebelhörnern auf Schiffen. An einem Nebeltag draußen im Garten „Schiffe im Nebel suchen" spielen.

Regentropfen-Konzert

Verschiedene leere Gefäße (Blechdosen, Deckel, Teller, Plastikbecher) nach draußen in den Regen stellen mit der Öffnung nach unten; sich das Tropfkonzert anhören.

Blubber-Konzert

Trinkgläser mit Wasser füllen; mit Trinkhalmen Luft in das Wasser blasen, das Wasser blubbern lassen.
Größere Gefäße mit Wasser füllen; mit Plastikschläuchen oder Plastikrohren das Wasser blubbern und brodeln lassen. Die Rohre dabei stimmhaft anblasen, daß es wie Elefantenmusik klingt.

Leise Prickel-Musik

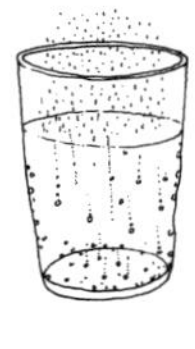

Eine Mineralwasserflasche ganz langsam öffnen, damit möglichst wenig Kohlensäure entweicht. Nun langsam Mineralwasser in ein Wasserglas gießen. Die Nase ins Wasserglas stecken und spüren, wie ihr kleine Wassertröpfchen entgegenspringen. Das Ohr oben an das Wasserglas halten und das leise Sprudeln hören – bei Kristallgläsern klingt es wie Musik. Vom Mineralwasser vorsichtig trinken und das Prickeln auf der Zunge hören.

Hörspiele

Mit dem Kassettenrecorder Wassergeräusche aufnehmen und später wieder erraten lassen:
- Wassergeräusche, die wir machen können
- Wassergeräusche, die wir finden

Werke in der Musik

Manche Komponisten haben ihre Wassereindrücke in Musik umgesetzt:
z.B. Edvard Grieg: Bächlein (aus op. 62)
Franz Liszt: Wasserspiele der Villa d'Este
Claude Debussy: La mer
Friedrich Smetana: Die Moldau
Franz Schubert: Die Forelle

Werke in der Bildenden Kunst

Auch Maler haben ihre Wassereindrücke in Bilder umgesetzt:
z.B. Emil Nolde
Vincent van Gogh
Claude Monet
Caspar David Friedrich
Max Beckmann
Auguste Renoir
I.A.Koch: Der Schmadribachfall

Poster: Wassersymphonie von Josef F.Seitz

Das Bild zum Thema „Wasser des Lebens" lädt ein zum Schauen und Staunen:
in reichem Maße quellendes und fließendes Wasser,
der weite ruhende See,
lebendig sprießendes üppiges Grün,
der Baumstamm, vom reißenden Wasser bedroht
und doch vom Wasser lebend,
die Tiere am Wasser – Schnecke, Frosch, Libelle.

Und das Kind, das all das in sich aufnimmt – wer findet es?

Erfahrungsbericht: Der fließende Bach

In der Nähe des Kindergartens gibt es einen Bach, der vom Schwarzwald kommend der Stadt zufließt. Auf der einen Seite ist er von Waldbäumen umstanden, auf der anderen Seite führt ein bequemer Uferweg entlang, der an Gärten vorbeiführt. Nun hatte ich den Wunsch, mit den ältesten Kindern im Lauf des Jahres öfter den Bach als Spielplatz aufzusuchen. Diese Kinder hatten, als sie kleiner waren, im Garten mit Wasser und Erde gespielt. Jetzt aber waren sie auf Entdeckungen und neue Erfahrungen aus.

In meinen Mitte Januar gemachten Notizen steht hierzu:

Es ist ein Tag mit sonnigem Winterwetter. Rauhreif glitzert an Bäumen und Büschen und jedem Grashalm, als wir an den Bach kommen. An den Uferrändern sind dicke und dünne Eisplatten, die die Kinder oberhalb des kleinen Wasserfalls abschlagen. Mit Jauchzen und Triumpfgeschrei springen sie nun am Ufer entlang bis zum Fall, um das Gepolter zu hören, wenn das Eis mit dem Wasser herunterstrudelt. Es ist ein tiefes, polterndes Geräusch. Nun brauchen wir viele starke Stöcke, um die hängengebliebenen Eisstücke wieder los machen zu können. Thomas findet eine sehr geeignete, kleine Eisenstange, die anderen sammeln mehr oder weniger passende Stöcke. Mit ihnen können die Kinder eine Menge der Eisstücke wieder befreien. Christine strahlt in ihrer riesigen Freude: „Hier ist es schön, hier ist es schön", ruft sie immer wieder.

Eine weitere Notiz von Ende Februar:

Heute ist ein mild sonniger Vorfrühlingstag, es duftet nach Frühling, und die Vögel zwitschern. Die Kinder freuen sich, wieder an den Bach gehen zu dürfen. Entsprechend schnell kommen wir auch dort an.
Kurz oberhalb des Wasserfalls finden die Kinder zwei dünne Holzbrettchen im Wasser, vermutlich Böden von Zigarrenschachteln. Doch beide Brettchen bleiben im Gestrüpp an der Seite des Wasserfalls hängen. Thomas und Stephan, die hohe Wasserstiefel anhaben, steigen nun ins Wasser, fischen zwei Stöcke heraus. Unter dem Jubel der Kinder am Ufer kann Stephan das eine „Schiffchen" wieder flottmachen.
Christoph liegt am Ufer auf dem Bauch und läßt sich von Thomas einen dicken, langen Ast aus dem Wasser fischen, womit Christoph von oben das zweite Schiffchen flottmacht. Der Ast ist knapp lang genug, obgleich Christoph sehr weit nach vorne rutschen muß, um wirklich weit genug reichen zu können. Aber dann hat er es geschafft. Natürlich wird auch dieses wieder flottgemachte Schiffchen von allen Kindern laut begrüßt.

Eine Notiz vom 30. Mai:

Als es heißt: „Wir gehen zum Bach", schreien die Jungen vor Freude. Von der großen Schnitzarbeit der 12. Klasse liegen eine Menge kleiner Holzstücke in einer Hausecke, so daß jedes Kind sich ein Stückchen aussuchen und als Schiff mitnehmen darf. Wir schlagen Nägel ein und befestigen Schnüre daran. Eiligen Schritts ziehen wir los, da wir in einer knappen Stunde zurücksein müssen. Am Wasserfall angekommen, richten wir auf einem Stein eine kleine Werkstatt ein, da noch nicht alle Holzstücke mit Nägeln und Schnüren versehen sind. Dann beginnt das Hämmern. Meist kniend werkeln die Kinder, unter sich das brausende Wasser.

Als Daniel sein Schiff ins Wasser setzt, läßt er für einen Augenblick die Schnur los, so daß es der Strömung überlassen ist. Zum Glück geht unser Heimweg stromabwärts. Die Kinder laufen am Ufer dem Schiffchen nach und haben es auch bald eingeholt. Da bleiben sie stehen und rufen: „Es kommt, es kommt!" Daniel hatte sich mit einem großen Knüppel bewaffnet, um das Schiff, wenn nötig, zum Halten zu bringen. Die Kinder sind nun dem Schiff weit voraus, schauen zurück und rufen: „Es kommt, es kommt!" Als es nun wirklich kommt und Daniel es zum Halten bringen will, ist – o weh – sein Knüppel und sind die Stöcke der anderen Kinder zu kurz: das Schiff ist vorbeigeschwommen! Nun geht es im Eiltempo wieder hinterher, und wieder ein Stück voraus. Da taucht vor uns ein kleines Wehr auf, das sich aus angesammelten und ins Wasser geworfenen Gräsern und Blumen gebildet hat.

Wir bleiben stehen und sind überzeugt: Hier muß das Schiff hängenbleiben. Nun kommt es näher und näher. Doch plötzlich steht es still, obwohl es noch ein ganzes Stück bis zum Wehr ist. Bald sehen wir, daß die Schnur des Schiffchens etwa in der Mitte des Baches an einem Stein hängen geblieben ist. Thomas schlägt vor: „Daniel gib mir deine Wasserstiefel, ich gehe in den Bach und hole dir dein Schiff raus." Gesagt, getan. Die Stiefel werden ausgetauscht, Thomas steigt ins Wasser. Die anderen Kinder, in großer Spannung, schauen still zu. Das Wasser ist niedrig, Thomas' Stiefel sind hoch genug, um die Füße trocken zu halten. Er ergreift das Schiff, zieht an der Schnur, die auch sogleich nachgibt – und draußen sind beide, Thomas und das kostbare Stück Holz. Die Schuhe werden wieder zurückgetauscht, dann geht's im Eiltempo in den Kindergarten.

Eine Notiz Anfang Juni:

Weitere neue Erfahrungen. Inzwischen haben die Kinder ihre Schiffchen verbessert und nach ihren Vorstellungen verschönert, zum Teil auch mit Segeln. Manche haben sogar mit Hilfe eines großen Bruders eine Reling angebaut. Mit Spannung warten die Kinder auf den Tag, an dem sie ihr Schiffchen auf dem Wasser schwimmen lassen können. Endlich ist der Freudentag da. Sonnenschein, frische, windige und schöne, warme Luft. Während ich am Gartenzaun entlang gehe, kommen mir Björn und Mark so schnell entgegengelaufen, daß ich ihre Erwartung an ihren Beinen ablesen kann. Nachdem jeder sein Schiffchen im Arm hat, gehen wir im Eiltempo zum Bach. Einige Jungen rennen vor, sie können es nicht abwarten. Als wir dort ankommen, hat das Ereignis des Tages schon begonnen: Stephan hat sein Schiff den Wasserfall herunterfahren lassen, doch die Strudelkraft des Wassers riß ihm die Schnur ab. Hinzu kam, daß der Strudel das Schiffchen auf die andere Seite geworfen hatte, wo es nun, dauernd auf der Stelle kreisend und tanzend, nicht mehr weiter getrieben wurde. Leider sind die Stöcke, die gerade zur Hand sind, nicht lang genug. So müssen wir notgedrungen vorläufig dem Spiel der Wellen untätig zusehen.

Alle anderen Kinder lassen ihre Schiffe ein großes Stück oberhalb des Wasserfalls schwimmen und jauchzen und freuen sich daran. Daniel, Andrea und Martin hängen ihre Schnüre an Uferpfählen ein, klatschen in die Hände und freuen sich über die Eigenständigkeit ihrer Schiffe, die aber nicht „abhauen" können.

Nach einer Weile sehe ich zufällig, wie hinter uns ein Mann das Tor zu seinem Schrebergärtchen aufschließt. Ich frage ihn schnell nach einem langen Rechen, um Daniels Schiffchen aus dem Strudel herauszuholen. „Ich hole es euch raus", sagt er freundlich und kommt mit einem langen Haken. Doch selbst er ist zu kurz. Da meint der Mann: „Ich binde einen Stock an den Haken!" Wirklich, gleich erscheint er mit einer Stange aus seinem Garten und schreitet mit dem verlängerten Haken dem Wasser zu. Alle Kinder stehen nun um ihn. Doch der Bach ist immer noch zu breit, er erreicht das Schiffchen nicht.

„Jetzt zieh ich meine Wasserstiefel an", ruft er, „dann wird es gehen!" Er verschwindet im Gartenhäuschen, erscheint dann mit hohen Wasserstiefeln wieder und ergreift seine lange Stange, um in den strudelnden Bach zu steigen. Alle Kinder stehen erwartungsvoll am Ufer. Dreimal muß der gute alte Mann zufassen, bis er das Schiffchen an der Schnur erreicht und ans Land ziehen kann. Als ich ihm herzlich danke, verabschiedet er sich: „Für Kinder tue ich alles!"

Letzte Notiz: Der Abschied vom Bach:

Da alle diese Kinder nach den Sommerferien eingeschult werden, gehen wir an einem heißen Sommertag zum letzten Mal zusammen zum Bach. Nun sollen die Kinder noch ihr Hochsommererlebnis am Bach haben.

Es ist ein heißer Sommertag. Unterwegs verschwinden Maik, Thomas und Christoph, weil sie unten im Bachbett neben dem Wasser und auch unter der Straßenbrücke durchgehen möchten. Endlich klettern sie an der anderen Seite am Geländer wieder hoch. Stephan empfängt die drei am Geländer und sagt: „Das hätte ich nicht gemacht!"

Nun beeilen wir uns, um an die erste Treppe zu kommen, die in den Bach führt. Dort ziehen wir Schuhe und Strümpfe aus und waten barfuß im Wasser. Plötzlich rutscht Else aus, so daß Kleid und Hose ein wenig naß werden. Dieses Mißgeschick stört sie so, daß sie von nun an lieber am Ufer bleibt. Andrea platscht auch im Wasser herum, aber noch etwas zaghaft. Martin hingegen jubelt. Ausrutschen und nasse Hose machen ihm gar nichts aus.

Christoph und Thomas haben wieder einen besonderen Spaß entdeckt. Eine Aluminiumschüssel, die am Ufer im Wasser strudelte, lassen sie mit der Strömung unter der Brücke hindurchschwimmen und waten ihr nach. Wirklich packen sie das Gefäß auch, bringen es zurück und versuchen das Spiel zum zweiten Mal. Diesmal wird die Schüssel so schnell vom Wasser fortgetragen, daß sie ihr Lebewohl sagen müssen. Die beiden Jungen fühlen sich aber so glücklich im watenden Zustand, daß sie spontan anfingen, mehrere Lieder gemeinsam zu singen.

Nun wollen wir ein Stück des Heimwegs im Wasser watend zurücklegen. Doch die meisten Kinder haben nicht den Mut, unter der Brücke durchzuwaten, obgleich Christoph und Thomas es schon zweimal vorgemacht haben. Alle ziehen Schuhe und Strümpfe an, nur die beiden Jungen bleiben auch diesmal im Wasser. Als wir weiter bachabwärts die niedrigen Wasserstufen erreichen und die Kinder neben dem Bach auf dem Ufermäuerchen entlang gehen und die beiden Helden unten im Bachbett beobachten, rufen sie jedes Mal, wenn sie eine weitere Stufe überstiegen haben: „Er hat's geschafft!"
Mit diesen frohen Zurufen, die vor allem dem Wasser zu gelten scheinen, verabschieden sich diese Kinder vom Bach.

Die vielen Stunden, während denen die Kinder am Bach spielen konnten, ermöglichten ihnen spannende Erlebnisse und neue Erfahrungen. Das Charakteristische des Baches – nämlich dahinzueilen und alles mit sich fortzutragen, was ihm anvertraut wird –, fasziniert die Kinder. Sie fragen (noch) nicht: „Wo kommt er her, wo geht er eigentlich hin?" Das Lebendige, das Bewegte und Unentwegte ist ihnen ganz unvermittelt lebensnah und vertraut. Sie sehen, wie eine Welle der anderen folgt in unaufhaltsamem Fluß: Ist diese verschwunden, ist die nächste schon da. Mit dem fließenden Wasser fühlen sie so das Zeitlosunendliche in seiner ewigen Wiederholung.
Der Spannung erzeugende Gegensatz zum Flüchtigen des ewiggleichen Flusses sind die festen und geformten Gegenstände, die auf dem Wasser schwimmen. Indem die Kinder ihre Brettchen und kleinen Schiffe den Wellen übergeben und darauf achten, daß sie nicht untergehen, beginnt für sie das spannende Spiel am Bach: Werden Hindernisse auftauchen, Steine, Zweige und Äste, oder ein Damm von Laub? Wird die stetige, dahineilende Bewegung zum Stillstand kommen? Der Stillstand widerspricht dem Strömen des Wassers, das nicht aufgehalten sein will – und wenn es eintrifft, ist es das größte Bemühen der Kinder, alles wieder in Fluß zu bringen.

Ingeborg Haller
aus:
Das spielende Kind – Beobachtungen und Erfahrungen einer Kindergärtnerin, Heft 11, S.49
Verlag Freies Geistesleben, Stuttgart 1987

Puste-Regatta

Fahrzeuge für eine Regatta

aus Kork

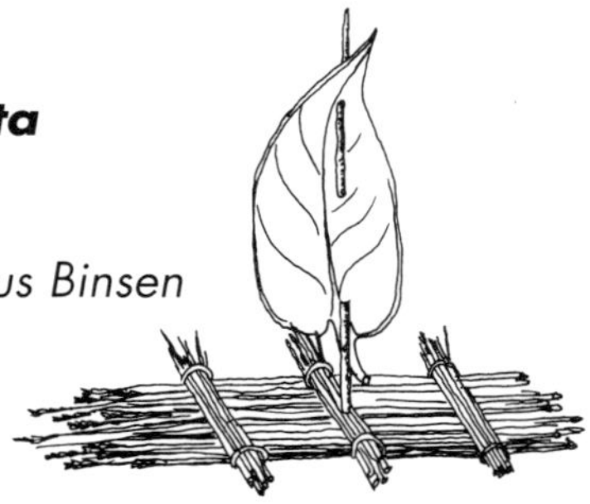

aus Binsen

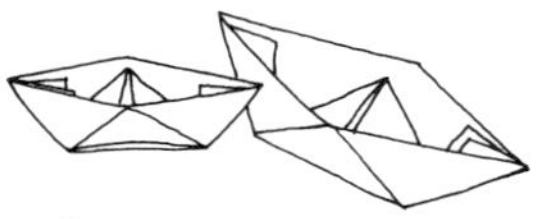

aus Papier

aus Rinde

Wasserstafette

Zwei gleich starke Gruppen stellen sich nebeneinander auf. Die beiden ersten erhalten einen randvoll mit Wasser gefüllten Becher, gehen gemeinsam los, umrunden ihr Mal und geben den Becher an den nächsten weiter.
Entscheidend ist, welche Gruppe zum Schluß noch das meiste Wasser im Becher hat.
Für eine Wasserstafette können auch ganz andere Spielregeln gefunden werden!

Anregungen zum Erleben

Eimer, Wanne oder Wassertisch in den Garten stellen, Wasser einfüllen:

- Anstreicherpinsel in Wasser tauchen und auf die warmen Terrassenplatten Wasserbilder malen; hinnehmen, daß die Bilder sich schnell wieder verflüchtigen.
- Plastikwasserräder in eine Wanne stellen und mit Wasser zum Drehen bringen.
- Flaschen in eine Wanne stellen und mit oder ohne Trichter mit Wasser füllen.
- Leere ausgespülte Plastikflaschen mit Düsenverschluß (Shampoo-, Spülmittelflaschen) unter Wasser tauchen, Luft ausdrücken und Wasser einströmen lassen,
  sich und andere bespritzen,
  in die Luft spritzen, wer kommt am höchsten, am weitesten ...
- Kleine Plastiktüten mit Wasser füllen, mit einer Nadel unten ein oder mehrere Löcher einstechen, auf der Rasenfläche herumtragen und Wasser verspritzen.
- Mit bloßen Füßen ins Wasser steigen, mit den nassen Füßen Spuren laufen; vielleicht das Abtrocknen beobachten.
- An einem heißen Sommertag den Rasensprenger aufstellen, die Kinder sich im „Regen" tummeln lassen.

Wenn wir fahren auf dem See

Melodie und Text: volkstümlich

Spielanregung:
Außerhalb des Kreises, der sich singend dreht, geht ein Kind in entgegengesetzter Richtung; bei „Der Goldfisch ... folge mir!" singt es allein und holt sich einen Goldfisch aus dem Kreis, der ihm folgt. Es wird solange weitergespielt, bis der ganze Kreis aufgelöst ist.

Die Wasserbehandlung öffnet der Natur allemal den von ihr selbst für richtig erkannten Weg zur Heilung. Der Arzt kann diese Heilung nur einleiten. Was den Gesunden erhält, macht auch den Kranken wieder gesund.

Sigmund Hahn (1664-1742, Stadtphysikus und praktischer Arzt in Schweidnitz/Oder) 1)

Bad

Eine Frau war krank geworden. Sie lachte nicht mehr und aß nicht mehr. Kopf und Glieder taten ihr weh, und kein Arzt konnte ihr helfen. Da ging sie eines Tages ans Wasser und sah einem Vogel zu, wie er zwischen den Ufersteinen herumhüpfte und sang und pfiff und dabei badete.

„Mit welcher Lust er badet", dachte die Frau. Dann legte sie ihre Kleider ab und badete auch.

Auf dem Heimweh kam ihr vor, als schmerzten sie Kopf und Glieder schon etwas weniger. Tags darauf ging sie wieder ans Wasser und badete. Das tat sie den ganzen Sommer lang, und als der Winter kam, war die Frau gesund.

Voll Verwunderung fragten die Leute: „Du ißt ja wieder, und du lachst! Und deine Wangen sind wieder rot. Wie hast du das gemacht?"

Da erzählte sie den Leuten von dem Wasser in dem sie gebadet hatte und das sie gesund werden ließ. Und viele kamen, um auch zu baden. Die Kranken erholten sich, die Gesunden wurden noch gesünder, die Traurigen wurden fröhlich, die Lustigen noch lustiger, die Häßlichen wurden schön, die Schönen noch schöner, und die Alten lachten, als wären sie wieder jung.

Marlene Reidel
aus:
Wasser und Flut
Sellier Verlag, München 1981

gG

Gesprächsimpulse zur Geschichte:

- Eine Frau ist nicht gut dran, der Arzt kann ihr nicht helfen ...
  (Sie lacht nicht mehr, ißt nicht mehr, sie ist krank.)
- Die Frau geht eines Tages ans Wasser, dort beobachtet sie etwas ...
  (Ein Vogel badet, hüpft und pfeift.)
- Die Frau denkt: Mit welcher Lust der Vogel badet! und ...
- Die Frau badet den ganzen Sommer hindurch, und das Baden wirkt Wunder ...
  (Sie ißt wieder, lacht, hat rote Wangen.)
- Auch die anderen Leute kommen, um zu baden ...
  (krank – gesund, gesund – gesünder, traurig – fröhlich, lustig – lustiger, häßlich – schön, schön – schöner, alt – wie jung)

1) Sebastian Kneipp (1821-1897, Pfarrer und Naturheiler in Stephansried im Allgäu und später in Wörishofen) stieß als lungenkranker Student auf die Schrift von S.Hahn: „Unterricht über die Kraft und Wirkung des frischen Wassers in die Leiber der Menschen" (1738), und wurde durch die Anwendung der Wasserbehandlung gesund; die Kneipp-Therapie – heute in der ganzen Welt anerkannt – nahm ihren Lauf.

Kommt, Kinder, laßt uns baden gehn

Text und Melodie: Barbara Böke

2. Und wer schon richtig schwimmen kann,
der zeigt im Wasser, was er kann.
Holla watsch ...

3. Und wer noch nicht gut schwimmen kann,
der fängt vergnügt zu planschen an.
Holla watsch ...

aus:
Lernspiele 4
Verlag Fidula, Boppard/Rhein und Salzburg 1982

Anregung zum Gestalten: Schwimmbad

Auf einen großen Bogen festes Papier wird mit (blauer) Farbe Wasser dargestellt.
Die Kinder malen – etwa in Postkartengröße – Figuren (Jungen, Mädchen, Frauen, Männer in Badebekleidung) und schneiden sie aus.
Der blaue Bogen wird an vielen Stellen eingeschnitten und auf einen offenen Kartondeckel gelegt.
Die Kinder stecken nun ihre Figuren in die Schnitte ein, sie können die Szene immer wieder umgruppieren.

Wer hat sich da im Eis versteckt?

Pumuckl, zeig dich!

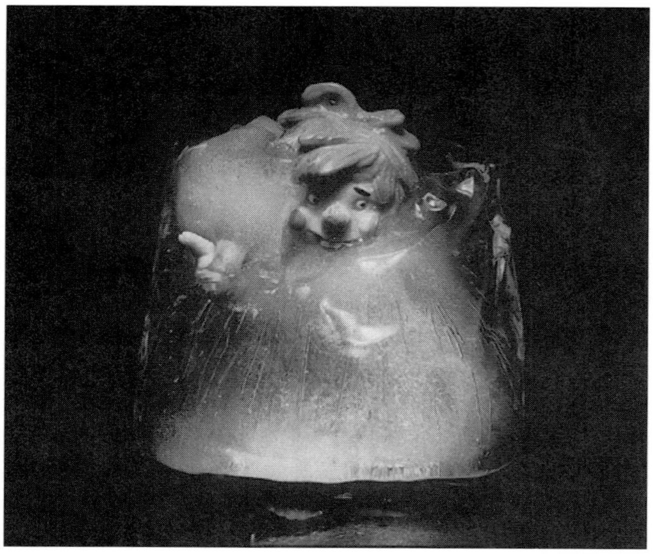

Fotos: R.Scholz, Düren

Plätscher-Brunnen

Klarsichtbecher mit glühender Nadel seitlich lochen, verschiedene Lochgrößen ausprobieren;
Tablett auf den Tisch stellen, Küchentuch bereitlegen;
Kaskade aufbauen mit drei Bechern, dann mit fünf Bechern;
die Becher in die richtige Position rücken, volle Becher wieder oben eingießen;
die Wasserstrahlen mit den Augen verfolgen, die immer tiefer klingenden Plätschergeräusche im Becher hören.

Das Gedicht „Am Plitscher-platscher-plätscher-Brunnen" von B.H.Bull fordert die Kinder geradezu heraus, in unserer Sprache nach Wortmalereien zu suchen, welche die Geräusche und die Bewegungen unruhigen Wassers wiedergeben. Man kann auch versuchen, mit den Lippen Geräusche von fallenden Tropfen zu imitieren. Mit Wasser gefüllte Eimer, Schüsseln oder Gläser können ebenfalls zu Experimenten herangezogen werden. Geeignete Lautmalereien und Geräusche sollten dann zur Gestaltung des Gedichtes eingesetzt werden.

Am Plitscher-platscher-plätscher-Brunnen

Der Plitscher-platscher-plätscher-Brunnen
liegt im Sonnenschein.
Da finden sich die kecken Jungen
zum Plitscherplätschern ein.
Der Plitscher-platscher-plätscher-Brunnen
ist nicht besonders rein;
doch macht es Spaß, zu plitscherplanschen
im Sommersonnenschein.

Bruno Horst Bull
aus:
W.Löscher (Hrsg.), Sand und Wasser – Geschichten – Reime – Bilder
Verlag Don Bosco, München 1979, 1989/3. Aufl.

Die Kinder gestalten die Verklanglichung in zwei Gruppen.
Die 1. Gruppe imitiert als durchgehende Klangkulisse während des ganzen Gedichtes rhythmisch frei das plätschernde Wasser, z.B.: „plitsch, platsch, pitsch, patsch" oder ähnlich.
Dazu kommen in der zweiten Zeile leise Bewegungsklänge auf dem Triangel und einzelne beliebige Glockenspieltöne.
Die 2. Gruppe gestaltet das Spiel der kecken Jungen am Brunnen.
Hier sollten freudige Ausrufe der Jungen, Wassergeräusche und neue Lautmalereien hinzukommen.

Und noch ein paar Zeilen für das Spiel der Mädchen am Brunnen:

Am Plitscher-platscher-plätscher-Brunnen
stehn auch Mädchen klein.
Sie wollen wie die kecken Jungen
auch plitschern, plätschern fein.
Der Plitscher- ... usw. bis Ende.

Jenny Neuhäuser

Bei den vielen Erlebnissen mit Wasser werden sich vielleicht Situationen ergeben, wo das Verständnis für den Sinngehalt folgender Sprichwörter vorbereitet werden könnte:
Wasser mit einem Sieb schöpfen.
Wie ein Tropfen auf dem heißen Stein.
Der Regen fällt nicht nur auf ein einziges Dach.
Bis dahin läuft noch viel Wasser den Rhein (die Donau) hinunter.
Reden wie ein Wasserfall.
Munter wie ein Fisch im Wasser.

Über die sinnenhaften Erfahrungen mit Wasser wird den Kindern ermöglicht, auch das symbolhafte Zeichen Wasser in der Liturgie zu „fassen".
Wasser ist Symbol für Leben. Gott selbst ist Quelle lebendigen Wassers; Gott ist uns in Jesus nahe. Die Taufe wird auf Jesus, den Christus, gespendet, er ist das lebendige Wasser. Das Zeichen des Wassers bei der Taufe vermag mehr auszusagen, als Worte auszudrücken vermögen. Taufe meint Eintauchen in Christus, in seine Glaubensgemeinschaft. Taufe ist ein Geschenk und bedarf unserer Antwort im Leben.

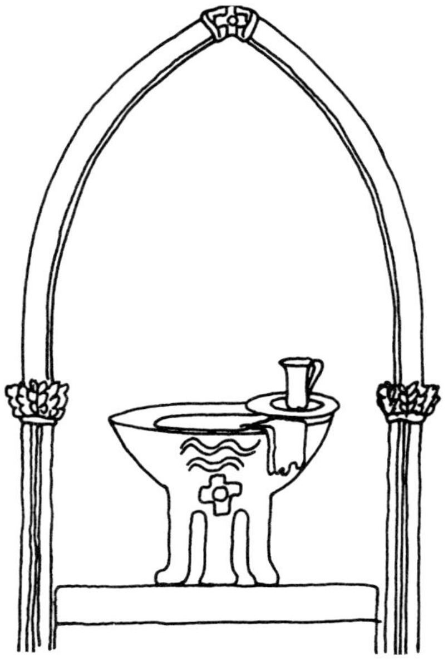

Die Tauffeier

- Den Taufbrunnen in der Kirche aufsuchen.
- Fotos von der eigenen Taufe zum Kindergarten mitbringen.
- Den eigenen Taufnamen erfragen (falls er anders ist als der Rufname).
- Den eigenen Namenstag erfragen.
- Die Kinder von den Taufpaten erzählen lassen.
- Eine Taufe in der Gemeinde mitfeiern:
  Wünsche oder Fürbitten für die Tauffeier formulieren,
  ein Geschenk basteln,
  von der Feier ein Bild malen.
- Taufkleid und Taufkerze mitbringen, zeigen und über die Taufsymbole sprechen:
  Taufwasser – Lebensspender
  Kerze – Jesus unser Licht
  Taufkleid – Festkleid

Am Anfang hat Gott
das lebendige Wasser gemacht.
Wasser läßt Blumen und Bäume wachsen.
Menschen und Tiere trinken.
Wasser ist rein und klar.
Ohne Wasser gibt es kein Leben.

Lieber Gott.
Ich bin getauft.
Ich gehöre dir.
Das ist schön.

Als ich ein Baby war,
haben mich meine Eltern in die Kirche gebracht.
Die Paten waren dabei.
Der Priester hat mich getauft.
Er hat mir Wasser über meinen Kopf gegossen
und gesagt:

Ich taufe dich
im Namen des Vaters
und des Sohnes
und des Heiligen Geistes.

Am Namenstag
denke ich an meine Taufe.
Ich feiere meinen Namenspatron.
Ich habe einen Namen
von einem heiligen Menschen.

Dietmar Rost/Joseph Machalke
aus:
Wir feiern Jesus
Verlag Herder, Freiburg 1979, 1983/2. Aufl.

Und er sprach zu mir: Sie sind geworden. Ich bin das Alpha und das Omega, der Anfang und das Ziel. Ich: der aus dem Lebenswasser-Quell dem Dürstenden gibt – umsonst.

Off 21,6
(Übersetzt von Fridolin Stier)

Wer aber von dem Wasser trinkt, das ich ihm gebe, der wird nicht dürsten – nicht auf Weltzeit hin. Vielmehr: Das Wasser, das ich ihm gebe, wird zur Quelle eines Wassers, das sprudelt zu unendlichem Leben.

Joh 4,14
(Übersetzt von Fridolin Stier)

Guter Gott,
du bist uns nah
in Jesus.

Jesus sagt:
Du bist für uns wie das Wasser:
Wie eine erfrischende Quelle,
wie ein Glas Wasser, wenn wir Durst haben,
wie ein Brunnen, der sprudelt,
wie Wasser, das rein macht,
wie ein See, der spiegelt.
Du bist für uns
Wasser des Lebens.

Märchen: Das Wasser des Lebens

Inhalt:

Der alte König ist sterbenskrank und nichts will helfen. Da erfahren seine drei Söhne von einem weisen Alten: Wenn der Vater das Wasser des Lebens trinkt, so wird er wieder gesund; *„es ist aber schwer zu finden"*.

Nacheinander scheitern die beiden älteren Söhne auf dem Weg zu dieser Quelle. Ihre Gedanken sind berechnend, und weil sie sich hochmütig verhalten, endet ihr Weg schon bald in einem wirklichen Engpaß.

Auch der jüngste Sohn zieht aus, um das Wasser zu holen. Dem *„Zwerg"* begegnet er demütig und findet in ihm den Helfer, der ihm den Ort beschreibt, wo das Wasser des Lebens zu finden ist, und der ihm Hilfsmittel mit auf den Weg gibt, um das Tor des verwünschten Schlosses zu öffnen und die beiden Raubtiere dort zu besänftigen. Der junge Prinz dankt und macht sich auf den Weg.

Alles findet er so, wie der *„Zwerg"* gesagt hat. Doch darüber hinaus geschieht Unerwartetes, dem er handelnd begegnet: Den verwünschten Prinzen zieht er die Ringe vom Finger; ein Schwert und ein Brot nimmt er an sich; eine schöne Jungfrau küßt ihn und sagt, er hätte sie erlöst, er solle ihr ganzes Reich haben und in einem Jahr solle ihre Hochzeit gefeiert werden; auch sagt sie ihm, wo der Brunnen mit dem Lebenswasser ist, und daß er sich beeilen und daraus schöpfen müsse, bevor es zwölf schlägt; das gemachte Bett weckt in ihm den Wunsch zu schlafen, gerade noch rechtzeitig erwacht er, schöpft das Wasser des Lebens und, als es zwölf schlägt, geht *„das Tor so heftig zu, daß es ihm noch ein Stück von der Verse wegnahm"*.

Auf dem Rückweg begegnet er wieder dem Zwerg, und er erbittet die Freilassung seiner Brüder. Was der Zwerg ihm nun voraussagt, wird sich später bewahrheiten: Mit dem Schwert und dem Brot habe er kostbares Gut gewonnen, und er solle sich vor seinen Brüdern hüten, *„sie haben ein böses Herz"*. Die drei Brüder kommen durch drei Länder, wo Hunger und Krieg herrschen, und jedesmal rettet der jüngste mit seinem Schwert und seinem Brot die Reiche. Auf der Fahrt über das Meer nehmen die beiden Brüder heimlich das Wasser des Lebens an sich und füllen den Becher des jüngsten mit bitterem Meerwasser.

Zuhause angekommen, reicht der jüngste Sohn seinem Vater den Becher, doch sein Zustand verschlimmert sich. Als aber der Vater vom rechten Wasser des Lebens trinkt, das die *„falschen"* Söhne ihm reichen, wird er *„gesund wie in seinen jungen Tagen"*. Wegen des Betrugs und der Lüge der älteren Brüder wird über den jüngsten Sohn das Todesurteil gesprochen, doch den Auftrag dazu führt der Jäger aus Mitleid nicht aus, der läßt ihn *„in den Wald"* gehen.

Bald kommen überaus kostbare Geschenke, mit denen die Herrscher der drei geretteten Reiche dem jüngsten Sohn ihre Dankbarkeit bezeugen wollen. Der alte König ahnt die Unschuld seines jüngsten Sohnes und es tut ihm bitter leid. Da gesteht der Jäger, was er aus Mitleid unterlassen.

Das Jahr geht herum. Die Königstochter läßt vor ihrem Schloß eine golden glänzende Straße machen. Hier versagen die Unwahren: Es sind wieder die beiden *„falschen"* Brüder. Der Liebste reitet nach genau einem Jahr geradewegs auf der goldenen Straße zu ihr, und es wird in großer Glückseligkeit Hochzeit gehalten. Der alte Vater erfährt die ganze Wahrheit, die beiden Brüder kann er nicht mehr strafen, die *„kamen ihr Lebtag nicht wieder"*.

In der inhaltlichen Zusammenfassung des Märchens wird leicht seine tiefenpsychologische Struktur deutlich:

Versuch einer tiefenpsychologischen Deutung bezogen auf die Person des Königs:

Der „König" ist zum Sterben krank. Seine Stellung als Herrscher hat Verstand und nach außen gekehrtes Selbstbewußtsein gefordert, um tüchtig und im Herrschen wohlgeordnet zu erscheinen, begleitet von Selbstgerechtigkeit und Mißtrauen gegenüber anderen. Gemüthaftes Empfinden und Fühlen hat er verdrängt und unterdrückt. Er hat seine Seele verbannt und leidet nun unter diesem Verlust. Die Seele ist nur zu finden an einem verborgenen und schwer zugänglichen Ort, im Bild vom Wasser des Lebens bei der verzauberten Jungfrau im unzugänglichen Schloß. Es fällt ihm schwer, sich auf die Suche nach dem heilenden Wasser des Lebens zu machen, seine „Söhne" auszusenden, auch die bescheidenen, ursprünglichen und leisen inneren Regungen zu hören, auf die Stimme des „Zwerges". Sehnsucht und Suche nach dem Verlorenen werden begleitet von Ängsten vor undurchdringlichen Toren und verschlingenden Raubtieren, den „Löwen". Um das Gefundene heimzuholen, bedarf es Geduld und Mut, gilt es, das Gebiet der „kämpfenden Könige" zu passieren und die Intrige der feindlichen Brüder durchzustehen. Auf der goldenen Straße endlich gelangt er zur Vereinigung der inneren Gegensätze und gewinnt „Jugendkraft" zurück im Bild der Hochzeit . „Am Ende aber winkt ein neues, mit sich einig gewordenes, bewußteres und freieres Leben, wie es sich in dem mythischen Symbol und religiösen Ritual der Hl. Hochzeit, psychisch also in der Vereinigung der inneren Gegensätze, ausspricht." [1)]

Ambivalenzen im Märchen:

krank sein, sterbenskrank sein	– *gesund sein wie „in den jungen Tagen"*
die Älteren sein	– *Jüngster sein*
Handeln aus Berechnung und Eigennutz	– *Handeln in Aufrichtigkeit und in der Demut der Liebe*
aus Angst einen anderen beneiden, betrügen, verleumden, bedrohen	– *sich voll Vertrauen auf einen anderen verlassen*
nur auf die eigene Kraft setzen	– *für Hilfe offen sein*
durch Hochmut in einen Engpaß geraten und sich den Weg zur Quelle des Lebens versperren	– *auf die leisen, inneren Stimmen hören – auf die Stimmen des „Zwerges" – und zur Quelle des Lebens kommen*
vor ein Tor kommen, das einem verschlossen bleibt	– *vor ein Tor kommen, das sich einem öffnet*
vor dem Angerichteten fliehen, sich um Krone und Reich bringen	– *auf dem „goldenen Weg" sein, die Krone erlangen*

Bewährung und Lebensbewältigung im Märchen:

- Sich auf einen ungewissen Weg machen in der steten Hoffnung, sein Ziel zu erreichen
- Für Hilfen, die uns auf unserem Weg als Geschenk zukommen, empfänglich und dankbar sein
- Wach sein und handeln, bevor es zu spät ist
- Aus der Quelle des Lebens schöpfen und andere erlösen und befreien
- Die Spannung aushalten, ein Ziel zu erreichen, auch wenn der Weg lang und gefahrvoll ist und Abenteuer und Intrigen zu bewältigen sind
- Lüge und Leid, Einsamkeit und Traurigkeit als zum Leben gehörend aushalten
- Das Märchen enthält die tröstliche Botschaft: Es gibt eine geheime Führung zum Glück
- Durch Bewährung und Lebensbewältigung reifer werden
- Das Märchen vermittelt: Die Wahrheit kommt ans Licht
- Nur der Weg der Liebe führt zur Hoch-Zeit „mit großer Glückseligkeit"

1) Vgl. dazu Eugen Drewermann: Die archetypische Erzählung als Prozeß der Individuation und der Sinn ihres spiralförmigen Aufbaus, in: E.Drewermann, Tiefenpsychologie und Exegese Band I, S.197, Walter-Verlag, Olten 1984
Vgl. dazu Eugen Drewermann: Voller Erbarmen rettet er uns – Die Tobit-Legende tiefenpsychologisch gedeutet, Verlag Herder, Freiburg 1985

Das Wasser des Lebens

Es war einmal ein König, der war krank, und niemand glaubte, daß er mit dem Leben davonkäme. Er hatte aber drei Söhne, die waren darüber betrübt, gingen hinunter in den Schloßgarten und weinten. Da begegnete ihnen ein alter Mann, der fragte sie nach ihrem Kummer. Sie sagten ihm, ihr Vater wäre so krank, daß er wohl sterben würde, denn es wollte ihm nichts helfen. Da sprach der Alte ‚ich weiß ein Mittel, das ist das Wasser des Lebens, wenn er davon trinkt, so wird er wieder gesund: es ist aber schwer zu finden.' Der älteste sagte ‚ich will es schon finden,' ging zum kranken König und bat ihn, er möchte ihm erlauben auszuziehen, um das Wasser des Lebens zu suchen, denn das könnte ihn allein heilen. ‚Nein,' sprach der König, ‚die Gefahr dabei ist zu groß, lieber will ich sterben.' Er bat aber so lange, bis der König einwilligte. Der Prinz dachte in seinem Herzen ‚bringe ich das Wasser, so bin ich meinem Vater der liebste und erbe das Reich.'

Also machte er sich auf, und als er eine Zeitlang fortgeritten war, stand da ein Zwerg auf dem Wege, der rief ihn an und sprach ‚wo hinaus so geschwind?' ‚Dummer Knirps,' sagte der Prinz ganz stolz, ‚das brauchst du nicht zu wissen,' und ritt weiter. Das kleine Männchen aber war zornig geworden und hatte einen bösen Wunsch getan. Der Prinz geriet bald hernach in eine Bergschlucht, und je weiter er ritt, je enger taten sich die Berge zusammen, und endlich ward der Weg so eng, daß er keinen Schritt weiter konnte; es war nicht möglich, das Pferd zu wenden oder aus dem Sattel zu steigen, und er saß da wie eingesperrt. Der kranke König wartete lange Zeit auf ihn, aber er kam nicht. Da sagte der zweite Sohn ‚Vater, laßt mich ausziehen und das Wasser suchen,' und dachte bei sich ‚ist mein Bruder tot, so fällt das Reich mir zu.' Der König wollt ihn anfangs auch nicht ziehen lassen, endlich gab er nach. Der Prinz zog also auf demselben Weg fort, den sein Bruder eingeschlagen hatte, und begegnete auch dem Zwerg, der ihn anhielt und fragte, wohin er so eilig wollte. ‚Kleiner Knirps,' sagte der Prinz, ‚das brauchst du nicht zu wissen,' und ritt fort, ohne sich weiter umzusehen. Aber der Zwerg verwünschte ihn, und er geriet wie der andere in eine Bergschlucht und konnte nicht vorwärts und rückwärts. So gehts aber den Hochmütigen.

Als auch der zweite Sohn ausblieb, so erbot sich der jüngste auszuziehen und das Wasser zu holen, und der König mußte ihn endlich ziehen lassen. Als er dem Zwerg begegnete und dieser fragte, wohin er so eilig wolle, so hielt er an, gab ihm Rede und Antwort und sagte ‚ich suche das Wasser des Lebens, denn mein Vater ist sterbenskrank.' ‚Weißt du auch, wo das zu finden ist?' ‚Nein,' sagte der Prinz. ‚Weil du dich betragen hast, wie sichs geziemt, nicht übermütig wie deine falschen Brüder, so will ich dir Auskunft geben und dir sagen, wie du zu dem Wasser des Lebens gelangst. Es quillt aus einem Brunnen in dem Hofe eines verwünschten Schlosses, aber du dringst nicht hinein, wenn ich dir nicht eine eiserne Rute gebe und zwei Laiberchen Brot. Mit der Rute schlag dreimal das eiserne Tor des Schlosses, so wird es aufspringen: inwendig liegen zwei Löwen, die den Rachen aufsperren, wenn du aber jedem ein Brot hineinwirfst, so werden sie still, und dann eile dich und hol von dem Wasser des Lebens, bevor es zwölf schlägt, sonst schlägt das Tor wieder zu und du bist eingesperrt.' Der Prinz dankte ihm, nahm die Rute und das Brot, und machte sich auf den Weg. Und als er anlangte, war alles so , wie der Zwerg gesagt hatte. Das Tor sprang beim dritten Rutenschlag auf, und als er die Löwen mit dem Brot besänftigt hatte, trat er in das Schloß und kam in einen großen schönen Saal: darin saßen verwünschte Prinzen, denen zog er die Ringe vom Finger, dann lag da ein Schwert und ein Brot, das nahm er weg. Und weiter kam er in ein Zimmer, darin stand eine schöne Jungfrau, die freute sich, als sie ihn sah, küßte ihn und sagte, er hätte sie erlöst und sollte ihr ganzes Reich haben, und wenn er in einem Jahre wiederkäme, so sollte ihre Hochzeit gefeiert werden. Dann sagte sie ihm auch, wo der Brunnen wäre mit dem Lebenswasser, er müßte sich aber eilen und daraus schöpfen, eh es zwölf schlüge. Da ging er weiter und kam endlich in ein Zimmer, wo ein schönes frischgedecktes Bett stand, und weil er müde war, wollte er erst ein wenig ausruhen. Also legte er sich und schlief ein: als er erwachte, schlug es dreiviertel auf zwölf. Da sprang er ganz erschrokken auf, lief zu dem Brunnen und schöpfte daraus mit einem Becher, der daneben stand, und eilte, daß er fortkam. Wie er eben zum eisernen Tor hinausging, da schlugs zwölf, und das Tor schlug so heftig zu, daß es ihm noch ein Stück von der Ferse wegnahm.

Er aber war froh, daß er das Wasser des Lebens erlangt hatte, ging heimwärts und kam wieder an dem Zwerg vorbei. Als dieser das Schwert und das

Brot sah, sprach er ‚damit hast du großes Gut gewonnen, mit dem Schwert kannst du ganze Heere schlagen, das Brot aber wird niemals all.' Der Prinz wollte ohne seine Brüder nicht zu dem Vater nach Haus kommen und sprach ‚lieber Zwerg, kannst du mir nicht sagen, wo meine zwei Brüder sind? Sie sind früher als ich nach dem Wasser des Lebens ausgezogen und sind nicht wiedergekommen.' ‚Zwischen zwei Bergen stecken sie eingeschlossen,' sprach der Zwerg, ‚dahin habe ich sie verwünscht, weil sie so hochmütig waren.' Da bat der Prinz so lange, bis der Zwerg sie wieder losließ, aber er warnte ihn und sprach ‚hüte dich vor ihnen, sie haben ein böses Herz.'

Als seine Brüder kamen, freute er sich und erzählte ihnen, wie es ihm ergangen wäre, daß er das Wasser des Lebens gefunden und einen Becher voll mitgenommen und eine schöne Prinzessin erlöst hätte, die wollte ein Jahr lang auf ihn warten, dann sollte Hochzeit gehalten werden, und er bekäme ein großes Reich. Danach ritten sie zusammen fort und gerieten in ein Land, wo Hunger und Krieg war, und der König glaubte schon, er müßte verderben, so groß war die Not. Da ging der Prinz zu ihm und gab ihm das Brot, womit er sein ganzes Reich speiste und sättigte: und dann gab ihm der Prinz auch das Schwert, damit schlug er die Heere seiner Feinde und konnte nun in Ruhe und Frieden leben. Da nahm der Prinz sein Brot und Schwert wieder zurück, und die drei Brüder ritten weiter. Sie kamen aber noch in zwei Länder, wo Hunger und Krieg herrschten, und da gab der Prinz den Königen jedesmal sein Brot und Schwert, und hatte nun drei Reiche gerettet. Und danach setzten sie sich auf ein Schiff und fuhren übers Meer. Während der Fahrt, da sprachen die beiden ältesten unter sich ‚der jüngste hat das Wasser des Lebens gefunden und wir nicht, dafür wird ihm unser Vater das Reich geben, das uns gebührt, und er wird unser Glück wegnehmen.' Da wurden sie rachsüchtig und verabredeten miteinander, daß sie ihn verderben wollten. Sie warteten, bis er einmal fest eingeschlafen war, da gossen sie das Wasser des Lebens aus dem Becher und nahmen es für sich, ihm aber gossen sie bitteres Meerwasser hinein.

Als sie nun daheim ankamen, brachte der jüngste dem kranken König seinen Becher, damit er daraus trinken und gesund werden sollte. Kaum aber hatte er ein wenig von dem bittern Meerwasser getrunken, so ward er noch kränker als zuvor. Und wie er darüber jammerte, kamen die beiden älteren Söhne und klagten den jüngsten an, er hätte ihn vergiften wollen, sie brächten ihm das rechte Wasser des Lebens, und reichten es ihm. Kaum hatte er davon getrunken, so fühlte er seine Krankheit verschwinden, und war stark und gesund wie in seinen jungen Tagen. Danach gingen die beiden zu dem jüngsten, verspotteten ihn und sagten ‚du hast zwar das Wasser des Lebens gefunden, aber du hast die Mühe gehabt und wir den Lohn; du hättest klüger sein und die Augen aufbehalten sollen, wir haben dirs genommen, während du auf dem Meere eingeschlafen warst, und übers Jahr, da holt sich einer von uns die schöne Königstochter. Aber hüte dich, daß du nichts davon verrätst, der Vater glaubt dir doch nicht, und wenn du ein einziges Wort sagst, so sollst du noch obendrein dein Leben verlieren, schweigst du aber, so soll dirs geschenkt sein.'

Der alte König war zornig über seinen jüngsten Sohn und glaubte, er hätte ihm nach dem Leben getrachtet. Also ließ er den Hof versammeln und das Urteil über ihn sprechen, daß er heimlich sollte erschossen werden. Als der Prinz nun einmal auf die Jagd ritt und nichts Böses vermutete, mußte des Königs Jäger mitgehen. Draußen, als sie ganz allein im Wald waren, und der Jäger so traurig aussah, sagte der Prinz zu ihm ‚lieber Jäger, was fehlt dir?' Der Jäger sprach ‚ich kanns nicht sagen und soll es doch.' Da sprach der Prinz ‚sage heraus, was es ist, ich will dirs verzeihen.' ‚Ach,' sagte der Jäger, ‚ich soll Euch totschießen, der König hat mirs befohlen.' Da erschrak der Prinz und sprach ‚lieber Jäger, laß mich leben, da geb ich dir mein königliches Kleid, gib mir dafür dein schlechtes.' Der Jäger sagte ‚das will ich gerne tun, ich hätte doch nicht nach Euch schießen können.' Da tauschten sie die Kleider, und der Jäger ging heim, der Prinz aber ging weiter in den Wald hinein.

Über eine Zeit, da kamen zu dem alten König drei Wagen mit Gold und Edelsteinen für seinen jüngsten Sohn: sie waren aber von den drei Königen geschickt, die mit des Prinzen Schwert die Feinde geschlagen und mit seinem Brot ihr Land ernährt hatten, und die sich dankbar bezeigen wollten. Da dachte der alte König ‚sollte mein Sohn unschuldig gewesen sein?' und sprach zu seinen Leuten ‚wäre er noch am Leben, wie tut mirs so leid, daß ich ihn habe töten lassen.' ‚Er lebt noch,' sprach der Jäger,

'ich konnte es nicht übers Herz bringen, Euern Befehl auszuführen,' und sagte dem König, wie es zugegangen war. Da fiel dem König ein Stein vom Herzen, und er ließ in allen Reichen verkündigen, sein Sohn dürfte wiederkommen und sollte in Gnaden aufgenommen werden.
Die Königstochter aber ließ eine Straße vor ihrem Schloß machen, die war ganz golden und glänzend, und sagte ihren Leuten, wer darauf geradewegs zu ihr geritten käme, das wäre der rechte, und den sollten sie einlassen, wer aber daneben käme, der wäre der rechte nicht, und den sollten sie auch nicht einlassen. Als nun die Zeit bald herum war, dachte der älteste, er wollte sich eilen, zur Königstochter gehen und sich für ihren Erlöser ausgeben, da bekäme er sie zur Gemahlin und das Reich daneben. Also ritt er fort, und als er vor das Schloß kam und die schöne goldene Straße sah, dachte er 'das wäre jammerschade, wenn du darauf rittest,' lenkte ab und ritt rechts nebenher. Wie er aber vor das Tor kam, sagten die Leute zu ihm, er wäre der rechte nicht, er sollte wieder fortgehen. Bald darauf machte sich der zweite Prinz auf, und wie der zur goldenen Straße kam und das Pferd den einen Fuß daraufgesetzt hatte, dachte er 'es wäre jammerschade, das könnte etwas abtreten,' lenkte ab und ritt links nebenher. Wie er aber vor das Tor kam, sagten die Leute, er wäre der rechte nicht, er sollte wieder fortgehen. Als nun das Jahr ganz herum war, wollte der dritte aus dem Wald fort zu seiner Liebsten reiten und bei ihr sein Leid vergessen. Also machte er sich auf, und dachte immer an sie und wäre gerne schon bei ihr gewesen, und sah die goldene Straße gar nicht. Da ritt sein Pferd mitten darüber hin, und als er vor das Tor kam, ward es aufgetan, und die Königstochter empfing ihn mit Freuden und sagte, er wär ihr Erlöser und der Herr des Königreichs, und ward die Hochzeit gehalten mit großer Glückseligkeit. Und als sie vorbei war, erzählte sie ihm, daß sein Vater ihn zu sich entboten und ihm verziehen hätte. Da ritt er hin und sagte ihm alles, wie seine Brüder ihn betrogen und er doch dazu geschwiegen hätte. Der alte König wollte sie strafen, aber sie hatten sich aufs Meer gesetzt und waren fortgeschifft und kamen ihr Lebtag nicht wieder.

Grimm Nr.97

Das Wasser des Lebens ist klar und rein
und trägt seine Wahrheit in sich.
So klar und rein sollte der Geist des Menschen,
also sein Denken und Wahrnehmen und seine
Urteilsfähigkeit sein.

Wassermotive enthalten auch die folgenden Märchen der Brüder Grimm:
Der Froschkönig oder Der eiserne Heinrich / Der Wolf und die sieben jungen Geißlein / Der treue Johannes / Brüderchen und Schwesterchen / Die drei Männlein im Walde / Strohhalm, Kohle und Bohne / Aschenputtel / Das Meerhäschen / Die sieben Raben / Läuschen und Flöhchen / Die Bienenkönigin / Die Goldkinder / Die Gänsemagd / Der Eisenhans / Das Hirtenbüblein / Die Gänsehirtin am Brunnen / Der Riese und der Schneider

Wenn es regnet, wird alles ...
(naß) ______

Wenn es schneit, wird alles ...
(weiß) ______

Wenn es friert, wird Wasser zu ...
(Eis) ______

Ohne Weinstock keine Reben, ohne Wasser kein ...
(Leben) ______

Wir können nicht waschen und nicht baden, wenn wir kein ... haben
(Wasser) ______

Wer bange ist vor dem Wasser, ist ...
(wasserscheu) ______

Welches Wasser kann man in Flaschen kaufen?
(Mineralwasser) ______

Welches Wasser schmeckt schon immer salzig?
(das Meerwasser) ______

Es schwebt daher ganz kugelrund,
durchscheinend, leicht und herrlich bunt.
(eine Seifenblase) ______

Bei welchen Malfarben brauchst du Wasser?
(bei Wasserfarben) ______

Welche Farbe hat das Wasser?
(durchsichtig, blau-grün, silbernschimmernd) ______

Was sieht aus wie Zuckerwatte und schmeckt wie Wasser?
(Schnee) ______

Kann man wohl wagen, Wasser im Sieb zu tragen?
(als Schnee, als Eis) ______

Welcher Mann weint, wenn die Sonne lacht?
(der Schneemann) ______

Er macht alles naß, die Blumen und das Gras.
(der Regen) ______

Wenn es regnet, spannen wir den ... auf.
(Regenschirm) ______

Mit welchen Stiefeln darf man durch Pfützen laufen?
(mit Gummistiefeln) ______

Die Wiese ist naß, und es hat nicht geregnet?
(Tau am Morgen oder am Abend) ______

Eine Brücke aus Farben und Tropfen, über die noch kein Mensch gegangen ist?
(der Regenbogen) ______

Welcher Spiegel läßt sich nicht zertrümmern?
(der Wasserspiegel) ______

Wer macht klipp-klapp am rauschenden Bach?
(die Mühle) ______

Wer treibt das Mühlrad an?
(das Wasser) ______

Wo ein Fluß über Felsen in die Tiefe stürzt,
gibt es einen ...
(Wasserfall) ______

Wie nennt man ein Land, umgeben von Wasser?
(Insel) ______

Was verbindet zwei Ufer miteinander?
(eine Brücke) ______

Wohin fließen alle Flüsse?
(ins Meer) ______

Wer trägt große Schiffe?
(große Flüsse und das Meer) ______

Welcher Turm steht am oder im Meer und zeigt den Seeleuten den Weg?
(der Leuchtturm) ______

Beim Paddeln braucht man ...
(Paddel) ______

Beim Rudern braucht man ...
(Ruder) ______

Beim Segeln braucht man ...
(Segel) ______

Welche Blumen blühen am Wasser?
(Vergißmeinnicht, Sumpfdotterblumen ...) ______

Welche Rose wächst im Wasser?
(die Seerose) ______

Welche Blumen brauchen kein Wasser mehr?
(die Trockenblumen) ______

Welche dicke runde Frucht enthält ganz viel Saft?
(die Melone) ______

Welche kleinen Tiere können auf dem Wasser laufen?
(Wasserläufer) ______

Wann fangen junge Enten an zu schwimmen?
(wenn sie ins Wasser kommen) ______

Welches Tier trägt seinen Kopf sehr hoch und muß ihn beim Trinken sehr tief hinunterneigen?
(die Giraffe) ______

Welche Tiere nennt man „Wüstenschiffe"; sie kommen lange ohne Wasser aus?
(Dromedare und Kamele) ______

Wer trinkt Wasser mit seinem Rüssel und spritzt es um sich her?
(der Elefant) ______

Sind goldrot und schwimmen im Wasser?
(Goldfische) ______

Ein Stern, der im Wasser lebt?

(der Seestern)

Ein Igel, der im Wasser lebt?
(der Seeigel)

Ein Hund, der im Wasser lebt?
(der Seehund)

Ein Pferdchen, das im Wasser lebt?
(das Seepferdchen)

Ein Bär, der im eiskalten Wasser fischt?
(der Eisbär)

Ein Löwe, der im Wasser lebt?
(der Seelöwe)

Welcher Hahn kräht nicht?
(der Wasserhahn)

Wie geht es weiter?
Alle meine Entchen ...

Wie geht es weiter?
Ist ein Mann in' Brunn' gefallen ...

In welchem Buch wird von einem kleinen Jungen erzählt, der auf dem Rücken des Karpfen Cyprinus nach Hause reitet?
(Der kleine Wassermann)

Wie nennt man ein Schloß, das von einem Wassergraben umgeben ist?
(Wasserschloß)

Im Märchen „Brüderchen und Schwesterchen" hat die böse Stiefmutter alle Brunnen im Wald verwünscht.
Das erste Brünnlein sagt: Wer aus mir trinkt wird ein ...
(Tiger)

Das zweite Brünnlein sagt: Wer aus mir trinkt wird ein ...
(Wolf)

Das dritte Brünnlein sagt: Wer aus mir trinkt wird ein ...
(Reh)

In welchem Märchen fällt der Königstochter ein goldener Ball in den Brunnen?
(im Märchen: Der Froschkönig)

Zärtlich blickte er in das strömende Wasser, in das durchsichtige Grün, in die kristallenen Linien seiner geheimnisreichen Zeichnung. Lichte Perlen sah er aus der Tiefe steigen, stille Luftblasen aus dem Spiegel schwimmen, Himmelsbläue darin abgebildet. Mit tausend Augen blickte der Fluß ihn an, mit grünen, mit weißen, mit kristallnen, mit himmelblauen. Wie liebte er dies Wasser, wie entzückte es ihn, wie war er ihm dankbar! Im Herzen hörte er die Stimme sprechen, die neu erwachte, und sie sagte ihm: Liebe dies Wasser! Bleibe bei ihm! Lerne von ihm! O ja, er wollte von ihm lernen, er wollte ihm zuhören. Wer dies Wasser und seine Geheimnisse verstünde, so schien ihm, der würde auch viel anderes verstehen, viele Geheimnisse, alle Geheimnisse.
Von den Geheimnissen des Flusses aber sah er heute nur eines, das ergriff seine Seele. Er sah: dies Wasser lief und lief, immerzu lief es, und war doch immer da, war immer und allezeit dasselbe und doch jeden Augenblick neu! O wer dies faßte, dies verstünde! Er verstand und faßte es nicht, fühlte nur Ahnung sich regen, ferne Erinnerung, göttliche Stimmen.

Hermann Hesse: Siddhartha, S.83, Suhrkamp Taschenbuch 182

Literatur für Kinder

m2 Wir brauchen Wasser

Malte und das Wasser: Christel Rosenfeld (kartoniert, ohne Text), Ravensburger
Das Badewannenbuch: Alfons Schweiggert, Fabula

Sachbücher

Schau mal: Unser Wasser: Gabi Kohwagner, Kinderbuchverlag Luzern
Das Bilderbuch vom Wasser: Michael Koch, Herder
Reihe: Die Vier Elemente – Wasser, Peters
Reihe: Der rote Faden – Wasser, Peters
Mein Bilderbuch von Erde, Wasser, Luft und Feuer: Irmgard Eberhard/Wolf Harranth, Ravensburger
Wasser, Feuer, Luft und Erde: Veronika Zacharias, Ellermann
Umweltbuch für Kinder: Barbara Veit und Hans-Otto Wiebus, Ravensburger

m3 Wasser – anderswo

Der allererste Regenzauber: Brigitte Peter/Eugen Sopko, St. Gabriel
Gimka und Golka: Misereor (Hrsg.)
Venedig morgen: Stephan Zavrel, bohem press

m4 Wo wir Wasser erleben

Ein Sommerregen: Kota Taniuchi/Sarah Kirsch, Wittig
Die Wolkensucher: Teo Puebla/Ernst A.Ekker, Neuer Finken
Über Pfützen spring ich gern: Karl-Heinz Appelmann, Boje
Wenn es regnet lacht mein Schirm: Veronika Zacharias, Ravensburger
Die Regentropfen Pling Plang Plung: Angela Hopf, Ellermann
Die Wassertropfenreise: Otmar Grissemann, Jugend und Volk
Eine Wasserrreise – Der Lauf des Flusses von der Quelle bis zum Meer: Eleonore Schmid, Nord-Süd
Der Fluß erzählt: Ivan Gantschev/Gerd Lobin, Peters
Am Waldbach: Ingrid Heinsohn/Christine Adrian, Ravensburger
Am Froschweiher: Tilde Michels/Reinhard Michl, dtv junior
Jan und das Meer: Gerald Aschenbrenner, Ellermann
Komm mit ans Wasser: Ali Mitgutsch, Ravensburger
Wasser und Flut: Marlene Reidel, Sellier

m5 Wasserkompositionen

Florino, der Regentropfenfänger: Barbara Haupt/Tomek Bogacki, Nord-Süd

m7 Wasser – uns zur Freude

Im Schwimmbad: Angela Weinhold, Patmos
Plitsch, Platsch Wasserspaß: Klaus Bliesener, Ravensburger
Gleich sind wir am Wasser: Gunilla Hansson, Ravensburger
Wir fahren an die See: Eva Scherbarth, Ravensburger
Ferien am Meer: Ingrid Heinsohn/Christine Adrian, Ravensburger

m8 Wasser – ein heiliges Zeichen

Steffis Bruder wird getauft: Regina Schindler/Sita Jucker, Kaufmann

m9 Märchen erzählen vom Wasser

Das Wasser des Lebens – Märchen und Sagen vom Wasser, Dausien
Das Meerhäschen: Grimm/Lilo Fromm, Ellermann
Die sieben Raben: Grimm/Felix Hoffmann, Sauerländer
Die Drosselquelle – Aus China
in: Käthe Recheis und Friedl Hofbauer (Hrsg.), 333 Märchenminuten, Herder

Literatur für Erwachsene

Vom Meer, von Flüssen und Seen: Rainer Malkowski (Hrsg.), Insel
Wasser = Leben: Frederic Vester/Peter Schimmel, Ravensburger
Ein kybernetisches Umweltbuch mit 5 Kreisläufen des Wassers

Informationsmaterial

Informationsblätter, Aktionsmappen und Broschüren zu Themen des Natur- und Umweltschutzes, u.a. zu den Themen Wasser und Wald. Bestelliste anfordern: DEUTSCHE UMWELTHILFE, DUH Umweltschutz-Service GmbH, Güttinger Straße 19, 78315 Radolfzell, Telefon 07732/9995-0

Foto: Gertie Burbeck, Düsseldorf

Erfahrungsfeld der Kinder

Kinder sind fasziniert von allem, was sich bewegt. Durch Anschauen, Beobachten, Hören, durch Anfassen und Ausprobieren haben die Kinder schon vieles in Bezug auf unser Thema wahrgenommen; sie sind durch individuelle Erfahrung geprägt, erinnern sich an kleine persönliche Erlebnisse zum Thema „Räder drehen sich".

Die Kinder besitzen meist mehrere Spielgeräte: Roller, Rädchen, Go-Cart, Rollschuhe ... Sie mögen diese Räder-Spielgeräte besonders gern; diese kommen ihrem Bewegungsdrang entgegen, wenn sie sie schieben, ziehen, damit fahren. Sie sind dann noch schneller, sie sind unermüdlich und wetteifern miteinander. Diese Spielmittel reizen die Kinder beständig zum „Selber-machen-Wollen", ebenso wie zum „Immer-wieder-machen-Wollen". Es gibt aber Kinder, die kaum die Möglichkeit haben, diese Spielgeräte zu nutzen, weil sie z.B. in einer sehr belebten Straße wohnen.
Viele Jungen besitzen eine Kiste voller Spielzeugautos mit und ohne Aufziehmechanismen; hier spielen die Kinder oft eine einseitige passive Rolle. Ähnlich verhält es sich mit der Modelleisenbahn.

Im Kindergarten haben die Kinder die Möglichkeit, mit konstruktiv-technischem Material zu spielen: Matador, Baufix, Fischer-Technik o.ä. Bei diesem Angebot zeigen einige Kinder Begabung und Ausdauer, es macht ihnen Spaß zu knobeln, Lösungen zu suchen, auszuprobieren, zu entdecken, und sie regen so andere Kinder durch ihr Spiel an. In solchen kleinen Tischgruppen herrscht ein anregendes freundschaftliches Miteinander.
Wenn einzelne Kinder einseitig und wenig kreativ mit diesem Material umgehen, nehmen sie Anregungen dankbar auf, wenn die Erzieherin zu provozieren versteht.
Die Kinder sind glücklich, wenn sie ihr begonnenes Werk am nächsten Tag fortsetzen können, sie brauchen einen Platz über eine längere Zeit.

Die Kinder erleben das Konsumverhalten der Erwachsenen, sie erleben aber auch, daß gebrauchtes Material wiederverwendet wird. Gerne basteln sie sich aus Trödelkram Spielzeug. Manche Kinder zeigen eine erstaunliche Erfindungsgabe.

Auf der Straße erleben die Kinder Fahrzeuge aller Art. Viele Kinder zeigen besonderes Interesse für Autos; Autos sind schick. Diese Begegnung kann für sie aber auch zwiespältig sein, z.B. durch die Bedrohung im Straßenverkehr. Die Kinder haben darunter zu leiden, daß durch Straßenbau und Parkraum ihr natürlicher Bewegungs- und Spielraum zunehmend eingeschränkt wird.

In unserer weitgehend perfektionierten Umwelt haben die Kinder wenig Möglichkeit, Einsicht in die Funktion von Getrieben zu bekommen. Sie haben Einzelinformationen – nicht zuletzt durch die sogenannten Sachgeschichten und -berichte im Fernsehen oder in Büchern –, oft fehlen aber unmittelbare Grunderfahrungen und die Einsicht in den Gesamtzusammenhang.
Wenn Erwachsene sich ernsthaft Kindern zuwenden und z.B. mit ihnen zusammen in ein Uhrwerk hineinschauen, zeigen sich die Kinder besonders interessiert. Sie sind neugierig, fragen, wollen alles genau wissen; sie sind verwundert und staunen.
Immer wieder kann man bei Kindern erleben, daß sie technische Geräte und technisches Spielzeug zerlegen, nicht, weil sie zerstören wollen, sie wollen in die Dinge hineinschauen, wissen, wie sie funktionieren.

Die Kinder erleben, daß es Menschen gibt, die im Rollstuhl sitzen, und sie fragen nach.

Oft nur noch in Märchen, Liedern und Gedichten hören sie von Kutschen, vom Spinnrad, von Kronen, Kränzen und Ringen.

Den Kindergartenkindern ist der Begriff „Kreis" in besonderer Weise erlebbar. Mit dem „Stuhlkreis" verbinden sie das besondere Zusammensein in der Spiel-, Gesprächs-, Übungs- und Tanzrunde, daß man einander sehen kann, aufeinander hingeordnet ist.

Dimension des Themas

Eine Welt ohne Räder können wir uns heute nicht mehr vorstellen. Die Erfindung des Rades gehört sicherlich zu den wichtigsten technischen Errungenschaften der Menschheit. Wann, wo und wie der Mensch zu Rad und Wagen gekommen ist, läßt sich nur vermuten. Die ältesten Zeugnisse stammen aus dem vierten vorchristlichen Jahrtausend und wohl aus dem Zweistromland zwischen Euphrat und Tigris. Vorbild war vielleicht die für das Herstellen von großen Tongefäßen erfundene Drehscheibe, die auf einer Senkrechtachse lagerte. Um schwere Lasten zu transportieren, gab es „Schleifen": zwei Stangen, die von einem Pferd geschleppt wurden und auf die Lasten festgebunden wurden. Später wurden die Stangen vielleicht mit einem Transportkasten mit Kufen versehen. Und eines Tages wurden die Kufen durch Drehscheiben ersetzt.
Während bei Rollen und Walzen die Last oben aufliegt, lagert sie beim Rad auf der Radmitte, der Achse, um die sich das Rad dreht. Die Kombination von Rad, Achse und Kasten wurde zum „Wagen". Aus den Lasten-Wagen entwickelten sich später Rennwagen, Kampfwagen, Kutschen und Ackergeräte, bis hin zu den modernen Fortbewegungsmitteln.
Um sich die schweren körperlichen Arbeiten zu erleichtern, bauten im ersten vorchristlichen Jahrhundert kluge Techniker nach dem Prinzip von Achse und Rad Hebemaschinen: Flaschenzüge und Seilwinden. Später ermöglichte die Erfindung der Zahnräder den Bau komplizierter Räderwerke bis hin zu unseren modernen Maschinen.

Das Thema „Räder drehen sich" kommt einem ganz ursprünglichen Interesse der Kinder entgegen: Sie werden aufmerksam auf alles, was sich bewegt und was sie selber bewegen können; sie möchten drehen, schieben und ziehen, sie möchten beobachten, überlegen und experimentieren und sich mit Hilfe von Rädern schneller und selbständig fortbewegen.

Durch Geschichten, bei den Liederspielen und bei den gemeinsamen Spielen mit ihren Kinderrädern erleben die Kinder Freude und Spaß in der Gemeinschaft, und sie erhalten Anregungen für ihre Spiele daheim.

Wenn die Kinder Gelegenheit bekommen, einem Schuster, Schreiner oder einem Bauern auf dem Bauernhof bei der Arbeit zuschauen zu dürfen, werden sie erleben und vielleicht auch erahnen, auf welche Weise Räder den Menschen die Arbeit erleichtern. Sie können zu Hause zusammen mit den Eltern die aus Gründen der Sicherheit meist verdeckten Räder bei den Haushaltsgeräten entdecken oder mit ausgedienten Maschinenteilen eine „Maschine" bauen.

Im Kindergarten können die Kinder mit Konstruktionsmaterial gemeinsam oder allein probieren und technische Lösungen finden. Mit einfachen Materialien bauen sie Wind- und Wasserrädchen und kleine Fahrzeuge. So gewinnen sie erste grundlegende Einsichten in technische Zusammenhänge.

In Geschichten und Spielliedern geht es um vergnügliche Rundfahrten.

Aber nicht nur Räder sind rund, auch die Teller auf dem Tisch, die Blumenkränze im Haar, die Spielreifen und Wurfringe, die Blüten und Früchte, die Nester der Vögel und die Höhlen der Tiere, die Erde und die Sonne und all die anderen Gestirne, und die Bahnen, die sie ziehen.
Kreis und Kreislauf sind in allen Kulturen der Welt uralte Symbole, Zeichen für Vollkommenheit – ohne Anfang und Ende. Beim Betrachten und Gestalten von Kreisbildern führen uns alle Wege zur Mitte – zum Zentrum.

Modellziele

- sich vorstellen, daß es einmal eine Zeit ohne Räder gegeben hat und daß Räder eine großartige Erfindung sind
- aufmerksam werden auf die vielen Räder in unserer Lebenswelt, – verweilen, entdecken, vergleichen, ausprobieren, nachfragen, zweifeln oder verwundert sein
- für sich freien Spiel- und Bewegungsraum einfordern und sich auf Rädern bewegen
- die eigene Phantasie beflügeln und mit Rädern auf „Traumreisen" gehen
- durch Sprache und Bewegung, mit Instrumenten und Farben Räder eigenschöpferisch ausdrücken
- entdecken, wo sich die Menschen durch Räder die Arbeit erleichtern
- beim Hineinschauen in Räderwerke das Zusammenwirken der Räder betrachten und staunen
- schöpferisch mit Material spielen, kombinieren, einfache technische Zusammenhänge durchschauen, Eigenschaften und Beziehungen erfassen, einfache technische Probleme lösen
- aus Altem etwas Neues schaffen: selbst kleine Räderwerke gestalten
- mit Vergnügen Räder beim Spiel erleben
- mit Verständnis sehen, daß Menschen, die nicht laufen können, sich mit Hilfe des Rollstuhls fortbewegen
- entdecken, daß die runde Form des Rades vielfach vorkommt, in der Natur z.B. bei Blüten und Früchten, im Lauf der Gestirne ...
- Kreise gestalten und in der Bewegung darstellen
- in Spielen, Liedern, Versen und Bildern Räder, Ringe, Kränze und Kreise finden, darin Sinnbilder erahnen

Von den Rädern

Räder sind rund
ohne Anfang und
ohne Ende
sie drehen sich
um eine Mitte

Räder drehen sich überall
sie rollen auf Wegen und Straßen
sie drehen sich in Gehäusen
sie drehen sich im Wind
sie drehen sich vom Wasser

Er gibt
große Räder
kleine Räder
winzige Räder
Riesenräder

Räder können
laufen
trudeln
kullern
kreisen
kreiseln
sich wälzen
rotieren
überfahren

Räder haben schöne Formen

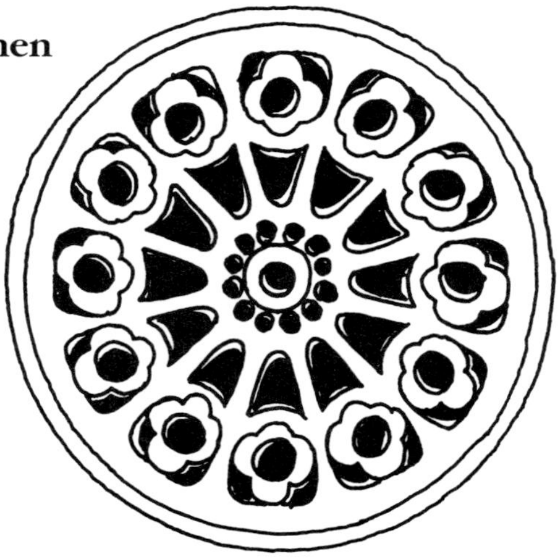

Auf Spielstraßen
und Spielplätzen
auf Bürgersteigen
und Wegen
bewegen sich Kinder mit Rollern
Rädchen
Go-Carts
Autos
Bollerwagen
Rollschuhen
Skateboards

Sie spielen mit
Kreiseln
Jo-Jo am Schnürchen
Windrädchen
Reifen
Puppenwagen

Sie spielen mit
Rädern aus Baukästen
sie bauen Wagen und Kräne

Sie bauen Straßen und Brücken und
Häuser aus Bausteinen und
lassen kleine Fahrzeuge fahren

Sie bauen Geleise auf und
lassen kleine Züge fahren

Viele Dinge können zu Rädern werden
sie müssen rund sein:
Rollen
Spulen
Scheiben
Hülsen

Fast alle Fahrzeuge
haben Räder

auf Straßen:
die Autos
die Lastwagen
die Busse
die Motorräder
die Feuerwehrautos
die Krankenwagen

auf Fahrradwegen:
die Fahrräder

auf Bürgersteigen:
die Kinderwagen
die Kinderräder
die Rollstühle

auf Feldern:
die Traktoren
die Ackergeräte
die Mähdrescher

auf Schienen:
die Straßenbahnen

die Eisenbahnen
die Zahnradbahnen

an Seilen:
die Seilbahnen

in der Luft:
die Flugzeuge

im Wasser:
die Schiffe

Es gibt Fahrzeuge mit
ein, zwei, drei, vier oder
noch mehr Rädern
es gibt das Lenkrad beim Auto
das Steuerrad beim Schiff

Früher gab es Fahrzeuge ohne Motoren
Kutschen
Leiterwagen
Kastenwagen
Rennwagen
Kippkarren
Schubkarren

Räder polterten über Steinpflaster

Räder hinterlassen Spuren
auf weichen Wegen
auf Feldern
im Schnee
wenn sie durch Pfützen rollen

summen
surren
schnurren
sausen
leiern
brummen

knirschen
quietschen
knarren
klappern
scheppern
poltern
dröhnen

Räder kann man
bewegen
drehen
kurbeln
anleiern
rollen
schieben

Mit Rädern kann man
spielen

Auf Rädern kann man
fahren und
sogar tanzen

Mit Rädern kann man
Entfernungen messen

Mit Hilfe von Rädern kann
man arbeiten

Räder sind eine tolle Erfindung

Überall haben Menschen
mit Maschinen zu tun

Alle Maschinen haben Räder
zu Hause und in Fabriken

Viele Räder liegen versteckt
in Gehäusen
z.B. bei der Waschmaschine
bei der Bohrmaschine

Bei manchen Maschinen
und Geräten
kann man die Räder gut sehen:
z.B. bei der Pfeffermühle
bei der Brotschneidemaschine
beim Kuchenrädchen
beim Mixer
bei der Nähmaschine
bei der Schreibmaschine
bei der Standuhr
bei der Töpferscheibe
bei der Schubkarre
bei der Straßenwalze
beim Kran
bei der Wassermühle
bei der Windmühle

Es gibt Räderwerke oder Getriebe
ein Rad treibt das andere an

Es gibt Schaufelräder
es gibt Zahnräder

Es gibt die Drehorgel draußen
und im Haus die kleine Spieluhr

In Märchen
wird von Spinnrädern erzählt
bei Frau Holle
Dornröschen
Rumpelstilzchen

Es gibt winzig kleine Wassertierchen
die wie Rädchen aussehen und
sich so bewegen
sie heißen Rädertierchen

Die Radnetzspinne webt ein Radnetz

Der Pfau kann ein Rad schlagen

Es gibt die „Düsseldorfer Radschläger“

Große runde
leuchtende Fenster in Kirchen
nennt man Radfenster
oder auch Rosenfenster

Kränze, Ringe, Reifen, Kreise ...
erinnern uns an Räder

Elternbrief

Liebe Eltern!

Wir möchten Sie alle recht herzlich begrüßen zu Beginn des neuen Kindergartenjahres.

Unsere jüngsten Kinder treten aus dem familiären und nachbarlichen Bereich ein in die Gemeinschaft des Kindergartens; für unsere ältesten Kinder beginnt das Abschlußjahr.

In unseren altersgemischten Gruppen leben die Kinder miteinander, lernen voneinander. Wie gut dies gelingt, hängt sicherlich von unserer Vorbereitung und Ihrer Mithilfe ab.

Unser Thema für die nächste Zeit heißt:
Räder drehen sich
Überall entdecken wir Räder: Bei den Spielzeugen und Spielgeräten der Kinder, im Straßenverkehr, in der Arbeitswelt der Erwachsenen (für die Kinder meist nicht einsichtig), in vielen kleinen und großen Geräten ...

Beobachten und Entdecken, Experimentieren und Basteln und die Aufarbeitung gemachter Erfahrungen gelingen in der Gemeinschaft besonders gut. Gleichzeitig können wir in Geschichten, Liedern, Bildern und Spielen erfahren, was rund bedeutet: Eine Form ohne Anfang und Ende, eine Form, die Schönheit und Vollkommenheit ausdrückt, z.B. bei der Blüte.

Damit die Kinder mit allen ihren Sinnen angesprochen werden, versuchen wir, unser Thema immer auch ganzheitlich in die Jahreszeit einzubetten. So gehören die Erntezeit, der Wechsel vom Sommer zum Herbst und das Martinsfest mit hinein in unser Thema. Auch hier wollen wir Räder entdecken, die Radform gestalten und dazu Lieder singen.

Es ist schön, wenn Sie die Anregungen, die die Kinder vom Kindergarten nach Hause bringen, aufgreifen. Wir freuen uns, wenn dann Kinder Anregungen von zu Hause wieder in unsere Kindergartenarbeit einbringen.

Wir sind Ihnen dankbar wenn Sie uns Rädchen, Räder und kleine Räderwerke zur Verfügung stellen für die Kinder zum Bewegen und Staunen, zum Basteln und Experimentieren.

Mit freundlichen Grüßen

Kinder erzählen ihre Erlebnisse

Ich bin einmal mit dem Auto gefahren. Onkel Hans wollte lenken. Aber auf dem Fahrersitz saß Pitschpin, ein Hund. Und der Pitschpin wollte fahren.
Petra

Ich bin mit dem Auto zu Steffi und Anika gefahren. Sie haben eine Feder, die kann die Treppe runterhopsen. Und es war schön. Und dann sind wir wieder nach Hause gefahren.
Kirsten

Meine Mutter hatte mal einen Unfall.
Wie ich mal nach Holland gefahren bin, habe ich eine Stromwindmühle gesehen.
Marc

Ich fahre mit meinem Vater an der Rur entlang, am Sportplatz vorbei, über die Brücke nach Mariaweiler und dann nach Hause zurück.
Sascha

Einmal fuhr ich mit meinem Rad auf einen Berg und fiel herunter.
Alexander

Als ich noch kleiner war und ein kleines Fahrrad hatte und zwei Jungen draußen waren, haben Elmar und Sascha mich gefragt: „Machst du mit?“ Da habe ich gesagt: „Ja“, und dann haben Elmar, Sascha und ich ein Wettrennen gemacht. Elmar hat gewonnen.
Nadine

Ich machte mit meinem Fahrrad mit anderen Jungen ein Wettrennen.
Ich habe gewonnen, weil ich alle meine Kräfte zusammengenommen habe.
Björn

Einmal fuhr ich mit meinem Fahrrad und mit meiner Freundin die Straße lang.
Als ich eine Kurve machte, fiel ich hin.
Nadine A.

Einmal bin ich mit meinem Fahrrad gefahren. Und ich bin über eine Sprungschanze gefahren. Und ich bin rückwärts runtergefahren. Dann aber bin ich hingefallen.
Sascha

Wir sind einmal auf dem Schulhof Rollschuh gefahren. Ich bin mit allen einmal gefahren, mit Julia und Papa und Mama. Die Sonne schien und schien.
Wir sind ins Schwitzen gekommen. Und ich bin auch manchmal gestürzt.
Hanna

Ich bin mit den Rollschuhen den Berg runtergefahren und dabei bin ich auf den Po gefallen.
Andrea

Ich bin mit den Rollschuhen den Berg runtergefahren, und dann bin ich gefallen.
Christina

Ich geh mit meinem Puppenwagen spazieren.
Miriam

Ich fahre mit meiner Puppe und Nadine spazieren.
Dabei hat meine Puppe geschrien.
Silke

Ich geh mit meinem Puppenwagen spazieren und da sehe ich einen Schwan, und ich geh weiter bis nach Haus.
Denise

Texte von Kindern eines ersten Schuljahres
gesammelt von Jenny Neuhäuser

Das Bilderbuch „Wie das Rad entstand" ist schon seit Jahren nicht mehr erhältlich. Hier kann nur eine verkleinerte Wiedergabe aller Bilderbuchseiten erfolgen.
Es geht um die lange 5000-jährige Entwicklungs- und Kulturgeschichte des Rades als Fortbewegungsmittel, die bei aller Einfachheit der Darstellung volle historische Gültigkeit besitzt.

Immer haben die Menschen versucht, größere Lasten leichter fortzubewegen. Sie haben sie auf Schlitten gelegt, auf Rollen und schließlich auf die Achse von Rädern. Die Kinder können diese Entwicklungsgeschichte nachvollziehen: Ein Brett wird auf den Boden gelegt, ein Kind setzt sich darauf. Ein anderes Kind versucht zu schieben und schafft es nur unter größter Anstrengung. Nun werden Rundstäbe unter das Brett gelegt, da läßt es sich leicht schieben, aber die Rundstäbe müssen immer erneut vorne vorgelegt werden. Schließlich wird das Brett auf ein Wägelchen gelegt – das ist die ideale Form der Fortbewegung.

Wie das Rad entstand

Vor langer, langer Zeit gab es noch keine Räder.

Die Menschen mußten zu Fuß weite Wege gehen und ihr Gepäck selber tragen.

Daher dachten sie nach, wie man es besser machen könnte. Die Tiere sollten ihnen dabei helfen.

Sie waren stark genug, zu tragen, was für die Menschen zu schwer war.

Auf einem Holzschlitten konnten sie schwere Dinge über den Boden ziehen

Aber auch dazu waren die Lasten manchmal zu groß, bis jemand auf die Idee kam, einen Baumstamm unter den Schlitten zu legen.

Das war natürlich nicht der einzige Versuch, schwere Dinge leichter fortzubewegen.

Als viele Leute die verschiedensten Sachen ausprobiert hatten,

entstand eines Tages das erste Rad.

Die anderen staunten darüber und machten es schnell nach.

Immer mehr Räder entstanden.
Es gab Räder für alle möglichen Fahrzeuge.

Räder für Rennwagen mit feurigen Pferden und wagemutigen Lenkern.

Räder für Wagen, die wie riesige Wannen aussahen, in denen Leute sitzen konnten.

Räder für Kutschen, die ein Dach hatten, damit es nicht hineinregnete.

Für vergoldete Karossen, die von prächtigen Schimmeln gezogen wurden.

Jemand baute Räder für einen Wagen mit Segeln, der vom Wind statt von Pferden fortbewegt werden sollte.

Es gab Räder für einen mechanischen Drachen. In ihm war jemand versteckt, der Stahlfedern aufzog, um ihn in Bewegung zu setzen.

Manche Räder befanden sich an Transportmitteln,

die nicht von Tieren, sondern von Menschen gezogen wurden.

Es entstanden Räder für neuartige Maschinen, die dampften und zischten,

Maschinen, die stärker waren als viele hundert Pferde.

Es gab Räder für motorisierte Wagen, die man Automobile nannte,

und für Busse und Motorräder,

Räder für Traktoren, Lastwagen, Feuerwehrautos ...

Räder für Kraftfahrzeuge aller Art, die glänzten und schnell flitzten.

Vor langer, langer Zeit gab es noch keine Räder.

Nun gibt es Räder ohne Zahl.

Ein Leben ohne Räder können wir uns überhaupt nicht mehr vorstellen.

Byron Barton
(c) Harper und Row Publishers Inc. New York

Titel der Originalausgabe: Whells
Übersetzung ins Deutsche: Boje-Verlag, Stuttgart

Wo Räder sich drehen

Text: Marina Palmen   Melodie und Spielvorschlag: Hubertus Vorbolt

Spielvorschlag zum Sprechen und Zeigen:

1. Auf dem Waldspielplatz
hört man viel Rabatz.
Laßt uns zeigen, was wir sehn,
welche Räder sich da drehn.

– juch-he! *Kinderkarussell*
– juch-he!
Mehrere Kinder fassen einen Gymnastikreifen an und gehen im Kreis herum.

2. Auf dem Kirmesplatz
hört man viel Rabatz.
Laßt uns zeigen, was wir sehn,
welche Räder sich da drehn.

– kling-kling! *Riesenrad*
– kling-kling!
Die Kinder beschreiben mit den Armen einen großen Kreis.

3. Auf dem Busparkplatz
hört man viel Rabatz.
Laßt uns zeigen, was wir sehn,
welche Räder sich da drehn.

– brum-brum! *Lenkrad*
– brum-brum!
Die Kinder „drehen" das Lenkrad eines großen Busses.

4. Auf dem Bahnhofsplatz
hört man viel Rabatz.
Laßt uns zeigen, was wir sehn,
welche Räder sich da drehn.

– schu-schu! *Lokomotivräder*
– schu-schu!
Mehrere Kinder stellen sich hintereinander, fassen jeweils den Vordermann bei den Ellbogen und führen Drehbewegungen aus (Rad/Pleuelstange).

Beliebige Strophen können ergänzt werden, z.B.:

Auf dem Rollschuhplatz

– sim-sim! *Rollschuhe*
Die Kinder ahmen Rollschuhfahrer nach

Auf dem Kaufhausplatz

– schub-schub! *Einkaufswagen*
Die Kinder ahmen nach, wie Einkaufswagen geschoben werden.

Auf dem Arbeitsplatz

– brrr-brrr! *Bohrmaschine*
Die Kinder ahmen einen Arbeiter nach, der mit der Bohrmaschine oder dem Preßlufthammer arbeitet.

Auf dem Mühlenplatz

– klipp-klapp! *Mühlrad*
Die Kinder klatschen mit klipp-klapp in die Hände.

Gesprächsanregung

Ohne Rad kein ...
Stelle dir vor, es gäbe keine Räder!
Ohne Rad kein Auto, ohne Auto kein ...
Was wäre dann?

Ohne Rad kein Roller
keine Eisenbahn
kein Bus
keine Mühle
keine Waschmaschine
keine Nähmaschine
kein Kinderwagen
keine Uhr
kein Mähdrescher ...

Spielanregungen

Aus Prospekten, Katalogen und Zeitschriften werden Bilder gesammelt unter dem Motto: Alles, was Räder hat.

Bilderquiz

_gG_ Die Erzieherin heftet verdeckt ein Bild an die Tafel, mit zwei Papierbögen deckt sie das Bild ab, nach und nach läßt sie einen größeren Ausschnitt sichtbar werden.
Wer erkennt, was auf dem Bild dargestellt ist?

Puzzle

EPG Die Bilder vom Bilderquiz werden je nach Schwierigkeitsgrad in wenige oder mehrere Teile zerschnitten und in Briefumschläge gesteckt.
Die Kinder erhalten einen Umschlag und können allein, zu zweit oder zu dritt versuchen, das Puzzle zusammenzusetzen.

Zuordnungsspiel

_EP_ Wozu gehört denn dieses Rad?
Immer zwei Kärtchen müssen einander zugeordnet werden.

Verkleinerte Wiedergabe der Kopiervorlagen aus dem Anhang.

Mein Bollerwagen

Mein Bollerwagen
voll Steine
mein Bollerwagen
voll Gold
ich zieh ihn alleine
mein Bollerwagen
er rollt

Mein Bollerwagen
hat Räder
mein Bollerwagen
hat Glück
im Dorf kennt ihn jeder
er rollt nach vorn und
zurück

Mein Bollerwagen
den hört man
mein Bollerwagen
rollt laut
den Träumer den stört er
mein Vater hat ihn
gebaut

Wilhelm Gössmann

Geschichte: Der kleine rote Lieferwagen

Diese kleine Geschichte vermittelt den Kindern eine anregende Spielidee. Mit dem neuen Spielzeugwagen transportieren Ulrike und Andreas „richtige Sachen": Kinder, Tüten, Kätzchen. Am Schluß sprechen die Kinder aus, was sie empfinden: „Feuerwehr und Taxi spielen macht Spaß – aber Lieferwagen spielen ist viel besser!" Kinder möchten gern richtige Aufgaben übernehmen. Können sie sich nützlich machen, sind sie besonders stolz.

Der kleine rote Lieferwagen

Ulrike und Andreas haben einen neuen roten Spielzeugwagen. Zuerst spielen sie Feuerwehr. Dann spielen sie Taxi und schließlich Bäckerauto.

„Jetzt habe ich keine Lust mehr", sagt Andreas nach einer Weile. „Wir denken uns etwas anderes aus." In diesem Augenblick hält ein großer Lieferwagen am Straßenrand.

Der Fahrer fragt die Kinder, wo das Haus Nummer 17 ist. Andreas sagt es ihm. Da hat Ulrike eine Idee.

„Du, Andreas", sagt sie, „wir spielen Lieferwagen!"
„O ja", ruft Andreas. „Wir fragen nach den Hausnummern und tun so, als ob wir Pakete abgeben müßten!"

„Nein, wir wollen nicht nur spielen", sagt Ulrike. „Wir sollten etwas anderes machen. Vielleicht können wir auch jemandem helfen!"

Als sie die Straße entlang gehen, kommt ihnen die kleine Sigrid mit ihrer Mutter entgegen. Sie wollen zum Bus und haben es sehr eilig. Aber Sigrid kann nicht so schnell laufen und fängt an zu weinen.

„Komm, wir bringen Sigrid zur Haltestelle", sagt Ulrike.
„Nein", sagt Andreas, „ein Lieferwagen fährt doch nur Sachen aus!"

„Bei unserem Lieferwagen ist das anders", sagt Ulrike. „Das ist ein besonderer Lieferwagen, der auch Kinder fährt."

„In Ordnung", sagt Andreas und lacht. „Komm, Sigrid, wir fahren dich."

Die Kinder heben Sigrid in den roten Lieferwagen und sausen mit ihr die Straße entlang. Jetzt muß Sigrids Mutter laufen, um mitzukommen.

Sie kommen gerade an der Haltestelle an, als der Bus hält.

„Vielen Dank", sagt die Mutter. „Wenn ihr mir nicht geholfen hättet, wären wir zu spät gekommen!"

„So, und wem helfen wir jetzt?" fragt Andreas, als der Bus abfährt.

„Sieh mal", ruft Ulrike, „da drüben steht Frau Steiner. Sie hat viel zu tragen. In der Tüte ist schon ein Loch. Gleich stolpert sie noch über ihren Hund!"

„Ja, Frau Steiner braucht einen Lieferwagen", sagt Andreas.

Andreas und Ulrike gehen zu Frau Steiner hinüber.

„Guten Tag", sagt Andreas. „Wir fahren alles, Pakete und Kinder – stellen Sie nur Ihre Tüten in den Wagen. Wir bringen sie Ihnen nach Hause."

„Das ist nett von euch, vielen Dank!" sagt Frau Steiner erleichtert und stellt ihre Tüten in den roten Lieferwagen.

„Das ist ein sehr guter Gedanke, Kinder!" sagt sie. „Ich wußte gar nicht, wie ich nach Hause kommen sollte mit den Tüten."

„Warum kaufen Sie denn so viel ein, daß Sie es nicht mehr tragen können?" fragt Ulrike.

„Ach", sagt Frau Steiner, „es gab so viele Sonderangebote, daß ich mehr gekauft habe, als ich eigentlich wollte."

Sie halten vor Frau Steiners Haus. „Hier habt ihr jeder einen Apfel als Stärkung für die nächste Fahrt. Vielen Dank für eure Hilfe."

Andreas und Ulrike sehen sich um, ob es wieder etwas zu tun gibt. Da hören sie im Gebüsch ein klägliches Miauen.

Ulrike schaut in den Busch hinein – und findet ein kleines Kätzchen, das sich in den Zweigen verfangen hat.

„Arme Mieze", sagt Ulrike und befreit sie. „Gehörst du nicht Frau Jakobsen? Komm, wir bringen dich in unserem roten Lieferwagen nach Hause."

Frau Jakobsen freut sich sehr, als sie ihre Katze wiederhat.

„Vielen, vielen Dank, Andreas und Ulrike", sagt sie.

Die Kinder machen sich auf den Heimweg.

„Feuerwehr und Taxi spielen macht Spaß – aber Lieferwagen spielen ist viel besser!" ruft Ulrike.

„Stimmt", sagt Andreas, „weil man richtige Sachen fahren kann, Tüten und Katzen und Kinder und so ..."

Hazel P. Cederborg
aus:
Der kleine rote Lieferwagen, PIXI-Buch Nr. 389
Verlag Carlsen, Hamburg 1984

Irgendwann möchte jedes Kind lernen, mit dem Roller oder dem Fahrrad zu fahren oder auf Rollschuhen zu laufen. Die ersten Versuche sind immer Erlebnisse, an die Kinder sich noch lange erinnern. Der Freund, die Freundin oder das größere Nachbarkind können es vielleicht schon. Es gilt, die Angst zu überwinden, Mut zu zeigen, Fehlschläge hinzunehmen ... bis zum glücklichen „Ich kann es auch ...!"

Die Geschichte „Bammel kommt in Fahrt" und das Lied „Klingeling, vor unserm Hause" geben Gelegenheit, die Kinder von ihren Erfahrungen erzählen zu lassen – hier möchte sicherlich jedes Kind etwas sagen.

Bammel kommt in Fahrt

Bammel hat ein Fahrrad bekommen, doch mit der Freude ist es bald vorbei. Der erste Versuch scheitert kläglich. Da holt der Vater einen Schraubenschlüssel und stellt den Sattel niedriger. „So ist es einfacher", sagt er. Aber Bammel hat immer noch Angst. „Kann ich es nicht auf einer Wiese versuchen", fragt er. Der Vater schüttelt den Kopf. „Wer fahren will, braucht festen Boden. Steig auf. Ich halt dich fest."
Bammel steigt auf und tritt in die Pedale. Er dreht sich um und sieht den Vater, der das Rad festhält und hinter ihm herläuft. Und Bammels Mut steigt. Doch als er sich nach ein paar Sekunden noch einmal umdreht, ist da kein Vater mehr, und schon liegt er wieder auf der Nase.
„Ich kann nicht", schreit Bammel. „Natürlich kannst du", sagt der Vater. „Natürlich kannst du radfahren! Du darfst dich nur nicht umdrehn!" Und so steigt Bammel wieder auf, und wieder hält der Vater das Rad fest, doch diesmal nur für Sekunden. Dann fährt Bammel allein, und zuletzt macht es ihm nicht einmal mehr etwas aus, sich umzudrehn.
Und als sein Freund Peter sich wundert, daß er furchtlos in die Pedale tritt, da ruft Bammel: „Natürlich kann ich radfahren!"

aus:
Hans Stempel/Martin Ripkens, Bammel – Abenteuer eines Angsthasen
Verlag Heinrich Ellermann, München 1973

Klingeling, vor umserm Haus

Text und Melodie: Rosemarie Hetzner

aus:
R.Hetzner/W.Menschick, Mein Bulldog, der macht dog, dog, dog
Verlag Don Bosco, München 1986/10. Aufl.

Spielanregungen

Die Kinder bringen von zu Hause mit:
Roller, Dreiräder, Go-Carts, Fahrräder, Tretautos

Geländefahren
Die Kinder dürfen frei im Gelände des Kindergartens fahren, sie nehmen dabei Rücksicht aufeinander.

Hindernisfahren
Die Kinder fahren auf einem mit Hindernissen versehenen Rundkurs.

Paarfahren
Die Kinder versuchen, paarweise nebeneinander auf einem Rundkurs mit gleichem Tempo zu fahren.

Gruppenfahren
Die Kinder fahren schön hintereinander im Kreis, im Achter oder in Schlangenlinien.

Figurenfahren

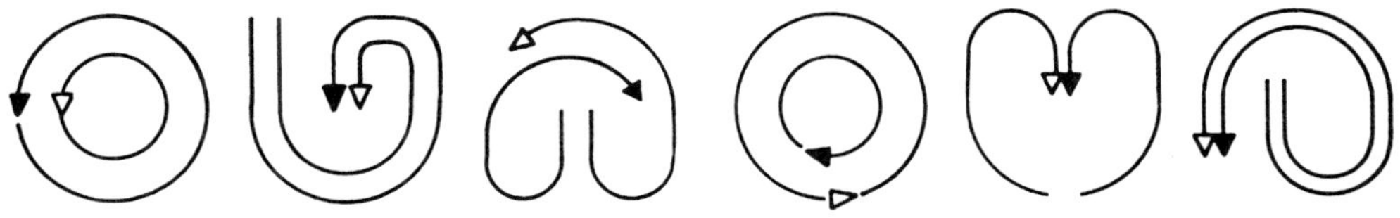

Transportieren
An die Dreirädchen, Go-Carts oder Roller werden kleine Anhänger gebunden und mit Sand, Steinchen, Stöckchen beladen, und dann heißt es vorsichtig ziehen; vielleicht auch die Puppen im Puppensitz mitfahren lassen.

Wettrennen
Mehrere Kinder stellen sich mit ihren Dreirädchen oder Rollern an einer Startlinie nebeneinander auf, fahren auf ein Startzeichen hin gleichzeitig los in Richtung Ziellinie.

Slalomrennen
Wie beim Wettrennen starten mehrere Kinder gleichzeitig, müssen aber auf ihrem Weg zur Ziellinie mehrere Hindernisse umfahren.

Stafette
Zwei Riegen stellen sich mit je einem Dreirädchen oder Roller vor einer Startlinie auf. Auf ein Zeichen hin fahren die ersten Spieler jeder Riege los, umrunden ein Mal und übergeben an der Startlinie an den nächsten Fahrer.

Kastanienstafette
Wie bei der Stafette zuvor wetteifern zwei Riegen miteinander; jeder Fahrer lenkt mit einer Hand, in der anderen Hand hält er einen Becher, füllt ihn beim ersten Eimer, der mit Kastanien gefüllt ist, und leert ihn in den zweiten Eimer, kehrt um und übergibt an den nächsten Fahrer.

Wir untersuchen ein Fahrrad

Vielleicht läßt sich ein Kinderfahrrad, das zur Ausmusterung ansteht, mit in den Kindergarten bringen, dazu Schraubenschlüssel und Luftpumpe.
Unter Mithilfe der Erzieherin dürfen größere Kinder das Zweirad auseinandernehmen und wieder zusammenbauen. Dabei lernen sie einzelne Funktionen auszuprobieren und die richtigen Bezeichnungen zu gebrauchen: Lenkstange, Sattel, Vorderrad, Bremsbacken, Lampe, Rückleuchte, Rückstrahler, Reifen, Schlauch, Ventile, Speichen, Achse ... Freude bereitet sicher auch das Aufpumpen eines ausgebauten Fahrradschlauches.

Die Kinder könnten vom Fahrrad eine größere eher schematische Zeichnung anfertigen, in der die Einzelteile deutlich erkennbar sind. Die Zeichnung könnte auf einen festen Karton geklebt – mit der Schere geteilt – zum Puzzle werden.

Reifen-Frottagen

Auf Reifen dünnes Zeichenpapier spannen und mit Wachsmalblöcken großflächig abreiben.

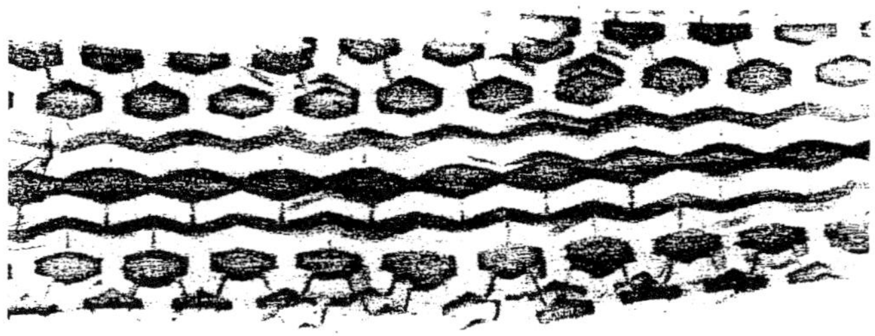

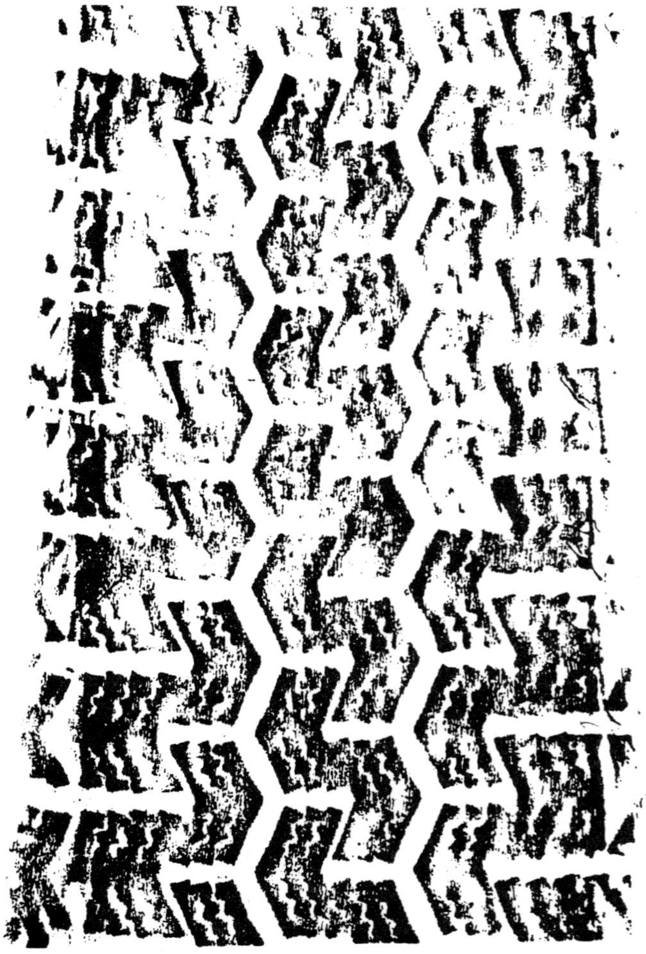

Räder können ja nicht denken

Bei den Rädern, die uns fortbewegen, spielt das Auto eine große Rolle. Wenn die Kinder im Auto sitzen, beobachten sie, wie Vater oder Mutter das Auto in Gang bringen, mit den Füßen Pedale treten, mit den Händen lenken oder Schalter und Hebel bedienen, und jede Handlung zeigt Wirkung. Was ist wichtiger, das Bremspedal oder das Gaspedal, das Licht oder der Scheibenwischer, das Lenkrad oder die Vorderräder? Das Zusammenwirken aller macht Fortbewegung möglich. Dieses Zusammenwirken aber muß der Mensch regulieren. So läßt sich mit dem Gedicht zweierlei deutlich machen: Alle Teile im Auto sind wichtig, und der, der das Auto lenkt, hat eine verantwortungsvolle Aufgabe. Diese Gedanken lassen sich mit Kindern durchaus ansprechen.
Die Grundidee des Gedichtes ließe sich auch auf andere Fahrzeuge übertragen.

Im Auto

Der Motor brummt: „Wenn ich nicht wär,
dann könntet ihr nicht fahren.“

Der Wischer zischt: „Wenn ich nicht wär,
woher kämen die Scheiben, die klaren?“

Die Räder surren: „Weil wir uns drehn,
braucht ihr nicht zu Fuß nach Hause zu gehn.“

Fritzchen hört zehn Minuten zu,
dann sagt er zum Vater: „Und was machst du?“

„Nicht viel“, sagt Vater, „ein bißchen lenken,
gasgeben, bremsen – und an alles denken.“

Hans Baumann
(Rechte bei Elisabeth Baumann)

Rädern können ja nicht denken

Text: Marina Palmen   Melodie: Hubertus Vorbolt

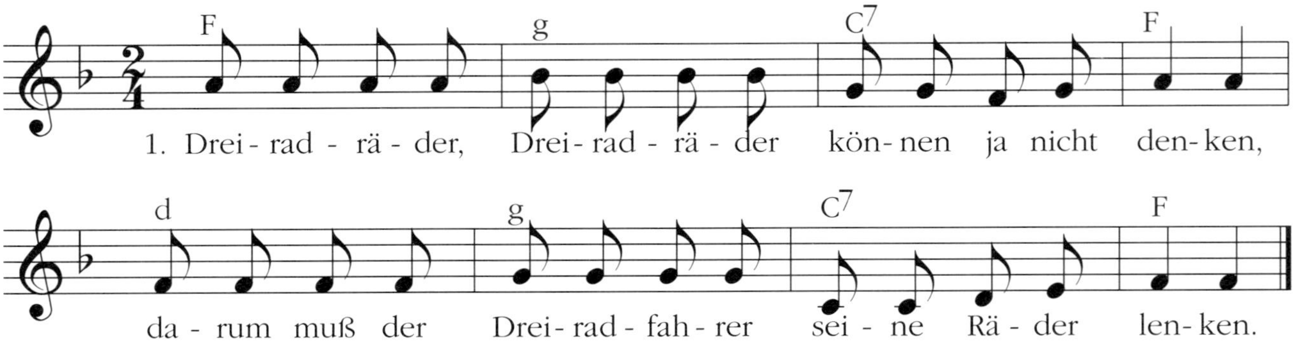

2. Fahrradräder, Fahrradräder
   können ja nicht denken,
   darum muß der Fahrradfahrer
   seine Räder lenken.

3. Rollstuhlräder, Rollstuhlräder
   können ja nicht denken,
   darum muß der Rollstuhlfahrer
   seine Räder lenken.

4. Autoräder, Autoräder
   können ja nicht denken,
   darum muß der Autofahrer
   seine Räder lenken.

5. Traktorräder, Traktorräder
   können ja nicht denken,
   darum muß der Traktorfahrer
   seine Räder lenken.

Alles, was Räder hat, kann fahren

Die Erzieherin sitzt mit einigen Kindern um einen Tisch. Die Zeigefinger beider Hände klopfen an die Tischkante. Die Erzieherin beginnt: Alles, was Räder hat, kann fahren! Dabei dreht sie die Hände umeinander (Wickelbewegung); die Kinder tun es ihr nach. Die Zeigefinger klopfen wieder an die Tischkante. Die Erzieherin ruft z.B.: Das Dreirad fährt! Wieder drehen sich alle Hände umeinander.
Die Busse fahren! – Die Roller fahren! – Die Tauben fahren!?

"Mit der ‚Großen Ausfahrt' wird ein Motivkreis angesprochen, der von Anfang an in der Literatur aller Zeiten gestaltet ist ... Auf kindlicher Stufe spricht man vom ‚Weglaufalter' ... Immer liegt der Akzent auf dem freudigen Empfang bei der Heimkehr nach bunten Abenteuern und Wagnissen und im Gefühl des Glücks, wieder zu Hause zu sein." 1)
Tom macht einen Fahrradausflug, er sieht „die ganze sonnige Welt", und er sieht den Nachtzug vorbeifahren, und er beginnt zu träumen. Am Abend kommt er nach Hause, Geborgenheit empfängt ihn.
Dieser „beschauliche" Ausflug regt die Kinder an, eigene Ausflüge in Worte und Bilder zu fassen.

Diese Erzählung läßt sich, wie andere Erzählungen, als Drehbild gestalten. Sie kann auch in darstellendes und musikalisches Spiel umgesetzt werden: Die Kinder stellen bewegungsmäßig dar, wie Tom mit dem Fahrrad fährt und wie der Zug vorbeirollt. Mit einfachen musikalischen Mitteln verklanglichen sie die Stimmung am Morgen auf dem Weg durch die Wiesen, die Fahrt über die Hügel, das Geräusch der Lokomotive und die Traumfahrt zum Himmel.

1) Arbeitskreis für Jugendliteratur (Hrsg.), Das Bilderbuch, München 1978

Tom sieht den Nachtzug

Das weiße Haus schläft. Die Fensterläden sind zu.
An der Wand steht Toms Fahrrad.
Es ist noch früh am Morgen.

Da ist Tom! Er fährt mit seinem Fahrrad mitten durch die Wiesen.
Nun fährt er auf der langen Straße über die grünen Hügel
bergauf und wieder bergab.

Hoch oben vom Hügel sieht Tom die ganze sonnige Welt.
Das Fahrrad steht unten und wartet.

Da sitzt Tom mit seinem schönen großen Hut.
Doch halt! Wer kommt denn da?
Wer kommt angeschnaubt, weit unten im Tal?
Da – schu – schu, ...

Da ist er, der Nachtzug, der gestern irgendwo abgefahren und
Tag und Nacht unterwegs ist.
Der Zug fährt schnell. Tom ruft: „Halt! Halt!"
Aber da – schu – schu ... ist der Zug hinter dem Berg.

Am Mittag radelt Tom weiter auf der großen Straße.
Er träumt von Schienen und dampfenden Lokomotiven.

Dann will er auch so schnell wie der Nachtzug fahren.
Bäume und Wiesen fliegen vorbei.
Die Stadt rollt auf Rädern davon.

Es wird schon dunkel, als Tom nach Hause kommt.
Er stellt sein Fahrrad wieder ans Haus.
„Mama, ich habe den Nachtzug gesehen!"
Sie ruft: „Komm rein, kleiner Tom, es ist spät!"

Tom träumt. Im Nachtzug fliegt er zum Himmel.

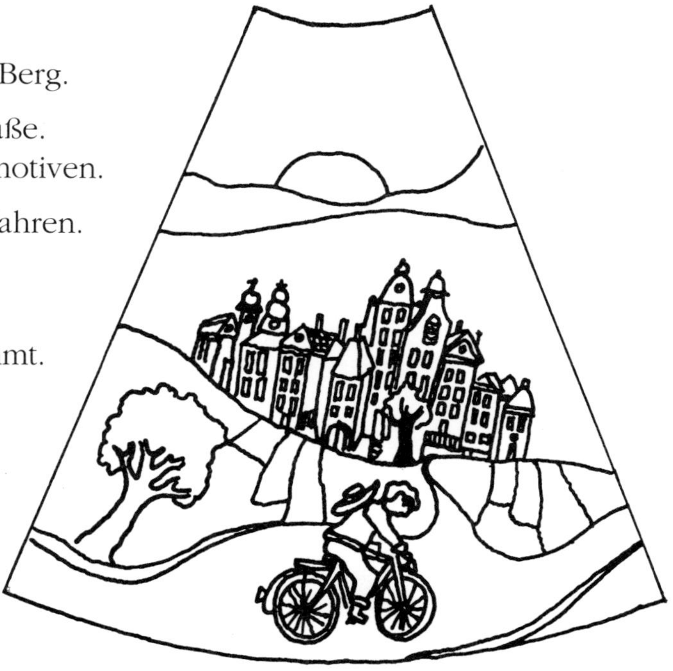

Kota Taniuchi, deutscher Text von Holger Termer
aus:
Tom sieht den Nachtzug
Verlag Broschek, Hamburg 1971

Drehbild: Tom sieht den Nachtzug

Anleitung:
Das Drehbild kopieren und ausschneiden.
Zwei einfarbige kartonierte Blätter in der Größe 28 cm x 28 cm ausschneiden.
Die Mittelpunkte durchstechen.
Das skizzierte Fenster auf eine Kartonseite übertragen und ausschneiden.
Das Drehbild zwischen die Kartonscheiben legen.
Durch den Mittelpunkt von hinten eine Heftzwecke stecken, vorne eine Korkscheibe aufdrücken.
Die vier Ecken mit kleinen Tesastreifen schließen.

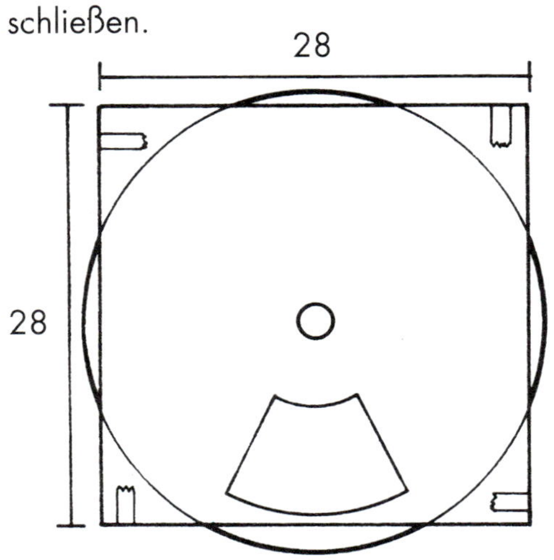

Die Geschichte hören und das Bild dazu drehen.

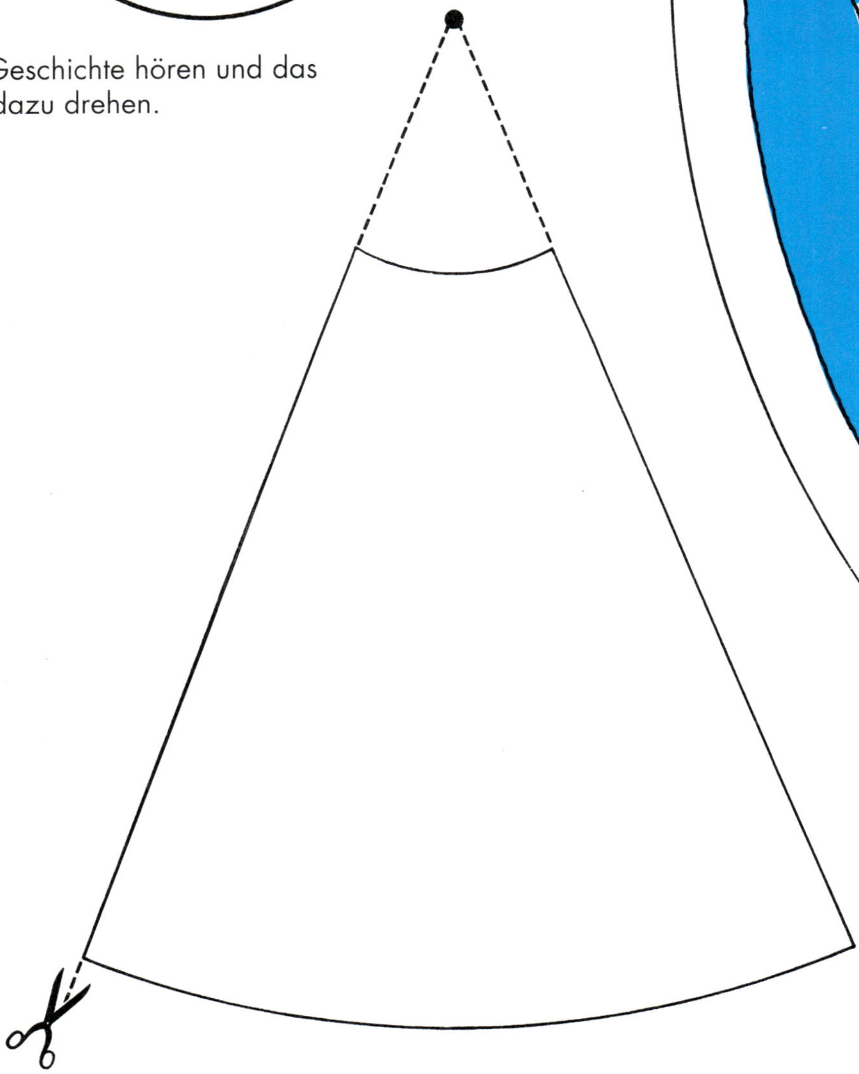

Musikalische Gestaltung von Sprechversen und kleinen Gedichten

Rollende Räder haben für das Kind immer eine besondere Anziehungskraft. Das Kleinkind zieht ein Spielzeug auf Rädern hinter sich her, das größere Kind liebt seinen Roller, das Dreirad, den Traktor und die vielen Variationen von Spielautos und Eisenbahnen. Gern imitiert es beim Spiel das Rollen der Räder, das Brummen der Motoren und das Rattern auf Straßen und Schienen, indem es die Fahrgeräusche mit dem Mund wiedergibt und das Schaukeln der Wagen durch Bewegungen des Körpers darstellt.

Auch mit Hilfe von Instrumenten oder anderen Klangerzeugern können rollende Räder veranschaulicht werden. Zum Beispiel werden in große und kleine Handtrommeln Kugeln, Knicker oder Gummiknöpfe von Schlegeln gegeben. Die einzelne Handtrommel wird nun gleichmäßig so bewegt, daß die Kugel auf dem Fell am Innenrand der Trommel in ständig rollender Bewegung ist. Je nach Beschaffenheit der Kugel (klein, groß, hart, weich, schwer, leicht) und der Größe der Handtrommel wird ein anderes Geräusch erzeugt. So können große und schwere Räder, aber auch leichte und kleine nachgeahmt werden.

Leicht läßt sich das kurze Gedicht von Evelin Dunkel mit einer rollenden Kugel begleiten, wobei man nach der Überschrift die erste Zeile ruhig noch einmal wiederholen kann, um das Rollen auszuspielen. Auch die letzte Zeile sollte man mit Hilfe von Wiederholungen so gestalten, daß das gesprochene Rollergeräusch immer leiser werdend endlich verklingt.

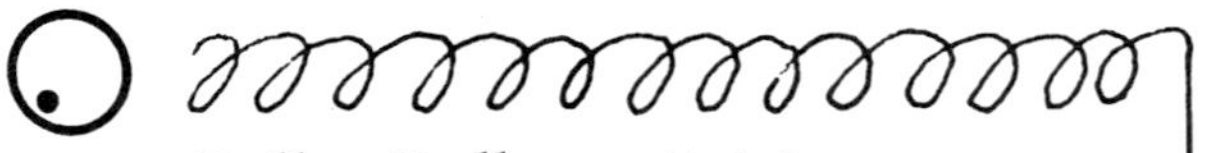

Roller, Roller, rattatat

/: Roller, Roller, rattatat, :/
wenn Robert einen Roller hat,
dann rollt er durch die ganze Stadt.
/: Roller, Roller, rattatat:/ [1)]

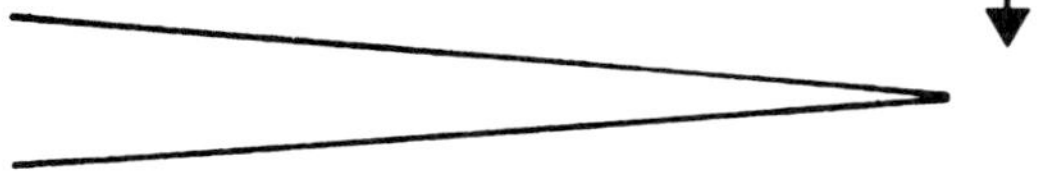

Das Gedicht von Werner Halle bietet die Möglichkeit zu verschiedenartiger Gestaltung.
Da ist vom Auto, vom Fahrrad und der Eisenbahn die Rede. Jedes Fahrzeug sollte im Hinblick auf seine Räder anders dargestellt werden.

Auto: große Handtrommel mit Gummiknöpfen oder Knickern
Fahrrad: kleine Handtrommel oder Tischpapierkörbe mit kleinen Holzkugeln
Eisenbahn: Hier kann man zu der rollenden Kugel in der Handtrommel das typische stoßende Geräusch des Zuges auf den Schienen durch zwei Zymbeln darstellen, indem man sie so gegeneinander reibt, daß z.B. bei vier Taktschlägen jeweils der erste betont wird.

Zug, Zug, Zug, Zug, Zug, Zug, ...

oder auch so notiert:

Wenn wir fahren

Wenn wir fahren, rollen Räder,
rollen Räder immerfort.

Auto, 

Fahrrad, 

Eisenbahn 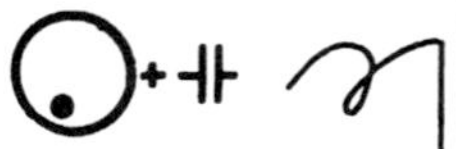

tragen uns von Ort zu Ort.
Auf den Straßen, auf den Schienen
rollen Räder durch die Stadt.
Wer war wohl der kluge Mann,
der das Rad erfunden hat? [2)]

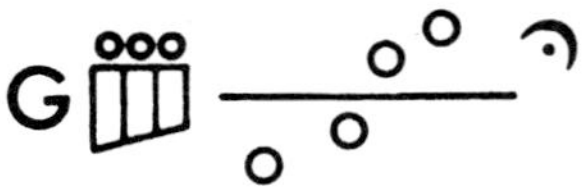

Als Spiellied mit Begleitung läßt sich die Reise einer Eisenbahn verwirklichen.
Einige Kinder bilden eine Schlange als Zug. Die kleine Lokomotive an der Spitze gibt je nach Inhalt des Sprechtextes das Tempo der Bewegung an.

Sprecher: *Was die kleine Lokomotive schnauft, wenn sie viele schwere Wagen ziehen muß:*

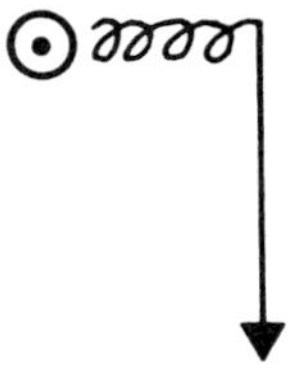

Ich muß schnaufen,
ich muß laufen,
darf nicht bleiben,
ich muß eilen.
Ich muß schnaufen,
ich muß schnaufen.

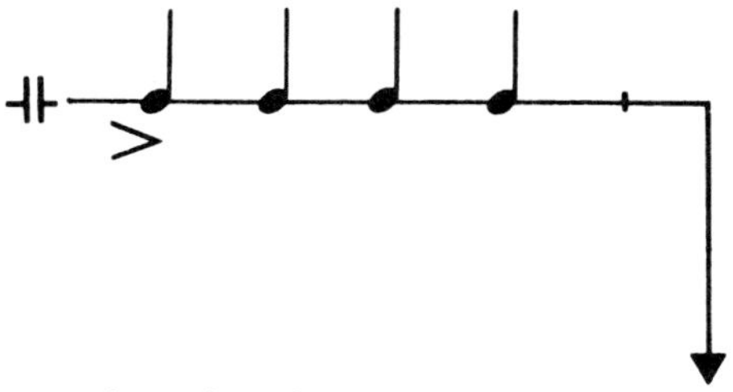

Sprecher: *Wenn es bergauf geht, stöhnt die Lokomotive noch viel mehr.*

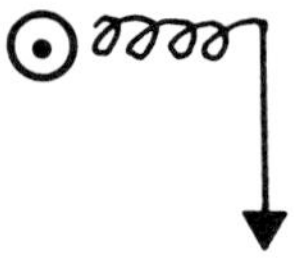

Helft mir doch,
helft mir doch!
Danke schön,
danke schön!

Helft mir doch
(Schnaufer in die Pause!)

Huuuuuuu! (Pfeifsignal auf einem Blockflötenkopf)

Sprecher: Dann aber ist sie oben auf dem Berg, und nun kann sie ruhig dahinfahren.

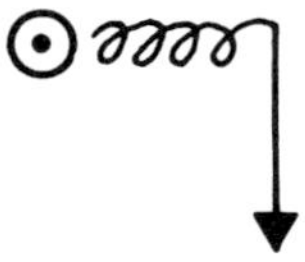

Droben bin ich,
weiter geht es,
droben bin ich,
weiter, weiter!

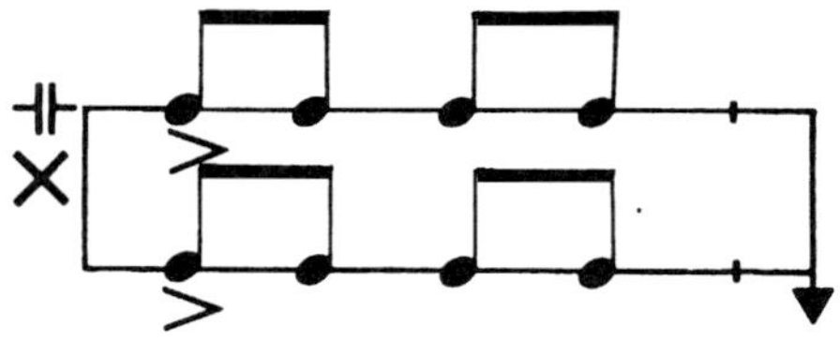

Sprecher: Doch wenn es dann wieder bergab geht, ist sie nicht mehr zu halten. Lustig singt sie nun:

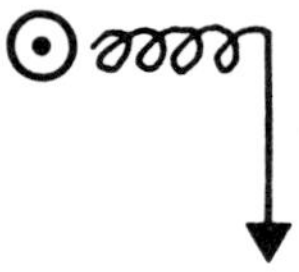

Brauch di net,
´s geht allein,
Brauch di net,
´s geht allein!

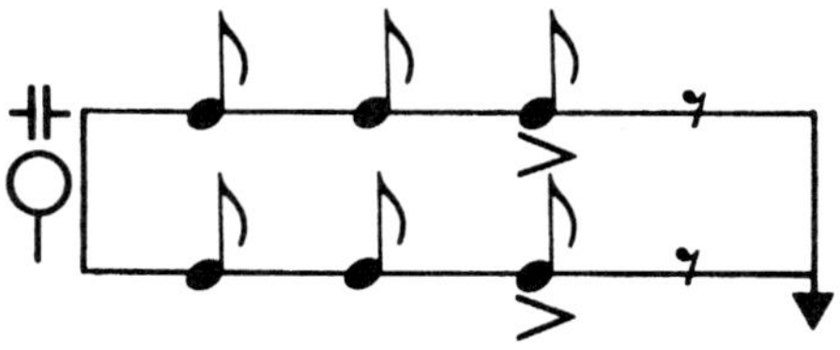

Sprecher: *Endlich aber läuft sie langsam in den Bahnhof ein:*

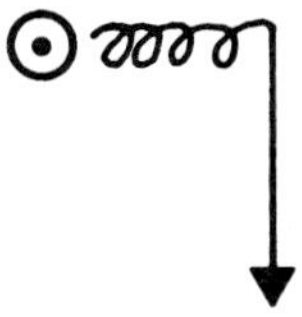

Halt mich auf,
halt mich auf,
ich bin da,
ich bin da!
Halt mich auf!
Huuuuuuu! (Pfeifsignal)

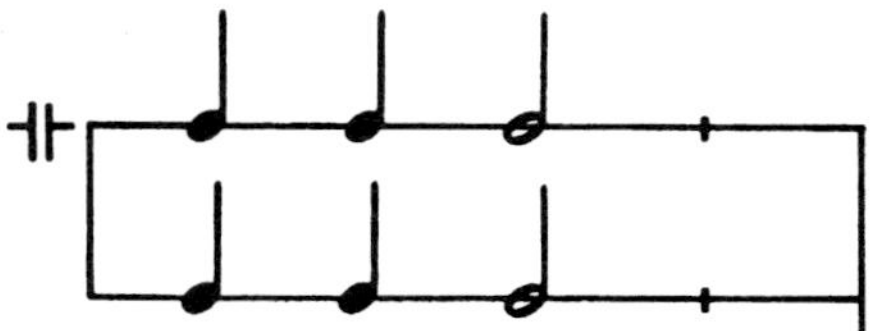

(immer langsamer werdend)

Sprecher: *Alles aussteigen! Der Zug endet hier!* [3]

Jenny Neuhäuser

1) Evelin Dunkel aus: K. Doderer (Hrsg.), Reimschmiede, Ehrenwirth Verlag, München 1966
2) Werner Halle aus: Bilder und Gedichte für Kinder, Georg Westermann Verlag, Braunschweig 1971
3) Verse nach einem überlieferten Text, verändert von Jenny Neuhäuser

Wie es früher war

Marlene Reidel hat eine hübsche Geschichte geschrieben, zu deren Verständnis wir vorher ein Stück Vergangenheit verdeutlichen können. Spinnrad, Truhe und Kutsche sind Gegenstände, denen die meisten Kinder nie begegnet sind, mit denen sie aber in Literatur und Umgangssprache konfrontiert werden.
In dieser kurzen Geschichte steht eine Liebesgeschichte zwischen den Zeilen. Mit meisterhaftem Können fertigt der Handwerksgeselle Spinnrad, Truhe und Kutsche an; mit Fleiß betätigt das Mädchen das Spinnrad und füllt die Truhe; beide schaffen auf Zukunft hin – längst auf gemeinsame Zukunft hin.

EPG

- Die Kinder schauen sich das Bild „Spinnrad, Truhe und Kutsche" an und kommen darüber miteinander ins Gespräch:
  Spinnräder sind schon sehr alt. Manche Frauen saßen viele Stunden während des Tages und am Abend am Spinnrad, um von Hand die Wolle von Schafen zu verspinnen. Sie konnten dabei träumen, nachdenken, erzählen...
  Vielleicht ein Spinnrad zum Kindergarten mitbringen (lassen) und den Kindern zeigen.
  Rohwolle und Wollknäuel besorgen und die Kinder probieren lassen, aus Rohwolle durch Drehen ein Stückchen Faden zu gewinnen (vgl. S. 238).
  Truhen standen früher in jedem Haus, als es noch keine Wäscheschränke gab. Manche sahen sehr einfach aus, andere waren mit schönen Schnitzereien versehen und mit Eisen beschlagen. Darin wurden Bettwäsche und Tischwäsche oder auch Unterwäsche und Kleider aufbewahrt.
  Nur mit *Kutschen* konnte man fahren, als es noch keine Eisenbahn und keine Autos gab. Pferde, stattlich geschirrt, zogen die Kutschen. Wer eine Kutsche hatte, der war nicht arm. Mancherorts sieht man noch heute eine Hochzeitskutsche. In Städten wie Wien, Salzburg und Brügge können Reisende mit Kutschen durch die Stadt fahren.

gG

- In welchen Märchen wird von Spinnrad, Truhe oder Kutsche erzählt? (Rumpelstilzchen / Der goldene Schlüssel / Der Froschkönig)
  Aus welchem Material wurden Spinnrad, Truhen und Kutschen gefertigt? Welcher Handwerker war zuständig?
- Vielleicht das Lied singen: Palmen/Edelkötter; Ich bin aus gutem Holz, S. 35.

gG

- Später die „Kleine Liebesgeschichte" vortragen.
- Gesprächsimpuls:
  Das Mädchen sagt: „Und jetzt, mein Liebster, steig ein, wir fahren zu unserer Hochzeit!" Woher weiß das Mädchen das wohl, wie kann es das sagen?

Kleine Liebesgeschichte

Zu einem Handwerksgesellen kam ein Mädchen und sagte: „Mach mir ein Spinnrad, damit ich meine Wolle spinnen kann." Der Geselle nahm Buchenholz und drechselte ein schönes Spinnrad. Da sagte das Mädchen: „Mach mir auch noch eine Truhe, damit ich meine Bettwäsche und meine Tischtücher darin aufbewahren kann." Wieder nahm der Geselle Buchenholz und schreinerte eine schöne Truhe.
Nun sagte das Mädchen: „Bau mir eine Kutsche, lieber Geselle, damit ich zur Hochzeit fahren kann!" Der Geselle nahm abermals Buchenholz, baute davon eine Kutsche, schön, leicht und doch fest, mit feingedrechselten Rädern – ein Meisterstück!
Als das Mädchen nun kam, sagte es: „Und jetzt, mein Liebster, steig ein, wir fahren zu unserer Hochzeit!" denn sie wußte längst, daß der Geselle nicht nur ihr gefiel, sondern sie auch ihm. Und alle Leute zogen den Hut vor den beiden und sagten: „Habe die Ehre, Herr Meister, guten Tag, schöne Frau Meisterin!"

Marlene Reidel
aus:
Stamm und Laub
Verlag Sellier, München 1981

Anregungen zum Erleben

In der Schule für Kunsthandwerk
Wissa Wassef bei Gizeh/Ägypten
Nr. 230722 Fotokunst Groh, München 70

- ***Mit den Kindern Berufe bzw. Berufstätigkeiten finden, bei denen sich Räder drehen.***

- ***Die Kinder erleben lassen, auf welche Weise Räder den Menschen die Arbeit erleichtern.***
  Solche Betriebe besuchen, bei denen die Arbeitsvorgänge leicht durchschaubar sind, z.B.:

  bei der Töpferin
  beim Schreiner
  beim Scherenschleifer
  beim Schuster
  bei der Schneiderin
  in der Wäscherei (Mangel)

- ***Die Kinder ihre Eltern fragen lassen, ob bei deren Berufstätigkeit sich Räder drehen.***
  Vielleicht die Eltern ein Bild dazu zeichnen lassen. Im Kindergarten die Bilder anschauen und darüber sprechen.

- ***Dort, wo die Möglichkeit sich bietet, bei der Ernte zuschauen,***
  z.B. beim Einsatz von Mähdreschern, Kartoffel- oder Rübenerntemaschinen.

- ***Räder im Haushalt entdecken:***

in der Küchenschublade:	*Backrolle, Kuchenrädchen, Büchsenöffner*
im Küchenschrank:	*Kaffeemühle, Brotschneidemaschine, Mandelmühle, Pfeffermühle, Fleischwolf, Mixer*
im Putzschrank:	*Staubsauger*
im Bastelschrank:	*Bohrmaschine*
im Nähschrank:	*Nähmaschine*
an der Wand:	*Wanduhr*
im Arbeitszimmer:	*Schreibmaschine, Drehstuhl*
im Waschkeller:	*Waschmaschine, Wäscheschleuder*
im Geräteraum:	*Rasenmäher*

Bei vielen dieser Geräte und Maschinen liegen die Räder verdeckt, um Unfälle zu vermeiden. Sie können deshalb den Kindern nur bedingt von den Eltern gezeigt werden.

In der Erzählung „Eva bäckt Brot" können die Kinder den Weg vom Korn zum Brot mit Eva miterleben. Die Mühe, die dahintersteckt, wird an dem Tun der kleinen Eva sichtbar. Aber sie ist stolz, weil sie es – fast – allein vom Korn bis zum Brot selbst geschafft hat. So zeigt die Erzählung, wie ein echter Bezug zu unserer Nahrung gemacht werden kann. Wer einmal selbst wie Eva Körner von Hand gemahlen und dann alles bis zum fertigen Brot selbst bewerkstelligt hat, der sieht ein Weizenkorn oder ein Brot aufmerksamer an, der ißt auch sein Brot bewußter. Und das ist der Mühe wert: bewußter leben, weil wir um die Mühen wissen, die hinter dem Brot, aber auch hinter anderen Nahrungsmitteln stehen. Bewußter leben aber auch, weil wir um das Geschenk des Wachsens und Gedeihens in der Natur wissen. Es heißt dann ebenso, an all die zu denken, die für unser tägliches Brot arbeiten und ihnen wie Gott dafür zu danken. Eine fröhliche Sache kann dies mit dem Erntetanz werden.

Volker Fritz a.a.O.

Eva bäckt Brot

An einem Tag im frühen Herbst kommt Eva heim. Sie trägt ihren Anorak mit ausgestreckten Armen vor sich her.
„Aber Eva", sagt die Mutter, „warum hast du den Anorak ausgezogen? Es ist heute doch so kühl und windig!"
Sie will Eva die Jacke abnehmen.
„Nein", ruft Eva. „Vorsicht, stoß mich nicht. Ich habe die ganze Kapuze voll Körner. Die hab ich alle vom Stoppelfeld aufgesammelt. War das eine Mühe!"
Sie trägt den Anorak in die Küche. Dort legt sie ihn behutsam auf den Tisch. Die Körner liegen in der Kapuze wie in einem Nest. Eva schüttelt die Arme. Sie sind vom Tragen ganz steif geworden, und kalt sind sie auch.
„Was hast du jetzt mit den Körnern vor?" fragt die Mutter.
„Das wirst du gleich sehen", sagt Eva, holt sich die alte Kaffeemühle aus dem Küchenschrank und füllt Körner hinein. Dann fängt sie an zu mahlen. Es knackt und rasselt. Sie mahlt bis zum Mittagessen und danach auch noch eine Stunde. Dann hat sie alle Körner aus der Kapuze gemahlen. Die Kapuze ist leer. Dafür hat sie jetzt eine kleine Schüssel voll Mehl mit vielen Schalenstückchen darin.
„Das nennt man Schrot", sagt die Mutter.
„Puh", seufzt Eva und dehnt sich. „Mein Rücken tut so weh."
„Kein Wunder", sagt die Mutter. „Du hast ja auch schwer gearbeitet."
„Und jetzt wird Brot gebacken", sagt Eva.
„Warum machst du dir solche Mühe?" fragt Bruder Thomas und will sich ausschütten vor Lachen. „Wir haben doch Brot genug im Schrank."
„Aber das ist nicht *mein* Brot", sagt Eva.
Sie schüttet das Gemahlene in eine größere Schüssel. Sie läßt sich von der Mutter ein bißchen Milch und ein Ei und ein Tütchen Backpulver geben.
„Brot macht man doch mit Sauerteig", sagt Thomas.
„Laß sie doch in Ruhe" mahnt die Mutter. „Sie macht sich eben ihr eigenes Brotrezept. Das wird sicher auch sehr gut schmecken."
„Hab ich was vergessen?" fragt Eva.
„Wenn es ein süßes Brot werden soll", sagt die Mutter, „fehlt noch Zucker. Ein paar Rosinen wären auch nicht schlecht,"
„O ja, Rosinen", ruft Eva.
Die Mutter schaltet den Backherd ein. Er soll schon warm werden. Eva knetet und knetet. Sie wird vor Anstrengung ganz rot im Gesicht. Thomas grinst. Er steht mit den Händen in den Taschen da und schaut zu, wie Eva endlich eine lange, plattgedrückte Wurst auf das Backblech legt und dann das Backblech in den Backherd schiebt. Aus dem Backherd quillt Hitze. Eva verbrennt sich am Daumen. Endlich hat sie die Klappe vom Backherd wieder zu. Aufgeregt versucht sie, durch das Fenster in der Klappe auf ihr Brot zu schauen.
„Ruh dich nur aus", sagt die Mutter. „Es dauert eine ganze Weile, bis das Brot gebacken ist."
„*Mein* Brot", seufzt Eva erschöpft.
Sie setzt sich auf die Bank in der Eßecke und wartet. Aber sie ist vom Körnersammeln und Heimtragen und Mahlen und Mischen und Kneten und Formen so müde, daß sie einschläft.
Nach einer langen Weile hört Eva Mutters Stimme sagen: „Eva, dein Brot ist fertig."
Die Mutter muß es ein paarmal sagen, bis Eva wach wird. Thomas zupft sie am Zopf. Da springt Eva auf, läuft zum Herd, reißt die Klappe auf. Sie spürt nicht nur die Hitze. Sie riecht auch den Duft, herrlichen Duft nach Gebackenem.
Die Mutter reicht Eva zwei Topflappen. Eva zieht das Blech heraus. Sie schreit vor Entzücken auf: Da liegt es, ihr Brot – goldbraun und krustig. Ein prächtiges Brot. Auch Thomas beugt sich darüber und schnuppert. Er grinst nicht mehr. Er staunt.
Zum Abendessen teilt Eva der ganzen Familie von ihrem Brot aus. Es ist ein bißchen hart. Aber keiner stört sich daran. Der Vater taucht seine Schreibe in den Tee, da wird die Kruste weicher.
„Kaum zu glauben, daß ich eine Tochter habe, die schon Brot backen kann", sagt er.
„Ich hab's nicht nur gebacken", sagt Eva stolz. „Ich hab's ganz und gar gemacht, mit Körnersammeln und Mahlen und allem anderen. Es war eine große Arbeit. Nur die Körner hab ich nicht gemacht. Die sind von allein gewachsen."

Gudrun Pausewang
aus:
R.Krenzer/O.Fritz (Hrsg.), 100 einfache Texte zum Kirchenjahr
Kaufmann Verlag, Lahr und Kösel Verlag, München 1983

Korn mahlen, Brot backen

- Von einem Bauernhof oder aus dem Reformhaus Korn mitbringen.
  Eine alte Kaffee-Handmühle oder eine kleine Getreideschrotmühle besorgen.
- Die Kinder die Mühle selber drehen lassen, damit sie erleben, wie durch ein Räderwerk Korn zu Schrot gemahlen wird, – und das auf sehr mühevolle Weise.
- Anderentags das Mehl zu Brot backen.

Weizenstangen

Zutaten für zwei Stück:

600 g Weizenvollkornmehl
50 g Sirup
50 g Hefe
360 g kaltes Wasser

10 Min. gut kneten und bedeckt weitere 10 Min. gehen lassen.

Dann:

20 g Meersalz
50 g naturbelassenes Pflanzenöl

hinzufügen und solange kneten, bis ein elastischer Teig entsteht, den Du halbierst und auf dem Tisch in etwas Mehl zu zwei länglichen Brotlaiben formst. Setze beide auf ein bemehltes Blech und laß sie nochmals 15-20 Min. ruhen.
Den Ofen auf 260° vorheizen. Beim Einschieben etwas Wasser in den Ofen schütten und 30-35 Min. bei 240° backen.

Hefe-Brötchen

Du kannst hierfür den gleichen Teig wie für die Weizenstangen nehmen.
Nachdem Du den Teig sorgfältig bearbeitet hast, teilst Du ihn in ca. 50-60 g schwere Stücke, formst mit beiden Händen kleine Bällchen, die Du nach Belieben in Sesam, Mohn, Roggenschrot etc. wälzen kannst.
Bei 250° auf der oberen Schiene ca. 20-25 Min. backen.

aus:
Axel Meyer, Die Kunst des Backens
Samsara Verlag und Vertriebs GmbH
Heimen Nr. 50, 87659 Hopferau

- Aus dem Teig Brot oder Brötchen formen, mit Zeichen versehen.

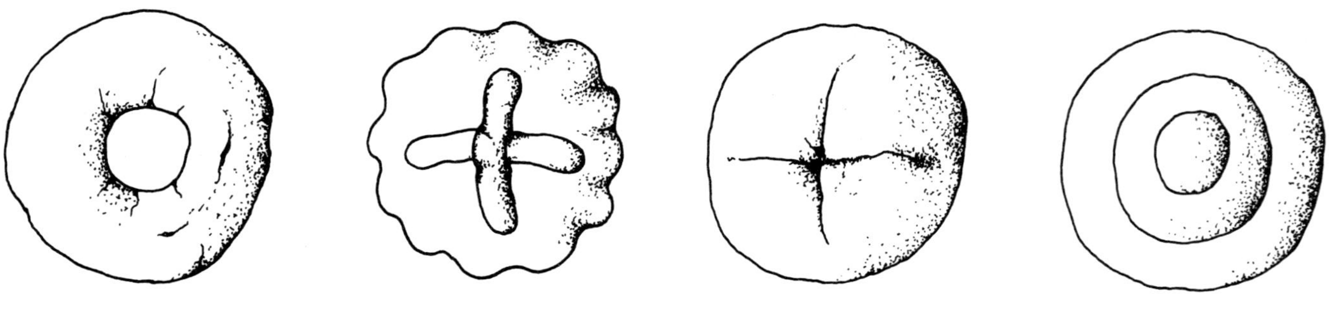

- Die Brote oder Brötchen knusprig braun werden lassen. Das Backwerk frisch aus dem Ofen auf den gedeckten Tisch bringen. Es sich gut schmecken lassen.

Uhrwerke anschauen

Die Kinder bringen von zu Hause alte Wecker oder Armbanduhren mit.
Wir öffnen sie und schauen uns das Uhrwerk an, die kleinen und winzigen Zahnräder, die ineinandergreifen; vielleicht bewegt sich die Unruh noch ...

Sicherlich werden die Kinder auch mit großer Freude beim Zusammenbauen einer Lernuhr mithelfen.

Uhrwerk im Zytglogge-Turm, Bern
Foto: Thomas Mayer, Das Fotoarchiv.

Im Pfarramt oder im Rathaus einen Termin erbitten zur Besichtigung der großen Turmuhr. Beobachten, wie viele kleine und große Räder ineinandergreifen und sich drehen.
Draußen die Uhr hoch oben am Turm von unten beobachten, vielleicht auf Glockenschlag oder Glockenspiel hören. Bedenken, daß die Zeiger der Uhr vom großen Räderwerk im Turm bewegt werden.

Spieluhren anhören und anschauen

Manche Kinder haben noch eine Spieluhr, die sie als Babys geschenkt bekommen haben. Sie bringen sie mit und lassen sie spielen.
Bei einzelnen Spieluhren können die Kinder sicher auch hineinschauen und sehen, wie sich die Walze dreht und die Stimmzungen angezupft werden.

Gestaltungsanregungen

Die Kinder sammeln zu Hause unter Mithilfe der Eltern ausgediente Rädchen aus Uhren, Spielzeugen, Geräten,
ferner Deckel, Federn, Schraubenmuttern, Plättchen, Draht, Kordeln …
Das Material wird gesäubert und, wo Verletzungen drohen, entschärft.
Die „Kramkiste" wird im Kindergarten bereitgestellt.

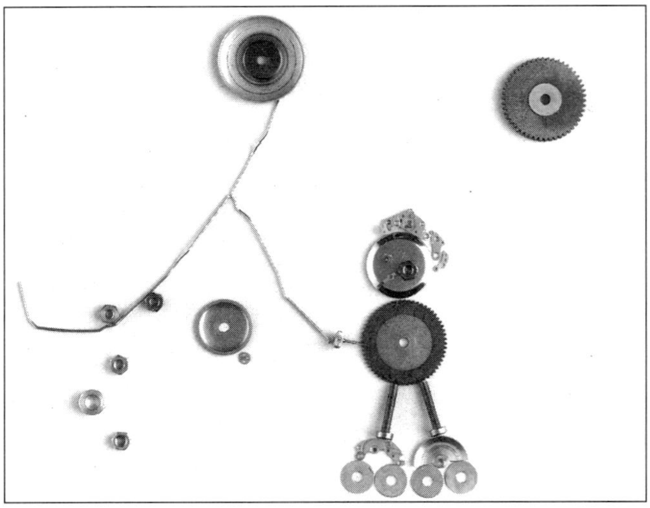

Räderbild

Die Kinder gruppieren die kleinen Rädchen und andere kleine Teile ornamental oder figürlich und kleben sie z.B. auf Pappe fest.
Eine solche Arbeit kann sich über Tage hinziehen.

Rädermaschine

Vielleicht können die Kinder aber auch mit den gesammelten Teilen eine „Maschine" bauen, die sich bewegt.
Durch Problemstellungen werden die Kinder zum Konstruieren und „Erfinden" herausgefordert, z.B.:
Baut, erfindet etwas, was sich dreht, was fährt, was fliegt, was durch Wasser oder Wind bewegt werden kann, womit man etwas befördern oder heben kann …
Das Hin- und Herüberlegen, das intensive Ausprobieren und das Zusammenbasteln sind wichtiger als ein schnelles vorzeigbares Ergebnis. Erforderlich ist ein Platz, an dem die Kinder auch über längere Zeit hinweg ein „Werk" stehenlassen, ausbauen und verändern können.

Aus Eisenteilen, vielen Rädern, einem Gummiseil und einem elektrischen Motor hat Robert Ciuraj diese interessante Maschine gebaut: Über das kleine Rad, das außerhalb liegt, werden mit Hilfe eines Keilriemens die vielen anderen Räder bewegt.
Wo hat er wohl all diese Räder und Eisenteile gefunden?
Im Keller?
Auf einem Schrottplatz?
Auf der Straße beim Sperrmüll?
Ciuraj und einige andere Künstler suchen alte, verbrauchte Dinge, die weggeworfen wurden. Überraschend verwandelt und neu tauchen sie dann in Kunstwerken wieder auf, wie in dieser Phantasie-Maschine.
Natürlich ist es am schönsten, wenn man solche Kunstwerke in Bewegung sieht …

Außenseitermaschine
(1981) 108 cm hoch
Eisen, Räder, Elektromotor, Gummiseil
von

Robert Ciuraj

Zahnrad – Musik warum eigentlich nicht?!

Wir spielen Zahnräder!

Vielleicht fällt uns dazu
eine Geschichte,
ein Spiel ein ...

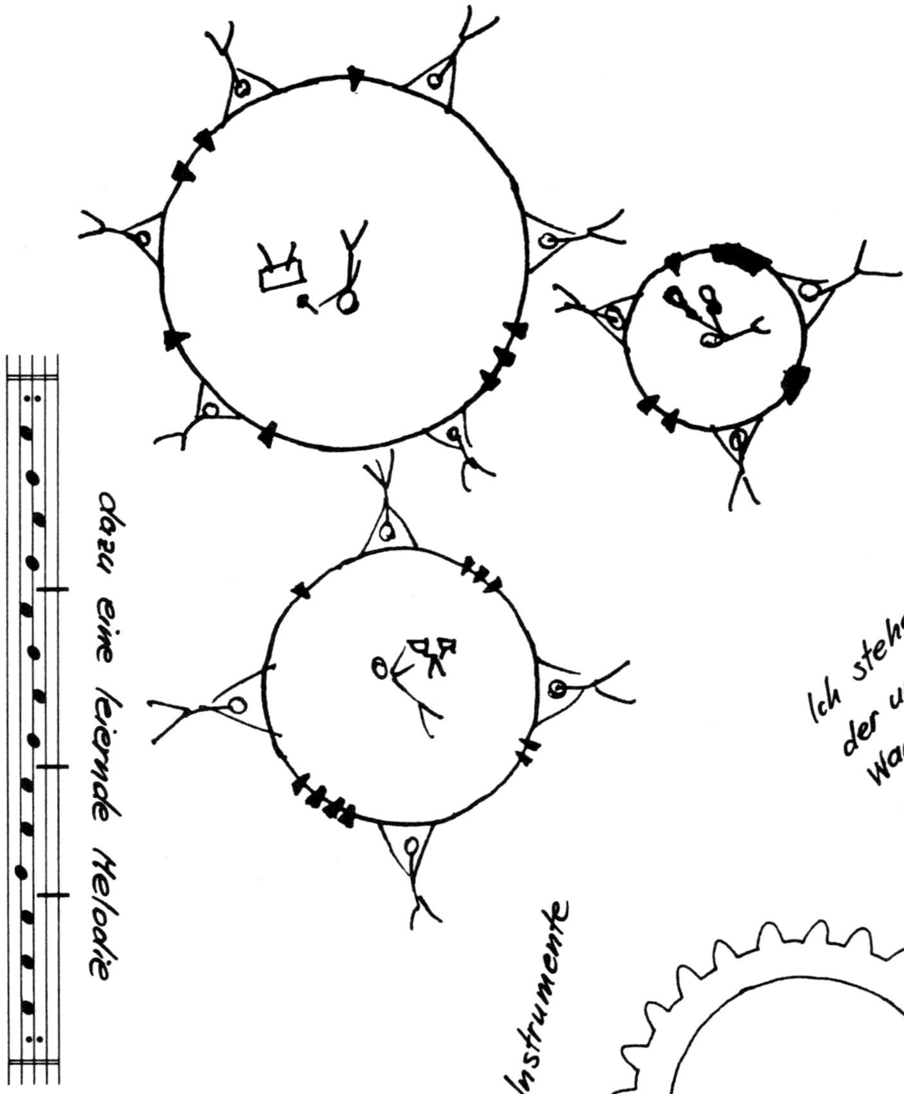

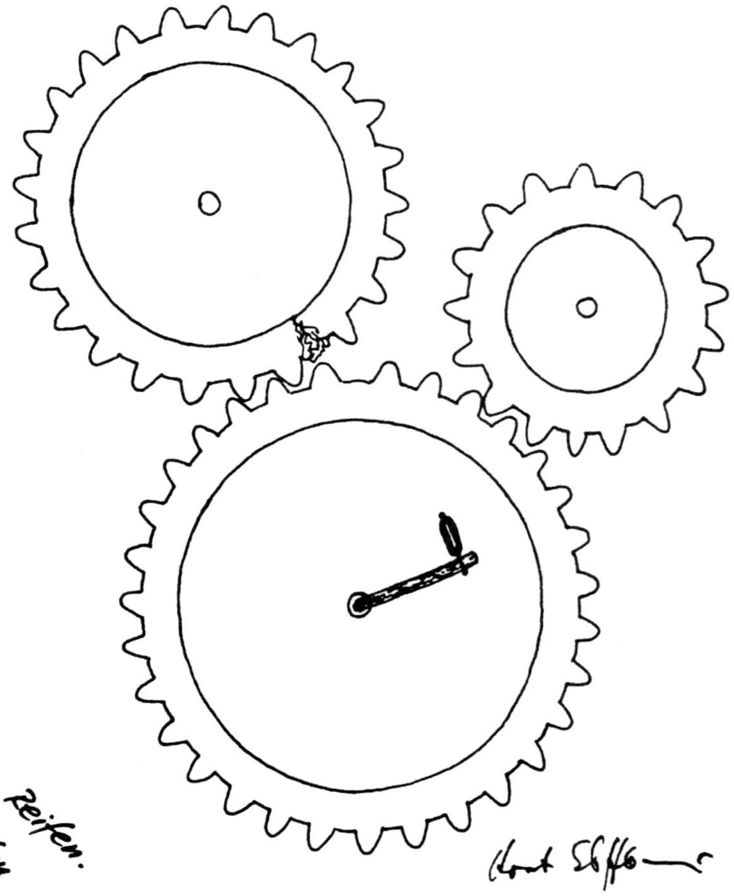

Das im Kindergarten vorhandene Bau- und Konstruktionsmaterial für unser Thema einsetzen

Konstruktionsspielzeug hat vorgefertigte Verbindungsmöglichkeiten:
Nute und Falz – Loch und Stäbchen – Schraube und Mutter usw. Es ist erst dann für das Kindergartenkind geeignet, wenn dieses umfassende Erfahrungen mit dem einfachen Baustein gemacht hat. Auch kann Konstruktionsspielzeug nur unter folgenden Bedingungen in das Spielzeugrepertoire des Kindergartens aufgenommen werden:
- *Das Material muß dem freien Experimentieren des Kindes überlassen werden, keinesfalls sollte das Kind nach Vorlage arbeiten.*
- *Für das Kind müssen die einfachen vorgefertigten Verbindungen durchschaubar bleiben.*
- *Es sollte nur große und wenig verschiedene Formen enthalten.*
- *Dem Kind müssen Anregungen durch Mitspielen vermittelt werden.*

aus: Gestalterische Tätigkeiten, in: Lebensraum Kindergarten, S.141, Verlage Herder und Kaufmann, Freiburg und Lahr 1981

Konstruktionsanregungen

Einzelteile aus dem Konstruktionsmaterial lassen sich aber auch einsetzen, um eigene Ideen zu verwirklichen, z.B.:

Eine Gondel an der Seilbahn

Blechdose seitlich durchbohren,
Dreher mit Rolle quer durchführen,
Dose beschweren oder unten befestigen,
erhöht eine Rolle anbringen,
ein Band um beide Rollen führen,
eine „Gondel" daran befestigen,
die „Gondel" auf- und abwärts fahren lassen.

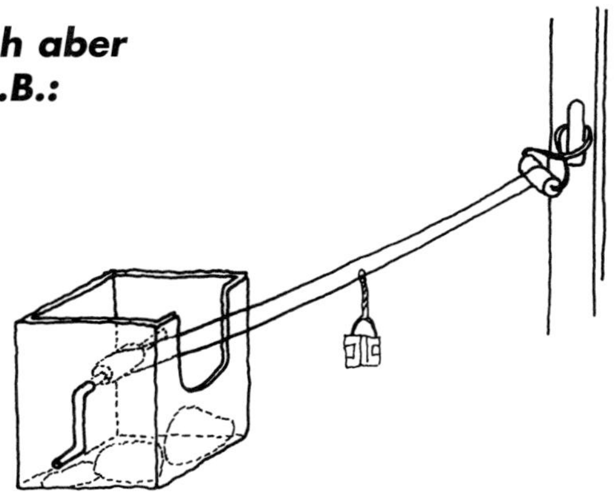

Ein fallender Stein und eine Drehscheibe

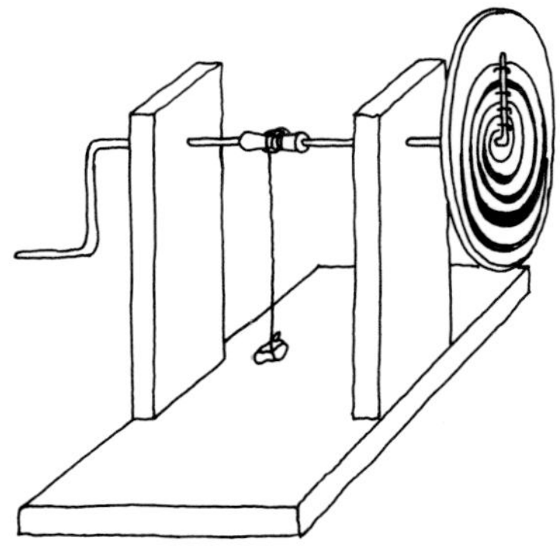

Ein Stück Draht als Achse nehmen, in der Mitte zwei Korkenlängen plattklopfen;
zwei Korken längs durchschneiden und um die Klopfstelle wieder mit Klebstoff zusammenfügen und mit dünnem Faden umwickeln – bis der Klebstoff abgetrocknet ist;
die Enden des Drahtes umbiegen zum Dreher bzw. zur Befestigung der Drehscheibe;
einen Stein an einen Faden binden und ihn mit der Korkrolle durch Aufrollen hochziehen,
den Dreher loslassen, der fallende Stein dreht die Drehscheibe;
kleine und größere Steine ausprobieren;
die Drehscheibe rundum einschneiden und umknicken,
um eine Bremswirkung zu erzielen.

Ein Rad im Wasserstrahl

Etwa vier kleine Kunstoffplättchen rundum in einen Korken stecken, ein Stück Draht als Achse und Halterung zurechtbiegen, in den Wasserstrahl halten.

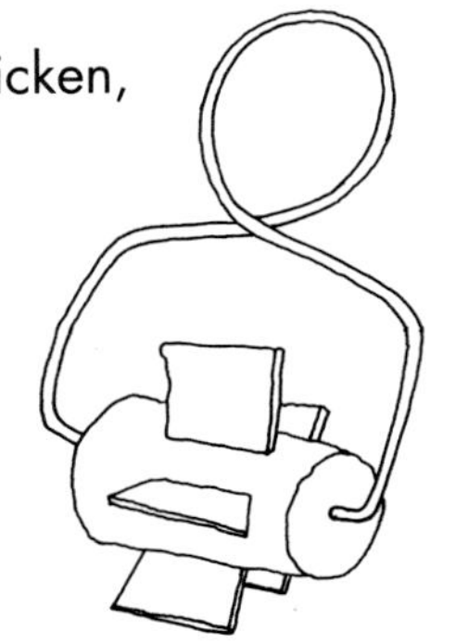

Bau von Fahrzeugen aus Schachteln und Rollen

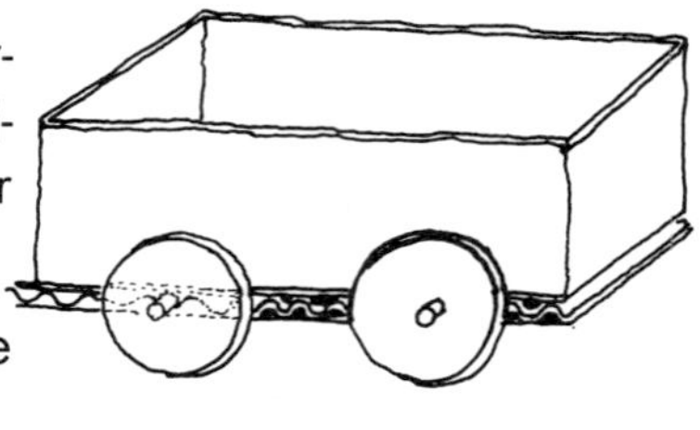

Aus leeren Schachteln verschiedene Fahrzeugmodelle gestalten, an der Unterseite mit Wellpappe bekleben, Rundholzstäbchen hindurchstecken, Pappscheiben, Korkscheiben o.a. als Räder aufstecken, evtl. (bunt) bemalen oder bekleben.

Mit Pappschachteln und Papprollen frei gestalten und vielleicht Fahrzeuge bauen

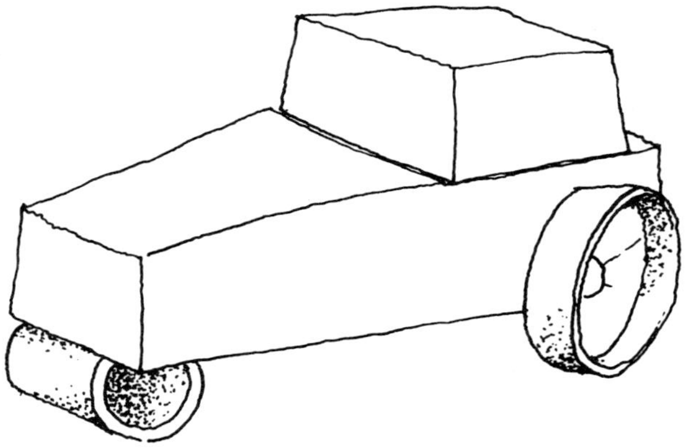

Bau von Fahrzeugen aus Eicheln und Kastanien

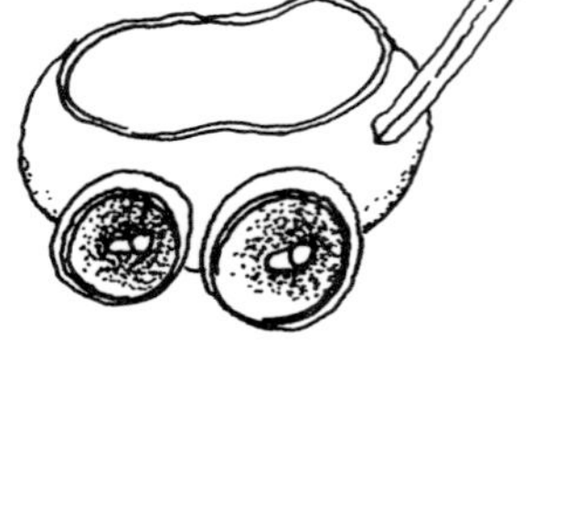

Von Kastanien die Kappe abschneiden und sie aushöhlen. Unten quer vorstechen und zwei Holzstäbchen als Achsen durchstecken. Auf die Achsenenden durchstochene Eichelhütchen als Räder aufstecken.
So lassen sich winzige Puppenwagen, Bollerwagen oder Züge gestalten.

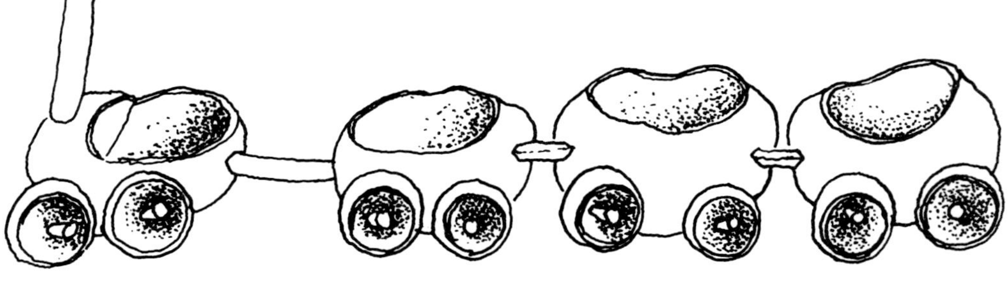

Die Rundfahrt

„Wozu steht im Kellerwinkel
Diese schöne „Nat-nat-nat"?
Die solch buttergelben Schnabel
Und so bunte Federn hat!
Auch vier Räder hat das Tier -
Kinder, kommt! Jetzt fahren wir!"

Vater vorne mit Luischen,
„Hoppla! Halt dich fest mein Kind!" -
Mutter mit dem Sonnenschirme
Und mit Pips, dem Sausewind;
Kribbel-krabbel klein und groß -
„Sitzt ihr alle? Na, denn los!"

Und die gute alte Ente
mit dem freundlichen Gesicht
Und dem langen Schnatter-Schnabel
Denkt vergnügt: „Warum denn nicht?"
Und schon rollt sie – „rumpele pum"
In dem Keller rundherum.

Aber hört sie jemand kommen,
Köchin, Kinder oder Katz,
Steht sie wieder steif und stille
Ehrbar auf dem alten Platz,
Grad' als wäre nichts geschehn,
Und kein Mäuslein ist zu sehn!

aus:
Die glücklichen Mausleut
Verse von Adolf Holst
Bilder von Else Wenz – Viëtor
Verlag Lappan, Oldenburg 1992

Anregung:
Mit den Kindern ansprechen, ob sie nicht vielleicht zu Hause noch irgendwo Nachziehfiguren aus ihrer Kleinkindzeit abgestellt haben, mit denen nun „die Mäuse" ihre Rundfahrten machen.
Vielleicht bringen einige Kinder ihre Nachziehfiguren mit und führen sie im Kindergarten zur Freude aller noch einmal vor.

Kinder lieben das Fahren auf dem Karussell, das Sichdrehen im Kreis, das Rundumschauen, daß sie rundum von allen gesehen und von den Blicken ihrer Eltern verfolgt werden. Sie suchen sich gerne ein bestimmtes Pferdchen aus oder vielleicht das rote Feuerwehrauto. Wenn man sie ließe, würden Kinder sich Runde um Runde drehen wollen.

Dieser Kindertraum verwirklicht sich an Tipsys Geburtstag.
Tante Josefin möchte Tipsy ein schönes Kleid aussuchen lassen. Als Tipsy aber unterwegs für sich und andere Kinder das Geld für das Karussellfahren ausgibt, läßt Tante Josefin dies zu – wie immer läßt sie den Augenblick entscheiden –, und schließlich geht Tipsy mit rot-grünen Ringelsöckchen glücklich nach Hause.

Das Karussell-Spiel

In der Mitte des Raumes steht ein Kind. Es spielt den Karussellbesitzer. (Der Karussellbesitzer steht ja meist auf dem Mittelteil des Karussells, das sich nicht dreht. Von dort regelt er die Geschwindigkeit, mit der die Tiere, Autos, Raketen um ihn herumflitzen.)

Der Rest der Kindergruppe faßt sich an den Händen und bildet einen Kreis um den Karusselbesitzer. Alle Kinder sagen: (singen?):

Das Karussell, das Karussell
dreht sich mal langsam und mal schnell,
und manchmal steht es still.
In der Mitte steht der Mann,
der das alles regeln kann.
Mal hören, was er will!

Wenn das Lied zu Ende gesungen ist, läßt der Mann in der Mitte hören, „was er will": Er ruft z.B. „Losfahren!" oder „Schneller!", „Langsamer!", „Ganz langsam!", „Stehenbleiben!" usw.

Die Kinder im Kreis folgen den Anweisungen des „Mannes" in der Mitte, sie drehen sich (gehen im Kreis), erst langsam, dann schneller, bleiben stehen ...

Spielt ein Mädchen die Karussellbesitzerin, könnte man den Vers so abwandeln:

In der Mitte steht ´ne Frau,
die sagt euch alles ganz genau.
Mal hören, was sie will!

Paul Maar
aus:
R.Krenzer/V.Fritz, 100 einfache Texte zum Kirchenjahr
Verlage Kaufmann und Kösel, Lahr und München 1983

Das Karussell dreht sich

Tipsy hat Geburtstag.

„Herzlichen Glückwunsch!“ ruft Tante Josefin.

Sie hat eine Torte gebacken, auf der rote Kerzen brennen. Mumpf trägt eine Schleife um den Hals.

„Und jetzt gehen wir in die Stadt“, sagt Tante Josefin nach dem Frühstück.

Tipsy hat sich ein neues Kleid gewünscht. Aus blauer Seide soll es sein. Nun darf sie es selbst aussuchen.

„Ich fühle mich ziemlich großartig“, sagt Tipsy zum Kater Mumpf, der neben ihr geht.

Aber Mumpf hat keinen Sinn für neue Kleider. Er trägt seinen Pelz schon, so lange er lebt, Sommer wie Winter.

Als sie zum Park kommen, hören sie Musik.
„Da haben sie einen Rummelplatz aufgebaut“, sagt Tante Josefin.

„Prima!“ ruft Tipsy. „Dann fahre ich schnell einmal mit dem Karussell. Ein kleines bißchen kann ich ruhig von dem Geld verbrauchen.“

Das findet Tante Josefin auch. Tipsy steigt auf einen rosaroten Schwan und fährt im Kreis herum. Da sieht sie ein kleines Mädchen mit Zöpfen.

„Willst du mitfahren?“ fragt Tipsy.

Aber das kleine Mädchen hat kein Geld.

„Ich lade dich ein“, sagt Tipsy. „Ich hab' nämlich Geburtstag. Ich muß mir ja nicht ein so furchtbar teures Kleid kaufen.“

Diesmal setzt sie sich auf einen dicken, grünen Elefanten, und das Mädchen mit den Zöpfen kriegt den rosa Schwan.

Plötzlich steht da ein Junge mit einer Bommelmütze, der guckt so traurig.

„Fahr mit!“ lädt ihn Tipsy ein. „Ich hab' Geburtstag.“

„Willst du kein Kleid?“ fragt Tante Josefin, als das Karussell anhält.

„Doch“, sagt Tipsy, „aber ein ganz einfaches genügt.“

Die beiden kleinen Mädchen haben auch kein Geld.

Tipsy winkt sie heran. Das Karussell dreht sich, die Musik spielt – es ist wunderschön. Immer wieder kommen sie an Tante Josefin vorbei. Sie hält Mumpf auf dem Arm und lächelt.

Ein Bürschchen mit einem Loch in der Hose nimmt Tipsy auch noch mit, und drei kleine Buben mit schmutzigen Nasen dürfen auch mitfahren.

„Glaubst du nicht, daß ich eher einen Rock brauche ?“ ruft Tipsy Tante Josefin zu.

Sie sitzt auf einem feurigen Roß. Das Karussell ist vollbesetzt mit Kindern. Alle haben glückliche Gesichter.

„Das wird kein Rock mehr!“ ruft Tante Josefin besorgt.

„Ach“, meint Tipsy, „dann eine Bluse! Eigentlich“, fällt ihr ein, „brauche ich nur Söckchen!“

Da können sie noch eine Weile fahren! Als sie endlich absteigen, dreht sich das Karussell in Tipsys Kopf.

„Danke schön!“ sagen die Kinder, „und einen recht frohen Geburtstag noch!“

Nun geht Tipsy mit Tante Josefin in ein Geschäft.

„Rotgrüne Ringelsöckchen sind besonders hübsch“, sagt Tipsy, als sie das Päckchen nach Hause trägt.

„Überhaupt ist das der schönste Geburtstag meines Lebens!“

Gina Ruck-Pauquèt
aus:
Tipsy macht den Goldfisch glücklich
Verlag G.Bitter, Recklinghausen 1969

Kinder erleben und spüren gerne die Kraft des Windes, wenn sie Windmühlen in der Hand halten. Gebannt schauen sie auf die sich drehenden Windräder.

Windrad aus Federn

Material:

Holzlatte, Korken, Nagel, zwei Perlen, Hühner- und Vogelfedern

Anleitung:

Einen Korken so durchbohren, daß er sich leicht um einen Nagel dreht;
rundum etwa sechs Löcher in den Korken vorstechen und sechs etwa gleich große Federn in derselben Schrägstellung einstecken;
auf den Nagel eine Perle, den Korken und wieder eine Perle aufstecken und den Nagel in die Latte einschlagen;
im Herbstwind die Schrägstellung der Federn korrigieren.

Windrad aus Papier

Material:

Festeres (evtl. gewachstes) Buntpapier, Stecknadel mit dickerem Kopf, zwei Perlen, Holzstab

Anleitung:

Das Papier quadratisch (etwa 15 cm x 15 cm) zuschneiden;
das quadratische Papier diagonal falten und von den Ecken her ein kleines Stück über die Mitte der Diagonalenhälften hinweg einschneiden;
jeden zweiten Zipfel über die Quadratmitte hinwegbiegen;
durch die Zipfel und Papiermitte eine Stecknadel mit Perle stecken;
eine weitere Perle aufstecken und die Nadel oben in einen Holzstab eindrücken.

An einem Holzstab können auch mehrere Windmühlen befestigt werden.

Glücksrad

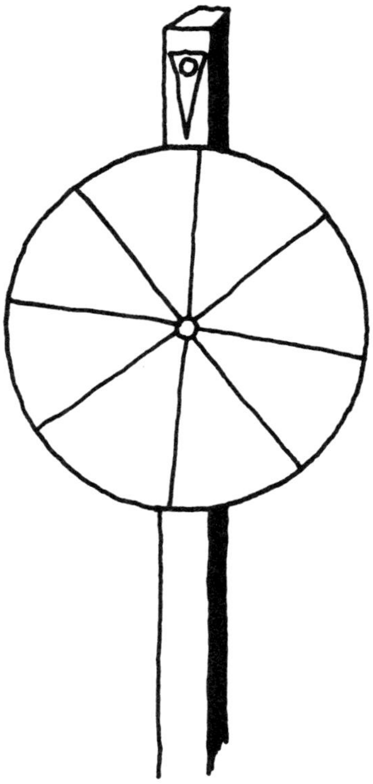

Gestaltungsanleitung:

Für dieses Spiel brauchen wir bunte Drehscheiben: aus Karton kreisrunde Scheiben (Durchmesser 25 cm) ausschneiden, mit verschiedenen Farben bemalen
oder mit verschiedenen Motiven (Früchte, Kleidungsstücke ...) versehen.
Die Drehscheiben genau in der Mitte mit einem dünnen Nagel an einer Leiste befestigen, oberhalb der Scheibe noch einen Pfeil als Markierung anbringen und die Leiste z.B. an einem Tischbein festbinden.

Buntes Rad

Text und Melodie: Barbara Böke

Spielanregung:

Beim Spielen kommen alle in den Kreis, die etwas Blaues an sich haben, wenn der Zeiger auf „blau" zeigt usw. Verteilt man selbstgefertigte Anhänger, Aufkleber oder ähnliches, kommen viele Kinder dran, was mehr Spaß macht. In der Praxis zeigte sich die Vielseitigkeit dieses Spiels. Man kann sich nämlich mehrere Scheiben herstellen mit vielen Motiven, z.B. aus der Begriffsbildung (etwa Früchten, Kleidungsstücken u.d.gl.m.), und man verbindet dabei das Lernen wieder mit einem lustigen Spiel. Da die Kinder immer in Aktion sind, – Scheibe drehen, Anhänger verteilen, tanzen usw., – haben sie ziemlich lange Ausdauer.

aus:
Lernspiele 4
Verlag Fidula, Boppard/Rhein und Salzburg 1982

Bilderbuchbesprechung

Meine Füße sind der Rollstuhl
Franz-Joseph Huainigg/Annegret Ritter
Heinrich Ellermann Verlag 1992

Margit ist ein Mädchen wie alle anderen. Das denkt sie jedenfalls. Doch als sie zum ersten Mal in ihrem Rollstuhl allein zum Einkaufen fährt, wird sie sehr unsicher. Die Leute auf der Straße starren ihr nach oder bedauern sie, eine Mutter verbietet ihrer Tochter, mit Margit zu sprechen, und eine Frau steckt ihr sogar Geld zu. Da wird Margit traurig und wütend. Erst gemeinsam mit dem rothaarigen Sigi findet sie das nötige Selbstvertrauen wieder.
Der selbst schwer gehbehinderte Franz-Joseph Huainigg erzählt diese Geschichte mit großer Sensibilität, die aus der eigenen Betroffenheit erwachsen ist. Unterstützt durch die eigenwilligen, farbenfrohen Bilder der jungen Annegret Ritter, auf denen es immer wieder Neues zu entdecken gibt, lernen Kinder, selbstverständlich mit Behinderten umzugehen.

Franz-Joseph Huainigg ist seit einer Impfung im 7. Lebensmonat an beiden Beinen gelähmt und kann sich nur mühsam mit Stützapparaten und Krücken fortbewegen. Was Margit in dieser Geschichte erlebt, sind Erfahrungen, die er selbst gemacht hat. Er schreibt zu diesem Buch: *"Mit dem Bilderbuch möchte ich auf lustige Art Aufklärungsarbeit bei jüngeren Kindern leisten. Diese sind sehr aufgeschlossen, setzen sich auch gern einmal in einen Rollstuhl und hüpfen neugierig mit Krücken durch die Gegend. In einem Workshop habe ich dies bereits sehr erfolgreich ausprobiert.*
Dieses Buch soll also Anlaß sein, eine breite Diskussion auszulösen. Es wird mit Sicherheit, auch in Kombination mit Aktionen, ein großes Echo finden. Es ist ein Buch, das nicht nur mir am Herzen liegt, sondern schon längst hätte geschrieben werden müssen."

Meine Füße sind wie Räder

Text: Marina Palmen Melodie: Hubertus Vorholt

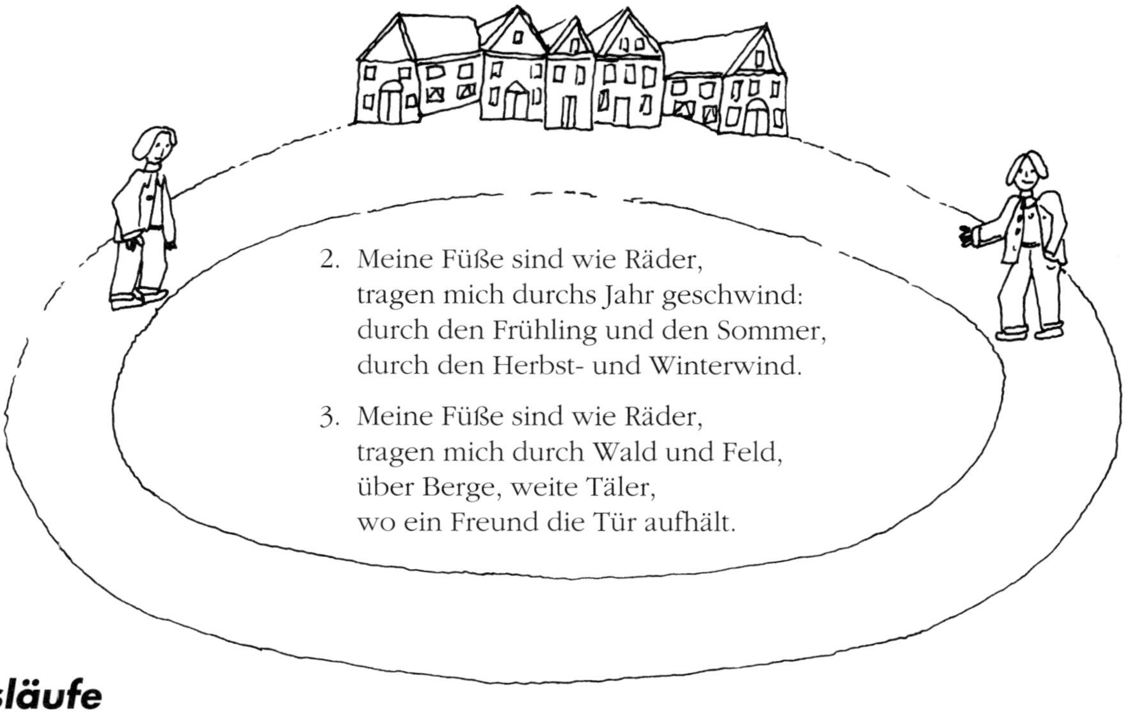

2. Meine Füße sind wie Räder,
tragen mich durchs Jahr geschwind:
durch den Frühling und den Sommer,
durch den Herbst- und Winterwind.

3. Meine Füße sind wie Räder,
tragen mich durch Wald und Feld,
über Berge, weite Täler,
wo ein Freund die Tür aufhält.

Kreisläufe

Das Jahr dreht sich im Kreis

Tag und Nacht wechseln

Alles vollzieht sich in Kreisen

In allem, was ein Indianer tut, findet ihr die Form des Kreises wieder, denn die Kraft der Welt wirkt immer in Kreisen, und alles strebt danach, rund zu sein. Einst, als wir ein starkes und glückliches Volk waren, kam unsere ganze Kraft aus dem heiligen Ring unseres Volkes, und solange dieser Ring nicht zerbrochen war, ging es den Menschen gut. Der blühende Baum war der lebendige Mittelpunkt des Ringes, und der Kreis der vier Himmelsrichtungen nährte ihn. Der Osten gab Frieden und Licht, der Süden gab Wärme, der Westen gab Regen, und der Norden mit seinen eisigen Stürmen verlieh Kraft und Ausdauer.
Alles, was die Kraft der Welt bewirkt, vollzieht sich in einem Kreis. Der Himmel ist rund, und ich habe gehört, daß die Erde rund wie ein Ball ist, so wie alle Sterne auch. Der Wind in seiner größten Stärke bildet Wirbel. Vögel bauen ihre Nester rund, denn sie haben die gleiche Religion wie wir. Die Sonne steigt empor und neigt sich in einem Kreis. Das gleiche tut der Mond, und beide sind rund.
Auch die Jahreszeiten in ihrem Wechsel bilden einen großen Kreis und kehren immer wieder. Das Leben des Menschen beschreibt einen Kreis von Kindheit zu Kindheit, und so ist es mit allem, was eine Kraft bewegt. Unsere Tipis waren rund wie Vogelnester und immer im Kreis aufgestellt, dem Ring unseres Volkes – ein Nest aus vielen Nestern, in dem wir nach dem Willen des Großen Geistes unsere Kinder hegten und großzogen.

Hehaka Sapa
aus: K. Recheis / G.Bydlinski (Hrsg.) Weißt du, daß die Bäume reden – Weisheit der Indianer, Herder Verlag, Wien 1984

Kreisbilder der Natur betrachten

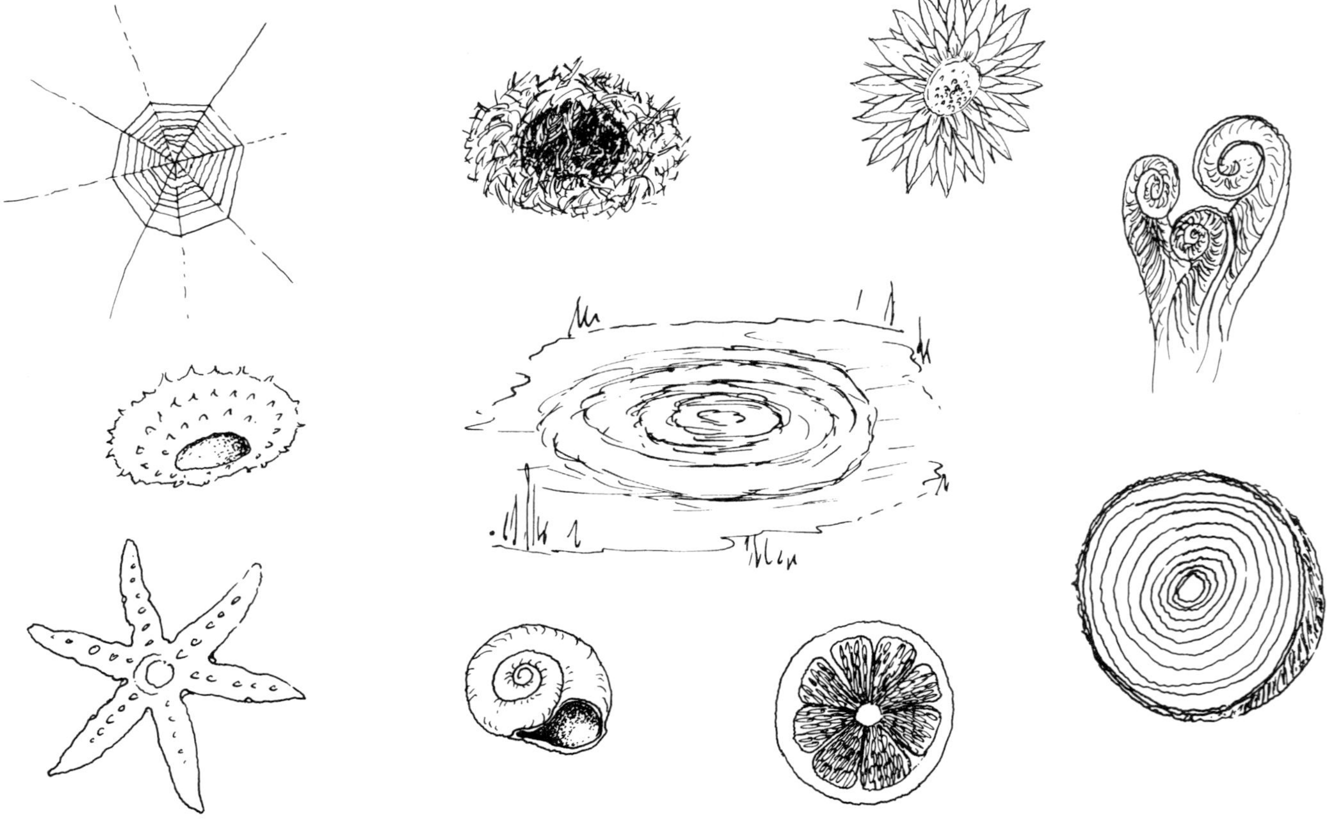

Baumscheiben, Scheiben der Früchte, Blüten, Kreise im Wasser, Vogelnester, Spinnenetze, Schneckenhäuser, Seeigelschalen, Seesterne, Mikroorganismen in starker Vergrößerung

Das Mandala

Das Mandala (sanskrit = Kreis) ist eine Urform, die sich in der Natur, in den Bausteinen der Materie, im Pflanzen- und Tierreich), ebenso findet wie in Gestaltungen der Psyche und des Menschen. Die ersten Mandaladarstellungen stammen aus der Alt-Steinzeit, lange vor der Erfindung des Rades: es sind kreisförmige Felsritzungen, die meist als Sonnenräder gedeutet werden. Ihr Alter wird bis zu 25000 oder 30000 Jahren geschätzt.

Im Lamaismus und im Tantrischen Yoga bedeutet das Mandala das kreisförmige Abbild des Kosmos in seinem Zusammenhang mit göttlichen Mächten. Es stellt ein Instrument der Kontemplation dar.

Im christlichen Mandala mit Christus im Zentrum betonen die vier Evangelisten oder ihre Symbole die Kardinalpunkte des Kreises. Die Fensterrosen der Kathedralen stellen abstrakte oder kosmische Mandalas dar. In der Architektur findet sich der Kreis häufig als Grundriß von Sakralbauten oder Städten.

Jung deutete das Mandala als Symbol der menschlichen Ganzheit oder als Selbstdarstellung eines psychischen Zentrierungsprozesses (Individuation). Das viergeteilte Mandalasymbol tritt spontan in Träumen und Phantasien auf, meist als ein unbewußter Selbstheilungsversuch in Zuständen psychischer Desorientierung. Es stellt ein Ordnungsschema dar, welches sich gewissermaßen über das psychische Chaos legt, so daß das auseinanderfließende Ganze durch den hegenden und schützenden Kreis zusammengehalten und zugleich der Mensch in einen unpersönlichen Zusammenhang gestellt wird.[1]

„Dinge, die so weit in die Menschheitsgeschichte zurückreichen (wie das Mandala), rühren natürlich an tiefste Schichten des Unbewußten und vermögen diese zu ergreifen, wo bewußte Sprache sich als gänzlich impotent erweist." (C.G.Jung)[1][2]

Römisch, Rheinisches Landesmuseum Trier

Umkreisung der Mitte

Beim Betrachten von Kreisbildern führen uns alle Wege zur Mitte – zum Zentrum. So ist auch die Gestaltung von Kreisbildern ein persönlicher Weg zur eigenen Mitte, der – wie C.G.Jung sagt –„an tiefste Schichten des Unbewußten" rührt. Es liegt in der Tätigkeit der Darstellung von Kreisbildern eine heilende Funktion. Die Bilder spiegeln die jeweilige innere Situation wieder: was innen ist, wird nach außen geholt. So läßt sich aus einer Folge von Bildern über einen Zeitraum hin die psychische Wandlung beobachten.

Gerda und Rüdiger Maschwitz führen in ihrem empfehlenswerten Praxisbuch „Stille-Übungen mit Kindern" mit Mandalas folgende Erfahrungen an:

- sie schenken Ruhe und Stille,
- sie führen zu innerer Ausgeglichenheit,
- sie fördern die Konzentration, selbst bei ganz unruhigen Kindern,
- sie helfen bei feinmotorischen Störungen,
- das Malen und Entwickeln macht große Freude und motiviert aus der Übung heraus,
- inhaltliche Aspekte können weiter verarbeitet und abgerundet werden,
- Mandalas werden (fast) immer schön,
- mit dem Malen und Gestalten von Mandalas knüpfen wir an eine alte kreative Tradition an.[3]

1) Aniela Jaffé: Das Mandala, in: A.Jaffé, C.G.Jung im Bild und Wort – Eine Biographie, S.77, Walter-Verlag, Olten 1983 (Sonderausgabe)
2) Zitat: Mandala-Darstellungen von Jung, Erbengemeinschaft Jung
3) Gerda und Rüdiger Maschwitz: Mandalas entdecken, gestalten und entwickeln, in: G. und R.Maschwitz, Stille-Übungen mit Kindern, S.133, Kösel-Verlag, München 1993

Kreisbilder darstellen

- vorgegebene Bilder mit Farbstiften ausgestalten
- freie Formen mit Farbstiften zeichnen und ausgestalten
- freie Formen mit Naturmaterialien legen

Spontane Arbeit einer Fünfjährigen: Filzstiftzeichnung und Faltschnitt

Wir wolln den Kranz binden

volkstümlich

2. Wir wolln den Kranz lösen,
so lösen wir den Kranz:
bei der Anna, hübsch und fein,
soll der Kranz gelöset sein.

Spielanregung:
Die Kinder gehen mit gefaßten Händen im Kreis herum. Das jeweils aufgerufene Kind löst die Fassung, kreuzt die Arme übereinander und faßt so wieder zum Kreis. Die 1. Strophe wird so lange gesungen, bis alle Kinder aufgerufen sind. Das Auflösen des Kranzes erfolgt dann beim Singen der 2. Strophe.

Blumen- oder Blätterkränze binden

Blumendraht grob flechten,
zu einem Kranz formen und festmachen,
Blumen, kleine Zweige oder Herbstblätter einstecken.

Einen Erntekranz im Kindergarten aufhängen

Radfenster / Rosenfenster

Das sich drehende Rad ist ein Symbol der Zeit in der scheinbar endlosen Wiederholung von Tag und Nacht und Jahr auf Jahr. Das Rad mit seinen Speichen ist ein Bild der Sonne, deren Lauf unsere Zeit bestimmt.
Schon in der vorchristlichen Welt symbolisiert das Bild vom Rad Leben und Wiedergeburt. Im Mittelalter ist das Bild vom Rad zunächst das Bild des Glücksrades, des Schicksalsrades. Mit dem Entstehen der Kathedralen aber wird das Rad architektonisch verfeinert, aus dem Speichenrad wird eine Radrose. Das Schicksalsrad erfährt einen tieferen christlichen Sinn. Während der Radkranz die Zeit als Vergangenheit, Gegenwart und Zukunft darstellt, symbolisiert das Zentrum die Zeit als Ewigkeit.
„Im christlichen Glauben ist Christus der Weg, die Wahrheit und das Leben, was in den Ausdrucksmitteln der Rosenfenster der Weg zum Zentrum, das Zentrum und der Kreisumfang ... ist.
Das Zentrum ist der Schwebepunkt, der Ruhepunkt und Schnittpunkt des Zeitlosen mit der Zeit." [1)]
Das Rosenfenster zeigt uns eine unendliche Vielfalt von Formen innerhalb der vollkommenen Ordnung des Kreises. Die vollkommene geometrische Aufgliederung der Fensterfelder und die Leuchtkraft der Farben im Gegenlicht laden uns zum besinnlichen Betrachten ein. Die vollkommene Form kann uns still werden lassen, kann uns mit uns selbst und der Welt in Einklang bringen.
Das Rosenfenster ist Spiegelbild der Rose und verweist uns auch auf die Vielfalt und doch immer vollkommene Form von Blumen und Blüten.

1) Painton Cowen, Die Rosenfenster der gotischen Kathedralen, Verlag Herder, Freiburg 1975

Radfenster anschauen und gestalten

G
- Wo die Möglichkeit gegeben ist, in der Kirche ein Radfenster anschauen.

EPG
- Ein größeres Radfenster gestalten für ein Flur- oder Gruppenraumfenster mit Ton- und Transparentpapierschnitten, die zu einem Mosaik aufgeklebt werden.

EP
- Laternen mit Radmotiven gestalten für das Martinsfest mit Scherenschnitt-, Transparent- und Pergamentpapier.

Symmetrisches Malen

Beim symmetrischen Malen vollzieht das Kind einen Prozeß, den es selbst in Gang setzt und gestaltet unter Beteiligung all seiner Organfunktionen und psychischen Kräfte. Dem Ein- und Ausatmen vergleichbar, führt das Kind während des Malens rhythmische Wellenbewegungen aus, die von inneren Stimmungen und Bildvorstellungen begleitet und gesteuert werden. Der ganze Körper kommt gleichsam in ein rhythmisches Erleben hinein und wirkt so an den Gestaltungsprozessen mit. Die rhythmischen Bewegungen lassen im Zusammenspiel der Hände – rechts und links – Farbspuren entstehen, die sich organisch zu verdichtenden und erweiternden Formen mit stark hervortretenden und transparent erscheinenden Flächen entwickeln – und sich wieder neu zu harmonischen Farb- und Formkompositionen zusammenfügen.

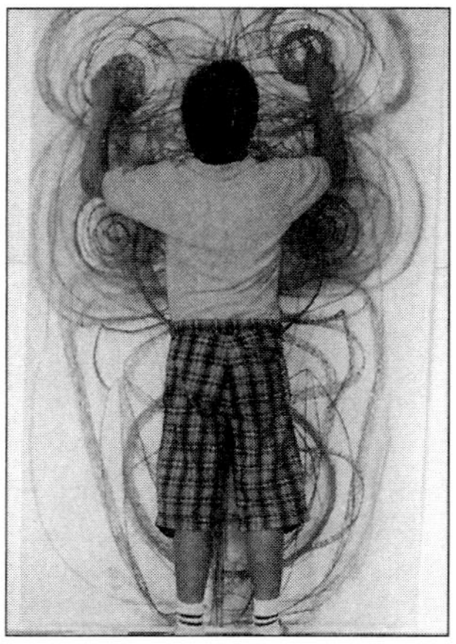

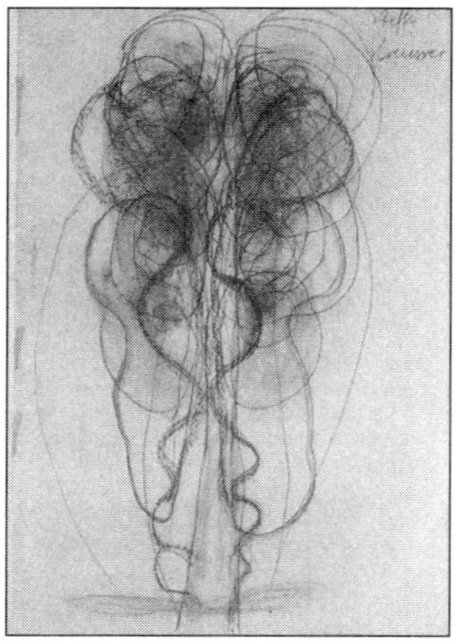

In diesem Gestaltungsprozeß und in dessen räumlicher Ausdehnung kann das Kind sich weitgehend selbst, in seiner psychischen Verfassung und in seinen körperlichen Dimensionen erleben und wahrnehmen. Es wird sich „seiner selbst gewahr", indem es die Fähigkeit entwickelt, seine Stimmungslage selbst zu kontrollieren und zu steuern, z.B. sich aus einer unruhigen Verfassung in eine ruhige, ausgeglichene Stimmung hineinzubringen.

Die Kinder konnten während der wiederholt erlebten Malprozesse eine emotional-verhaltensmäßige Orientierung und Sicherheit erfahren. Dies wurde sichtbar in der sich während der Tätigkeit entwickelnden tiefen Aufmerksamkeit der Kinder und in ihren Körperbewegungen, die aus Verkrampfungen sich lösend, in einen von innen gesteuerten Rhythmus und in harmonische Gebärden hineinfanden.

Während des Malens kann das Kind wahrnehmen, daß es sich selbst in der Mitte des entstehenden Werkes befindet und erleben, daß die von ihm geschaffenen symmetrischen Formen und Muster, sich auf einen Mittelpunkt beziehen und Teile eines Formganzen bilden. Die Gesetzmäßigkeiten der Symmetrie und ihre Wirkungen erfährt das Kind nicht nur über die Sinne, sondern auch unmittelbar über den Körper.

Renate Schmidt: Die Wiederentdeckung der schöpferischen Kraft im Kind, in: Festschrift der Schule des Zentralverbandes katholischer Kindergärten und Horte Deutschlands 1946-1986, S.50, Köln 1986
Die Arbeiten der Kinder sind entstanden im Kinderhort „Christi Geburt", Köln, Fotos: Joseph Kutscheidt

Das Bewegungsspiel mit der Schwingfackel

Text und Zeichnung von Hugo Kükelhaus

- Beutel mit einer Handvoll Sand
- Bänder von farbigem Kreppapier
- Schleuderschnur beliebig lang
- Erfahrungen:

  a) Wechsel der Körperempfindung im Zusammenhang mit der Schwingform./ b) Lenkung der Aufmerksamkeit auf die Empfindung./ c) Empfindungsänderung durch Rechts- oder Linksausführung./ d) Empfindungsänderung im Zusammenhang mit der Körperhaltung (stehend – sitzend – gehend – liegend, frontal oder rückwärtig ...)./ e) Spiel in der Gruppe oder allein./ f) Erfahrung der Wirktiefe behutsamer Bewegungen./ g) Hören des Rauschens der Bänderfackel.

Die Wiedergabe der Zeichnung und des Begleittextes erfolgte mit freundlicher Genehmigung des schweizerischen Arbeitskreises ORGANISMUS UND TECHNIK, Arbeitskreis für eine organgesetzliche Lebensgestaltung, Eintrachtstraße 17, CH – 8820 Wädenswill

Reifenübungen mit Gymnastikreifen

- den Reifen rollen und austrudeln lassen
- den Reifen rollen lassen, ihn überholen und auffangen
- den Reifen mit der flachen Hand vorwärts treiben, später mit einem kleinen Stock
- den Reifen um kleinere Hindernisse herumtreiben
- einen größeren Reifen rollen lassen und versuchen, seitlich durchzuschlüpfen
- den Reifen wie einen Kreisel auf der Stelle drehen
- den Reifen auf den Boden legen, hineinhüpfen und zurückhüpfen: mit beiden Beinen, auf dem rechten, auf dem linken Bein
- mehrere Reifen in Hufeisenfom aneinanderlegen, locker durch alle Reifen laufen, durch alle Reifen hüpfen (aufgepaßt, nicht auf die Reifen treten!)
- ein Kind läßt einen Reifen rollen, ein anderes läuft nebenher und versucht, Bälle durch den rollenden Reifen zu werfen

Reifen-Rennen zu zweit, zu dritt ...

- wessen Reifen rollt von einer Startlinie aus am weitesten?
- mit der Hand den Reifen um ein Mal und zurück zur Startlinie treiben

Ringe werfen und fangen mit Tennisringen

- fünf- oder sechsjährige Kinder stehen sich paarweise einander gegenüber und werfen sich einen Ring zu
- wenn eine gewisse Wurfsicherheit erreicht ist, stellen sich die Kinder in einen Kreis und werfen die Ringe von Spieler zu Spieler weiter
- die Kinder stellen sich in zwei Reihen auf, und die Ringe wandern zwischen zwei Partnern hin und her oder wandern im Zickzackkurs durch die Reihen

Wurfspiel

Wenn Wurfringe nicht vorhanden sind, lassen sich Ringe von etwa 15 cm Durchmesser selbst anfertigen aus Weidenzweigen (oder anderen biegsamen Zweigen) oder aus Peddigrohr. Jedes Kind kann seine Ringe durch bunte Bänder besonders kenntlich machen. Draußen wird ein etwa 50 cm langer Stab in den Boden gesteckt. Die Wurfentfernung wird durch eine Linie markiert. Dann gilt es, möglichst viele Ringe über den Stab zu werfen.

Denise fährt immer toller auf ihrem schnellen, gelben ...
(Roller) ____

Auf acht Rädern geschwind
saust Pit wie der Wind.
(auf Rollschuhen) ____

Sascha sitzt und strampelt und
fährt auf drei Rädern.
(auf dem Dreirad) ____

Mutti auf dem Sattel,
Steffi auf dem Kindersitz,
so geht es zum Kindergarten.
(mit dem Fahrrad) ____

In welchem Wagen werden Puppen gefahren?
(im Puppenwagen) ____

In welchem Wagen werden Babys spazieren gefahren?
(im Kinderwagen) ____

Welche Fahrzeuge haben Kufen,
aber keine Räder?
(die Schlitten) ____

Schuhe, auf denen man fahren kann, heißen ...
(Rollschuhe) ____

Wie viele Räder haben ein Paar Rollschuhe?
(acht) ____

Welche Karre hat nur ein Rad?
(die Schubkarre) ____

Es hat einen Motor und fährt auf vier Rädern.
(das Auto) ____

Wie viele Räder hat das Auto?
(sechs – vier Räder, ein Lenkrad und ein Ersatzrad) ____

Welches Fahrzeug fährt mit zwei großen und mit zwei kleineren Rädern über das Feld?
(der Traktor) ____

Welche Fahrzeuge haben Räder und
können fliegen?
(Flugzeuge) ____

Mit lautem Tatü-tatü kommt es vorbeigesaust,
das rote ...
(Feuerwehrauto) ____

Sie fahren über Meere und Seen, und
kein Rad ist zu sehen.
(die Schiffe) ____

Er fährt auf Rädern ganz aus Eisen, ohne Reifen.
(der Zug) ____

Welcher Zug fährt auf und ab?
(der Aufzug) ____

Die Eisenbahn, die rattert, und der Motor, der ...
(knattert) ____

Welche Räder haben Zähne und beißen nicht?
(Zahnräder) ____

Außen drehen sich zwei Zeiger und
innen viele Zahnräder.
(bei der Uhr) ____

Welche Uhr hat keine Räder?
(Sanduhr, Sonnenuhr) ____

Sie schlägt hoch oben im Turm und hat viele Räder.
(die Turmuhr) ____

Ein Rad, das vom Wind angetrieben wird,
nennt man ...
(Windrad) ____

Ein Rad, das vom Wasser angetrieben wird,
nennt man ...
(Wasserrad) ____

Es dreht sich auf dem Kirmesplatz,
den Kindern macht es großen Spaß.
(das Karussell) ____

Auf dem Kirmes- (Fest-)platz fahren viele Menschen auf einem Rad hoch durch die Luft.
(auf dem Riesenrad) ____

Kinder, die sich seitwärts überschlagen und mit Armen und Beinen Speichen bilden, nennt man ...
(Radschläger) ____

Welcher Vogel kann mit seinem bunten Schwanz ein Rad schlagen?
(der Pfau) ____

Daumen, Zeigefinger, Mittelfinger, kleiner Finger; welcher fehlt noch?
(der Ringfinger) ____

Viele Ringe bilden eine ...
(Kette) ______

Wenn du Geburtstag hast, werden Kerzen aufgesteckt im ...
(Geburtstagskranz) ______

Vor Weihnachten wird ein Kranz mit vier Kerzen geschmückt!
(der Adventskranz) ______

Kennst du das Lied von der Rutsch-Kutsch?
(Ri-ra-rutsch) ______

Es klappert die ... am rauschenden Bach.
(Mühle) ______

In welchem Märchen sitzt ein Mädchen am Spinnrad und spinnt Stroh zu Gold?
(Rumpelstilzchen) ______

In welchem Märchen wird ein verzauberter Königssohn von einer Königstochter erlöst? Auf der Heimfahrt mit der Kutsche sagt der Königssohn zu seinem Diener: „Heinrich, der Wagen bricht."
(Froschkönig oder Der eiserne Heinrich) ______

In welchem Märchen heißt es: „Es nahm nichts mit sich als ein Ringlein von seinen Eltern zum Andenken, ein Laib Brot für den Hunger, ein Krüglein Wasser für den Durst und ein Stühlchen für die Müdigkeit."
(Die sieben Raben) ______

In welchem Märchen erkennt die jüngste Tochter ihren Verlobten wieder, da ihre Ringhälften vollkommen zusammenpassen?
(Der Bärenhäuter) ______

So war sein Weg denn im Kreise gegangen, oder in einer Ellipse oder Spirale, oder wie immer, nur nicht geradeaus, denn das Geradlinige gehört offenbar nur der Geometrie, nicht der Natur und dem Leben an.

Hermann Hesse: Das Glasperlenspiel, S.417, Suhrkamp Taschenbuch 79

Literatur für Kinder

m2 Überall drehen sich Räder
Rund ums Rad: Ali Mitgutsch, Ravensburger

m3 Auf Rädern fahren lernen
Ich habe ein Dreirad: Kristina Steffens/Gerlinde Wiencirz, Ravensburger
Na klar, Lotta kann radfahren: Astrid Lindgren/Ilon Wikland, Oetinger

m4 Räder, die uns fortbewegen
Wir machen eine Fahrradtour: Ina und Walter Etschmann, Patmos
Wir fahren hinaus: Eva Scherbarth, Ravensburger
Das Auto Ferdinand: Janosch, Parabel
Onkel Tobi: Hans Georg Lenzen/Sigrid Hanck, Bertelsmann
Piro und die Dampflock: Kurt Baumann/Jiri Bernard, Nord-Süd
Henriette Bimmelbahn, Auto, Flugzeug, Bus und Kahn: James Krüss/Petra Wiegandt, Boje
Drei kleine Freunde: Der Rennwagen: Helme Heine, Middelhauve
Wo ist Wendelin? Wilfried Blecher, Beltz & Gelberg
Regula radelt rum: Michael Keller/Rudolf Herfurter, Sauerländer
Leselöwen Autogeschichten: Irina Korschunow, Loewes

m6 Räderwerke
Warum macht Herr Kringel nicht mit? Ali Mitgutsch, Ravensburger
Die Geschichte von der Dreh-Hops-Wipp-Tute-Maschine: Ursula Wölfel
in: Siebenundzwanzig Suppengeschichten, Hoch

m7 Räder, die Vergnügen bringen
Und wer fährt vorn? Hans Baumann/Antoni Boratynski, Thienemann
Herr Wuzzel und sein Karussell: Janosch, Parabel
Das Karussell von Cesenatico: Gianni Rodari
in: Gutenachtgeschichten am Telefon, Thienemann

m8 Meine Füße sind der Rollstuhl
Meine Füße sind der Rollstuhl: Annegret Ritter/Franz-Joseph Huainigg, Ellermann

m9 Nicht nur Räder sind rund
Das Rad der Zeit: Antoni Boratynski, Sellier
Sie bauten eine Kathedrale: David Macaulay, Artemis
Kathedrale – großformatige Innen- und Außenansicht
In: Herders buntes Bilderlexikon

Kein Mensch braucht so genau und sauber zu arbeiten wie eine Maschine. Kleine Ungenauigkeiten machen meist die Arbeit schön. Haltet euch also nicht zu lange wegen Kleinigkeiten auf, sonst vergeßt ihr am Ende gar, was ihr eigentlich wolltet. Alle Kinder würden gerne weben, bloß haben viele nicht die Möglichkeit dazu. Schade, denn bei einer solchen Arbeit wächst der Spaß und die Freude. Und aus der Freude kommen neue Ideen.

Hilda Sandtner: Kinder weben, S.31, Brunnen-Reihe Nr. 146, Christophorus-Verlag, Freiburg 1979

Erfahrungsfeld der Kinder

Viele Waren unseres täglichen Lebens sind aus Fäden gewebt, ohne daß wir uns dessen bewußt werden. Sie werden heute meist mit Hilfe der Technik hergestellt und gefertigt, aus natürlichen oder auch aus künstlichen Materialien.

In der Natur gibt es eine Vielfalt von Netzen und Geweben, die die Tiere bilden. Die Zartheit und Schönheit eines Spinnennetzes läßt die Kinder erstaunen.

Textile Materialien haben für Kinder einen starken Aufforderungscharakter. Kleinkinder besitzen eine ursprüngliche Beziehung zum Weichen, Kuscheligen, zur Wolle, die sie wärmt und schützt. Manches kleine Kind hat ein Schmusetuch, das es beim Einschlafen festhält. Die Kinder haben ihre – manchmal schon verschlissenen – Lieblingskleidungsstücke, die sie neuen Kleidungsstücken vorziehen.

Wenn im Kindergarten entsprechende Materialien zur Verfügung stehen, läßt sich bei vielen Kinder eine Vorliebe für den Umgang mit Gewebtem feststellen. Sie mögen die Beschäftigung mit Stoffrestchen, Bändern, Kordeln und Garnen. Gerne vergleichen sie Stoffe, ordnen sie oder lassen sie auch nur durch die Finger gleiten. „Über einem vertieften Suchen, Kramen und Überlegen, Anfangen und wieder Weglegen und weiterem Suchen vergeht nicht selten eine ganze Spielzeit ... So können noch sechsjährige Mädchen lange Zeit damit verbringen, in Stoffrestchen zu stöbern. Sie wenden alles hin und her, streichen mit den Fingerspitzen über Samt und Wolle, entfalten Spitzen und Rüschen, spannen Bändchen in ihrer Länge aus und drehen Schnüre zwischen Daumen und Zeigefinger sinnend hin und her." [1)]

Die Kinder wissen in der Regel kaum etwas über die Herkunft von Rohstoffen, aus denen ihre Kleidung gefertigt ist, so z.B. über den Weg von der Schafwolle zum Wollschal.
Sie erleben immer aufs Neue die Verwandlung von Fäden: Zwei Fäden lassen sich zu einem zusammenknoten, zwei Fadenenden lassen sich zu einer Schleife binden, drei Fäden lassen sich zu einem Zopf flechten, aus einem Wollknäuel entsteht durch Häkeln oder Stricken ein Pullover, Kett- und Schußfäden fügen sich beim Weben zu einem Stück Stoff zusammen.

Kindergartenkinder lassen sich gern in die Kunst des Webens einführen. Steht ihnen genügend Material zur Verfügung und bekommen sie kleine Hilfestellungen, sind Mädchen und Jungen begeistert, wenn sie aus Fäden etwas weben dürfen. Wird unterschiedliches Material angeboten, zeigt jedes Kind seine Vorlieben für Farben und Qualitäten und findet beim Weben bestimmte Reihenfolgen.
Beim Weben machen die Kinder die Grunderfahrung, daß hier eine Tätigkeit nicht so schnell von der Hand geht, vielmehr über eine längere Zeit durchgehalten werden will, daß Ausdauer und Anstrengung gefordert werden, wenn ein bestimmtes Werkstück fertig werden soll. Dabei zeigen sich in einer Kindergruppe deutlich die jedem Kind eigene Belastbarkeit und sein Durchhaltevermögen. Am Anfang stehen erste ungeschickte Webversuche. Ermutigung erfahren die Kinder durch das Ausprobieren-Dürfen und durch die Form des freien Gestaltens.

In vielen Märchen und Geschichten hören die Kinder vom Spinnen und Weben. In der Umgangssprache, in Sprichwörtern und biblischen Redeweisen kommen die Begriffe „Weben" und „Fäden" vor. Spinnrad und Webstuhl gehörten in alten Zeiten zum täglichen Leben, in unserer Zeit scheidet diese Erfahrung für unsere Kinder in der Regel aus, da fast alle Webwaren in großen Fabriken gefertigt werden. Vereinzelt erleben Kinder strickende Mütter und Großmütter.

Gewebtes aus Längs- und Querfäden symbolisiert Verflochtensein, Verbundensein, Eingebundensein. Den Kindern im Kindergartenalter ist begriffliches Denken noch fremd, wird aber u.a. auch durch die Erfahrungen und Entdeckungen beim Weben und durch die Beschäftigung mit Gewebtem vorbereitet.

Der Advent ist für Kinder eine schöne Zeit der Erwartung. Für diese lange Zeit des Wartens brauchen Kinder einen Faden, der sie zum Weihnachtsfest hinführt.
Weihnachten ist für Kinder aber auch die Zeit der Wünsche und des Schenkens. Gerne arbeiten sie in dieser Zeit an kleinen Geschenken – aus Fäden gewebt.

1) Margarete Schmaus/M.Margarete Schörl: Experimentierendes Spielen mit Werkmaterial und Werkzeug, in: Schmaus/Schörl: Sozialpädagogische Arbeit im Kindergarten, S.190, Kösel Verlag, München 1978

Dimension des Themas

Aus Fäden gewebt ist unsere Kleidung – seit mehreren tausend Jahren. Vermutlich in der Steinzeit legten die Menschen die Fellkleider ab und begannen, Naturfasern zu verarbeiten: Schurwolle von den Schafen, Seide von den Seidenraupen, Baumwolle von Baumwollsträuchern und Leinen vom Flachs.
Aus der Flechtkunst muß sich die Webkunst entwickelt haben. Fäden wurden gesponnen mit Hilfe einer Spindel, die mit einem Wirtel als „Schwungrad" ausgestattet war. Aus einfachsten Webrahmen entwickelten sich Webstühle: Zwischen Vorder- und Hinterbaum, bzw. Ober- und Unterbaum, wurden parallel Kettfäden gespannt; eine wirksame Vorrichtung ermöglicht dem Weberschiffchen, zwischen den wechselnden „geraden" und „ungeraden" Kettfäden die Schußfäden durchzuziehen. Dieses Prinzip wurde im Laufe der Jahrhunderte technisch immer mehr verfeinert, bis hin zu den modernen vollautomatischen Webstühlen.
Groß war und ist erst recht heute die Nachfrage nach Textilien, kostengünstiges für die Vielen, Kostbares für die, die es sich leisten können.
Wechselvoll bis heute ist auch die Geschichte der Menschen, die die Rohstoffe ernten, Fäden spinnen, Stoffe weben und Textilien anfertigen. Erinnert sei an das Los der Negersklaven in der Baumwollernte, an die vielen Menschen in Europa, die durch Technisierung und Automatisierung ihren Arbeitsplatz und ihr Einkommen einbüßten, und an die vielen Menschen, Kinder nicht ausgenommen, die heute in den sogenannten Billiglohnländern für wenig Lohn harte Arbeit leisten.

Das Thema „Aus Fäden gewebt" kann den Kindern in idealer Weise Erlebnisse menschlicher Urtätigkeiten vermitteln: Suchen und Sammeln, Ertasten und Wählen, Knoten, Binden und Flechten, Spinnen, Wickeln, Färben und Weben. Was ihre Sinne aufnehmen, wird innerlich wahrgenommen, fördert die Erlebniskräfte und bereichert das Leben der Kinder. „Wenn die Fingerspitzen des Kindes glatte und rauhe Flächen unterscheiden oder verschiedene Stoffarten, so bekommt es buchstäblich ‚Fingerspitzengefühl', und ... sein Geist gewinnt die feine Unterscheidung von Qualitäten. ‚Der erste Schritt des Geistes ist die Unterscheidung.' (Maria Montessori)" [1] In der Handarbeit wird das Kind in seinen schöpferischen Fähigkeiten gefordert.

Durch den spielerischen Umgang mit Fäden und beim Experimentieren und Komponieren mit Stoffen und Fäden werden die Sinnestätigkeiten angeregt: das Sehen von Farben, Formen und Strukturen, das Tasten z.B. von Feinem und Grobem, das Hören z.B. von raschelndem Taft, das Riechen z.B. von frischer Schurwolle.

Beim Weben entwickeln die Kinder Handgeschicklichkeit, Ausdauer und Phantasie, sie machen Erfahrungen durch eigenes Tun, erwerben Kenntnisse und Fertigkeiten, und das alles um so mehr, je weniger ihre Phantasie und Spontaneität eingeengt werden, Vorlagen nicht bloß nachgeahmt werden.

Dann werden die Kinder auch mit anderen Augen die Kunst und Schönheit eines Spinnennetzes entdecken und vielleicht später, zu einer anderen Jahreszeit, andere Lehrmeister für das Weben in der Natur finden.

Anschauen und Befühlen kostbarer Stoffe, Webstücke und Gewänder lassen die Kinder für Schönes empfindsam werden.

Wo sich die seltene Gelegenheit bietet, Spinnrad und Handwebstuhl zu erleben, werden die Kinder staunend beobachten können.

Beim Vorgang des Selberwebens lassen sich faszinierende Entdeckungen machen, z.B. daß unterschiedliche Einzelfäden in der Verbindung miteinander eine schöne Fläche, ein Bildmuster ergeben und in ihrer Unterschiedlichkeit einen besonderen Reiz ausüben, daß Einzelfäden schwach sind, in der Verbindung miteinander aber stark und tragfähig, daß Kettfäden und Schußfäden zusammen ein Gewebe bilden, daß sich in einem Webstück das Prinzip der Ordnung zeigt.

So wird neben sachkundlichen, handwerklichen und künstlerischen Einübungen und Vermittlungen auch der Zeichencharakter des Webens deutlich. Auch unsere Worte sind wie Fäden, die uns im Miteinander verknüpfen. Worte schaffen Beziehungen. In unseren Beziehungen ruhen wir wie in einem Webstück.

Die in Märchen und Geschichten überlieferten Bilder vom Spinnen und Weben werden für die Kinder gefüllt und erhalten Leben. Ihre Phantasie wird angeregt „fliegende Teppiche" zu weben.

Die Vorbereitungen auf das Weihnachtsfest bekommen durch unser Thema eine besondere Ausrichtung.

1) Helene Helming: Hand und Geist, in: H.Helming, Montessori-Pädagogik, S.198, Herder Verlag, Freiburg 1958/1963

Modellziele

- sich bewußt werden, wo überall wir im Leben mit Fäden und Gewebtem zu tun haben
- im Anschauen und Begreifen textiler Stoffe Grunderfahrungen machen, Fingerspitzengefühl entwickeln, nuanciert wahrnehmen, eigenes ästhetisches Empfinden ausbilden
- mit Fäden und Geweben spielen, gestalterisch experimentieren und komponieren
- bestimmte Techniken erlernen: schneiden, wickeln, knoten, binden, flechten, stricken, häkeln
- das faszinierend einfache Prinzip des Webens entdecken und selber die Technik des Webens durchführen; beim Weben über einen längeren Zeitraum hin Ausdauer haben – das Weben geht ja nicht so schnell von der Hand
- in der Natur Spinnennetze entdecken, einer Spinne beim Weben ihres Netzes geduldig zuschauen, die Vielfalt und Schönheit der Netze sehen
- aufmerksam werden, daß die Baumwolle unter großen Mühen in heißen Ländern angebaut und geerntet wird
- aufmerksam werden, daß die Schurwolle uns von den Schafen geschenkt wird
- die Schurwolle mit den Sinnen erfahren, den Weg „Vom Schaf zum Mantel" nachvollziehen
- im „Weben" von Träumen und Gedanken und im Hören von Märchen die eigene Phantasie entwickeln
- über Fäden und Gewebe nachsinnen und Sinn- und Symbolerfahrungen machen: über Spiele, Geschichten und Lieder entdekken, daß wir Menschen im Miteinander von Beziehungen wie in einem Webstück eingebunden sind, daß uns Worte und Taten wie Fäden miteinander verknüpfen, diese Fäden aber auch reißen oder abgeschnitten werden können
- in das Thema vom Weben die Aussage der Botschaft von Weihnachten hineinnehmen
- in die eigenen kleinen Webstücke Gedanken einarbeiten und an Weihnachten eigene Arbeiten herschenken

Elternbrief

Liebe Eltern!

„Aus Fäden gewebt", mit diesem Thema beschäftigen wir uns in den nächsten Wochen im Kindergarten. Die Kinder spinnen, spannen, flechten und verweben Fäden. Zu Hause werden Sie dann beobachten können, wie Gewebtes für Ihr Kind bedeutsam wird.

Wir wollen die Webmaterialien Baumwolle und vor allem die Schurwolle näher kennenlernen und etwas über ihre Herkunft und Verarbeitung erfahren. Wir werden z.B. Baumwollsamen einsäen. Ob sie wohl keimen und wie unsere Malven im Blumentopf heranwachsen?

Wir werden ein Bilderbuch einsetzen, in dem sehr anschaulich der Weg von der Wolle der Schafe zum fertigen Kleidungsstück dargestellt wird. Das Bilderbuch wird uns anregen, aus Roh-Schurwolle selber Fäden zu spinnen.

Es gibt viele schöne Bilderbücher, Märchen und Geschichten, Lieder und Spiele, die auch unser Thema zum Inhalt haben, wir wollen sie kennenlernen.

Unser Rahmenthema paßt in die beschauliche vorweihnachtliche Zeit und führt uns auch in besonderer Weise hin zur Krippe.

Uns allen eine schöne Adventszeit!

Die Erzieherinnen Ihrer Kinder

P.S.: Wir möchten Sie um Materialspenden für unsere Arbeit bitten: Garnreste, Wollreste, Stoffreste, Kordeln, Geschenkbänder.

Unter der Lupe: Fäden und Gewebe

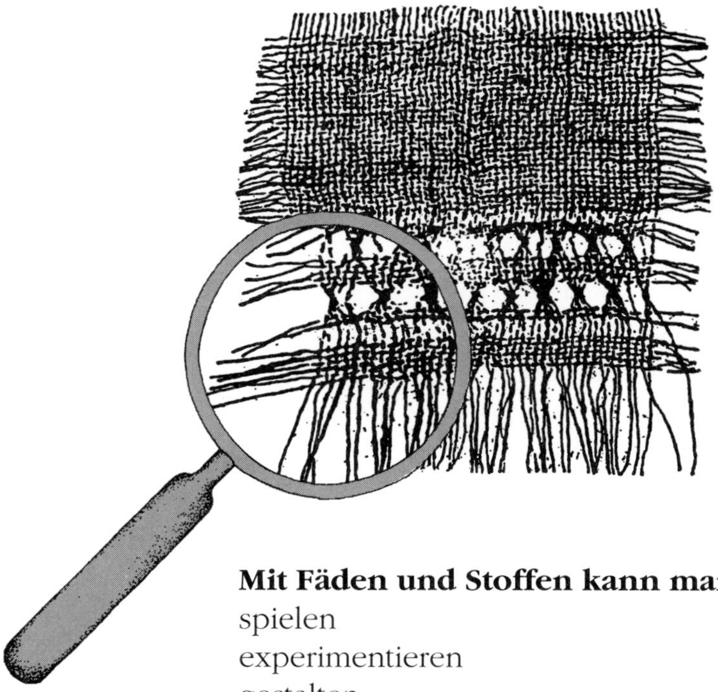

Fäden sind gesponnen
aus pflanzlichen Fasern
aus tierischen Fasern
aus mineralischen Fasern
aus chemischen Fasern

Stoffe sind aus Fäden gewebt

Miteinander verwobene Fäden
sind stark und können tragen

Verworrene Fäden
lassen sich entwirren

zerrissene Fäden
lassen sich zusammenknoten

Fäden und Stoffe kann man
sammeln
anschauen
bestaunen
durch die Finger gleiten lassen
vergleichen
ordnen
bearbeiten und
verarbeiten
mit den Händen und
mit Hilfsmitteln:
Nadeln
Scheren
Rahmen
Maschinen

Fäden lassen sich
färben
spannen
aufwickeln
schlingen
knoten und
verknoten
zwirnen
aufdrehen
einschneiden
durchschneiden
aufreißen
verzupfen
verweben

Stoffe lassen sich
zuschneiden
nähen
kleben
umnähen
umhäkeln
einfassen

reißen
knittern
fälteln
kräuseln
ausfransen
auflösen

färben
bemalen
bedrucken
besticken
applizieren

waschen
imprägnieren
spannen
bügeln
zusammenlegen

Mit Fäden und Stoffen kann man
spielen
experimentieren
gestalten

Mit Fäden kann man
nähen
stopfen
sticken und
stricken
häkeln
klöppeln
knüpfen
flechten
weben

Mit Fäden kann man auch
Formen legen
etwas abbinden
etwas verknoten
etwas umwickeln
etwas bespannen
etwas umschlingen
etwas befestigen

Aus Stoffen lassen sich
Fäden herausziehen und
andere wieder einziehen

Im lockeren Gewebe lassen sich
Fäden verschieben

Fadengruppen lassen sich
mit neuen Fäden umschlingen

Aus Fäden gedreht:
Garne, Zwirne
Schnüre
Kordeln
Stricke
Seile
Taue

Aus Fäden gewirkt oder gestrickt:
Mützen
Schals
Handschuhe
Strümpfe
Trikotwäsche
Pullover

Aus Fäden geknüpft:
Teppiche
Netze

Aus Fäden geklöppelt:
Spitzen

Aus Baumwollfäden geflochten:
Dochte von Kerzen und Öllampen

Aus Fäden gewebt:
Stoffe
Bänder und
Borten
Matten und
Teppiche
Decken
Aufnehmer
Tapeten
Wandbehänge
Fahnen
Mullbinden
Pflaster

Aus Stoffen genäht:
Vorhänge
Gardinen
Tischwäsche
Bettwäsche
Handtücher
Taschentücher
Schirme
Schulranzen
Säcke
Taschen
Rucksäcke
Zelte
Kleidungsstücke:
Hemden
Blusen
Hosen
Röcke
Kleider
Halstücher
Jacken und Mäntel
Kittel und Schürzen
Puppenkleider
Königsgewänder
liturgische Gewänder
das Taufkleid
das Hochzeitskleid

Wie Stoffe sein können:

haptische Eindrücke:
seidig
samtig
wollig
flauschig
flusig
rubbelig
zart
duftig
mollig
warm – kalt
kuschelig – kratzig
geschmeidig – steif
weich – hart
fein – grob
leicht – schwer
glatt – rauh
dicht – porös
dünn – dick

optische Eindrücke:
uni
bunt
gemustert
gestreift
kariert
geblümt
gepunktet
genoppt
hell – dunkel
farbenfroh – trist
durchscheinend – undurchsichtig
glänzend – matt
neu – alt
verwaschen
kostbar

Gewebtes

Text: Marina Palmen   Melodie: Hubertus Vorbolt

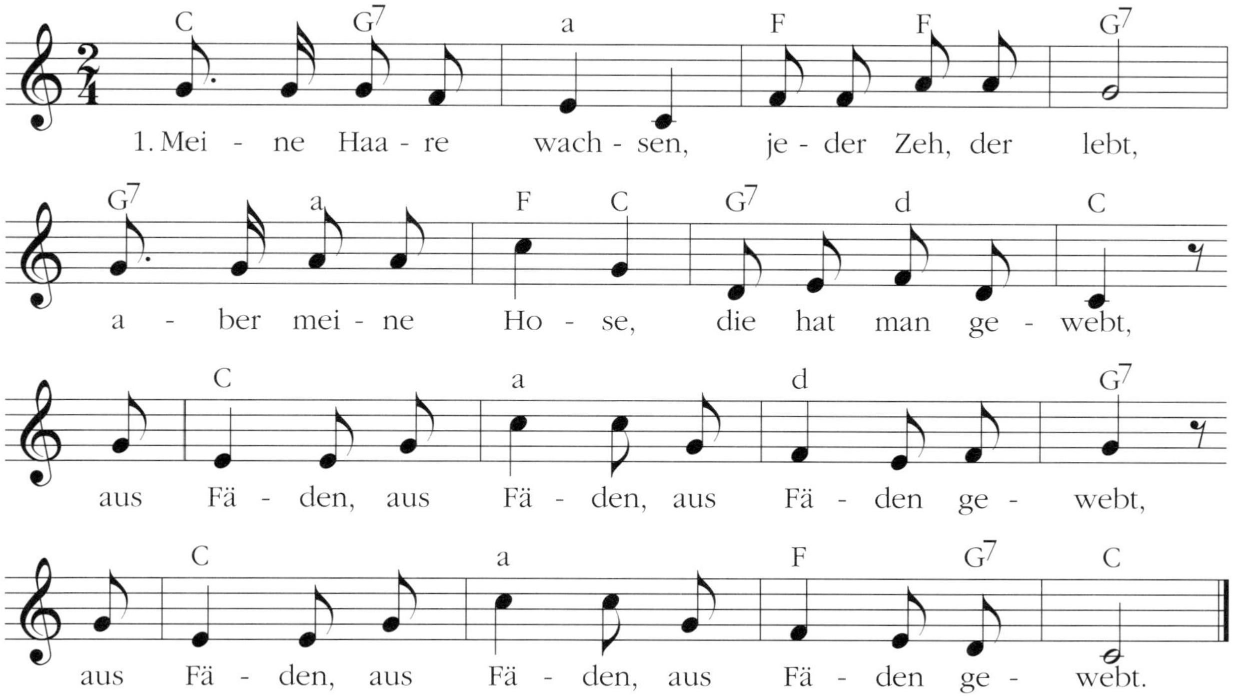

2. Meine Haare wachsen,
jeder Zeh, der lebt,
aber unsren Teppich,
den hat man gewebt,
/: aus Fäden, aus Fäden,
aus Fäden gewebt.:/

3. Meine Haare wachsen,
jeder Zeh, der lebt,
aber die Gardinen,
die hat man gewebt,
/: aus Fäden, aus Fäden,
aus Fäden gewebt.:/

Weitere Strophen können situativ ergänzt werden, z.B.: ... aber Kirmesfahnen, die .../... aber Zirkuszelte, die .../... aber einen Fallschirm, den .../... aber einen Schleier, den .../... aber Ärztekittel, die .../... aber Weihnachtsdecken, die .../

Spielanregung:
Verschiedene Textilien in einen Korb legen und in die Kreismitte stellen. Die Kinder dürfen die Textilien in die Hand nehmen und vergleichen: wie fühlen sie sich an; wie sehen sie aus?
Nacheinander bestimmte Teile hochzeigen und eine entsprechende Strophe dazu singen, z.B.:

aber dieses Deckchen, das
aber dieses Tischtuch, das
aber diese Schürze, die
aber dieses Taschentuch, das
aber diesen Beutel, den
aber dieses Staubtuch, das
aber diese Tasche, die
aber dieses Pflaster, das

aber dieses Puppenkleid, das
aber dieses Säckchen, das
aber dieses Kopftuch, das
aber diesen Schal, den
aber dieses Röckchen, das
aber diese Jacke, die
aber dieses Hemd, das
aber diese Wolldecke, die

Später genügen entsprechende Karten, vielleicht mit Bildern aus Textilkatalogen.
Für den Bändertanz (S. 207) könnte eine Strophe lauten: Meine Haare wachsen,/ jeder Finger lebt,/aber diese Bänder,/ die hat man gewebt, ...

Stoffe sortieren

Material:
Kästchen mit verschiedenen Stoffstückchen in gleicher Größe, je zwei derselben Stoffart:
Kattun, Nessel, Segeltuch, Damast, Frottee, Popeline, Cordsamt, Rips, Pikee, Kräuselkrepp, Batist, Mull, Stramin, Aida-Stoff, Leinen, Ramie, Rupfen, Jute, Bastgeflecht, Manteltuch, Tweed, Woll-Satin, Gabardine, Mousseline, Jersey, Filz, Flanell, Kammgarn, Mohair, Kaschmir, Kamelhaar, Samt, Seide, Brokat, Goldlamé, Taft, Crepe, Organza, Chiffon, Tüll, Chenille, Kunstseide, Perlon, Nylon, Gardinentüll ...

EP

Spielanregung:
- Das Kind schaut sich einzelne Stoffe an, streicht mit den Fingern darüber und probiert aus, wie sie sich anfühlen. Vielleicht hält es einzelne Stoffe gegen das Licht.
- Es paart die Stoffe.
- Es stellt Ordnungen her nach Verwendbarkeit, z.B.: Winterstoffe, Sommerstoffe, festliche Stoffe ... für das Bad, für den Tisch, für das Fenster ...
- Es stellt Ordnungen her nach Stoffarten:
  Baumwolle, Schurwolle, Seide ... und benennt sie.
- Es stellt Ordnungen her nach Tasteigenschaften:
  kuschelig – kratzig, dünn – dick, samtig ...
- Es stellt Ordnungen her nach Farben und Mustern ...

haptische Eindrücke:
seidig / samtig / wollig / flauschig / flusig / rubbelig / zart / duftig / mollig warm – kalt / kuschelig – kratzig / geschmeidig – steif / weich – hart / fein – grob / leicht – schwer / glatt – rauh / dicht – porös / dünn – dick

optische Eindrücke:
uni / bunt / gemustert / gestreift / kariert / geblümt / gepunktet / genoppt / hell – dunkel / farbenfroh – trist / durchscheinend – undurchsichtig / glänzend – matt / neu – alt / verwaschen / kostbar

Bänderspiel

Material:
Geschenkband, Litze, Spitzenband, Samtband, Taftband, Seidenband, Borte, Ripsband u.a., etwa 20 cm lang, jeweils paarweise, die Enden mit einem aufbügelbaren Band versehen, um ein Ausfransen zu vermeiden;
Aufbewahrungskasten in der Länge der Bänder.

gGg

Spielanregungen:
– Die Kinder sitzen oder stehen im Kreis, die Erzieherin mischt die Bänder, verteilt sie verdeckt an die Kinder. Dann dürfen die Kinder ihren Partner mit gleichem Band suchen.
Bei ungerader Teilnehmerzahl darf das Kind, das keinen Partner gefunden hat, die Bänder neu verteilen.

– Die Kinder sitzen im Kreis. Die Erzieherin gibt jedem Kind ein Band, die Gegenstücke behält sie in einem Korb. Sie nimmt ein Band aus dem Korb, das sie aber nicht zeigt, und fragt: Wer hat ein Band, das grün ist ... es ist aus dünnen Fäden gewebt ... es fühlt sich ganz glatt an ...

Erfahrungsberichte aus Kindergärten: Stoffdomino

Wir erhielten von einer Firma eine Stoffmusterkollektion. Einen Teil verwendeten wir im Kaufmannsladen zur Einrichtung eines Stoffgeschäftes. Dabei hatten die Kinder den Einfall, aus den gestreiften, getupften, geblümten oder karierten Stoffflecken ein Spiel herzustellen – ein Domino, ein Stoffdomino.
Das Spiel besteht aus 48 Kärtchen und wird nach der Dominoregel gespielt. Mit dem nächstfolgenden „Stein" muß das passende Muster angelegt werden.
Die Stoffleckchen wurden von den Kindern gebügelt, zugeschnitten und nach Farbe und Muster geordnet. Die Fleckchen wurden zusammengenäht und mit den Kindern auf vorgeschnittenen Karton geklebt.

Johanna Hofer

Wie wir zu einem Vorrat an Schmuckbändern kamen

... Im Laufe der Zeit bekamen wir eine beachtliche Geschenkpapiersammlung, die wir in einer großen Mappe aufbewahrten.
Gleichzeitig sammelten wir auch gebrauchte Verpackungsschnüre und Schmuckbänder: Das Abschneiden der ausgefransten Ränder, das Bügeln verknitterter Bänder, das Aufwickeln und Einräumen machten meiner Gruppe viel Spaß ...

Hermine Schmidshofer

aus:
Feiner/Niederle/Michelic, Kinder erleben ihre Umwelt
Österreichischer Bundesverlag, Wien 1980

Erfahrungsspiele mit Tüchern

Die Kiste mit alten Stoffresten und Tüchern ist eine beliebte Fundgrube für das Kind. Der Anregungscharakter, den diese Materialien in sich bergen, ist ungeheuer vielfältig:
Aus kleinen Stoffstücken werden Stoffbilder und Bildteppiche. Mit großen Decken werden Wohnungen und Zelte im Gruppenraum aufgeschlagen. Bunte Schals und Tücher regen zum Verkleiden und Theaterspielen an. Schleier und feinere Tücher stimulieren die Bewegung im Tanz. Dem gezielten Ausnützen der mannigfachen gestalterischen Möglichkeiten im spielerischen Umgang mit Tüchern sollten sensibilisierende Erfahrungen mit dem Objekt vorausgehen.
Das folgende Beispiel kann bereits mit Kindergartenkindern, aber auch mit größeren Kindern durchgeführt werden.

Möglicher Verlauf

In der Mitte des Raums liegt ein Tücherberg. Jedes Kind sucht sich ein Tuch aus, nimmt es in die Hand, schaut es an und beschreibt Form, Größe, Struktur, Farbe und andere Besonderheiten seines Tuchs.

Nun breitet jeder sein Tuch auf dem Fußboden aus. Die Kinder gehen im Raum herum, um alle ausgebreiteten Tücher genauer anschauen zu können. Vereinbart ist, daß die Kinder sich weder gegenseitig behindern (z.B. durch Anstoßen), noch auf eines der am Boden liegenden Tücher steigen.

Jedes Kind nimmt sein Tuch wieder in die Hand und ertastet mit offenen, dann auch mit geschlossenen Augen die Oberflächenbeschaffenheit des Tuches. Die erfühlten Eigenschaften werden benannt:
„Mein Schal ist weich." –
„Meiner fühlt sich ruppig an." ...

Die Kinder setzten sich mit einem Partner zusammen. Sie ertasten auch die Struktur des Tuches des Partners. Dann schließt ein Kind die Augen. Es bekommt nun von seinem Partner eines der beiden Tücher (entweder das eigene oder das des Partners) in die Hand und rät, welches Tuch es ist.
Hinweis: Der Pädagoge achtet darauf, daß die Kinder beim Ertasten Tücher mit möglichst unterschiedlicher Struktur (z.B. ein Tuch aus grobem Sackleinen und eines aus Seide) in die Hand bekommen.

Jedes Kind sagt seinem Partner, mit welchem Körperteil (z.B. Oberarm, Nacken, Wangen) es das Objekt durch Berührung wahrnehmen und erkennen will. Das Ertasten geschieht dann mit geschlossenen Augen.

Rosemarie Holzheuer
aus:
IFP (Hrsg.), Praxishilfen zur Musik- und Bewegungserziehung 2 Gestaltung
Verlag Ludwig Auer, Donauwörth 1980
In der Fortsetzung des oben abgedruckten Kapitels folgen zwei weitere empfehlenswerte Kapitel:
– Experimentieren mit dem Objekt, S.26 f.
– Tänzerische Bewegung zu eigener musikalischer Begleitung, S.27 ff.

Bändertanz

Marina Birn

Musik:
Jede zweiteilige Tanzmusik eignet sich vom Charakter her gut, z.B.: la munequita, von der LP „la vibora" Spiel- und Tanzlieder aus Mexico – FidulaFON 3066

Spielidee:
Alle Kinder werden bunte Bändertänzer bzw. -tänzerinnen. Dafür bekommen sie an alle zehn Finger farbige Stoffbänder gebunden (ca. 50 cm lang, 2 cm breit).
In Vorübungen können die Variationsmöglichkeiten der tanzenden Bänder zur Musik ausprobiert werden, sowohl am Platz als auch bei der Fortbewegung.

Tanz:

Aufstellung
Kreis
Blick zur Kreismitte

Schrittart
Gehschritte

Tanzform
Der Tanz gliedert sich in zwei Teile:
Teil A und Teil B, die sich beide fünfmal wiederholen.

Vorspiel
(Teil B) zum Einstimmen
Frontkreis, Blick zur Kreismitte

Teil A
Tanzende Bänder
Hier werden in einer festen Reihenfolge die Variationsmöglichkeiten der tanzenden Bänder am Platz gezeigt, z.B.:
A 1 – die Bänder oberhalb des Kopfes kreisen lassen
A 2 – die Bänder vor sich hin und her wiegen
A 3 – sich mit den Bändern am Platz drehen
A 4 – die Bänder vor sich hin und her schlängeln
A 5 – die Bänder vom Boden her in der Luft fliegen lassen und wieder zurück usw.

Teil B
Fliegende Bänder
Tanzen im Kreis, Tanzrichtung nach rechts, Hände durchgefaßt,
mit 8 langsamen Gehschritten, dabei die Bänder hin und her wiegen, nach innen, nach außen.

Wichtig dabei ist, das „Fliegen" der Bänder durch den Tanzwind zu spüren.

oder

Teil B
Kreis, Blick zur Kreismitte,
Hände durchgefaßt, nach unten hängend,
4 langsame Gehschritte zur Kreismitte,
rechter Fuß beginnt, dabei die Hände langsam hochheben und
4 langsame Gehschritte zur Kreismitte zurück, dabei die Hände wieder senken.

Hierbei ist das gemeinsame Heben und Senken der Bänder, das Verdichten und Wieder-Auflösen des durchgefaßten Kreises wichtig.

Natürlich kann man auch im Teil B beide Möglichkeiten variieren.
Das heißt:
B 1 – Gehen auf der Kreisbahn
B 2 – zur Kreismitte und zurück
B 3 – Gehen auf der Kreisbahn
B 4 – zur Kreismitte und zurück
B 5 – Gehen auf der Kreisbahn

Experimentieren mit lockerem Gewebe

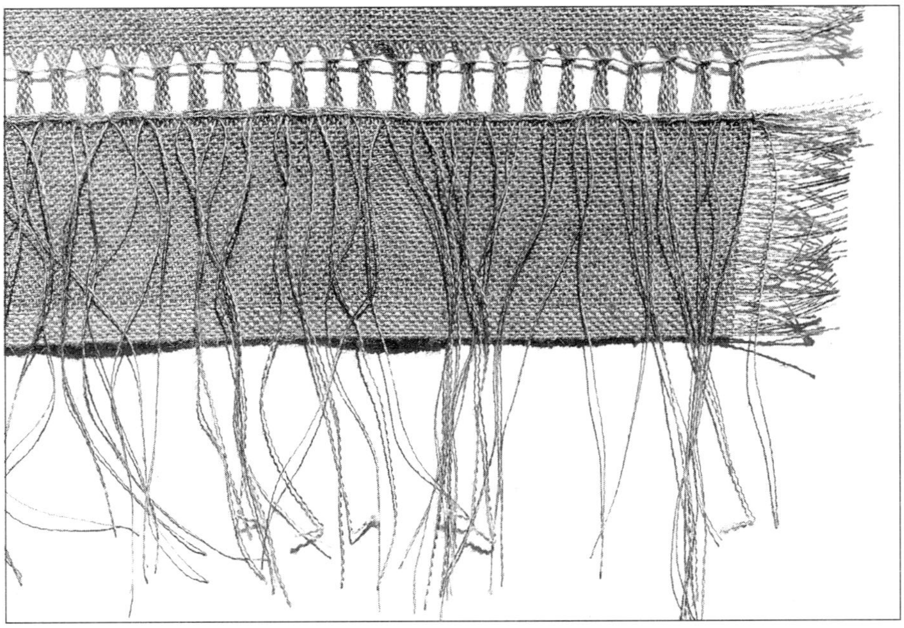

Mull, Rupfen, grobes Leinen, Aida-Stoff oder andere lockere Gewebe zuschneiden, etwa DIN-A 5-Format,

- rundum etwas ausfransen,
- aus dem Gewebe einzelne Fäden herausziehen,
- Fäden mit stumpfer Nadel oder Rundschere verschieben,
- Fadengruppen umschlingen, umknoten,
- neue Fäden einweben, einknoten.

Stoffreste-Bilder

- Unterschiedliche, möglichst dünne Stoffreste zurechtschneiden,
- in spielerischer Art zu Bildern legen,
- Stück für Stück die Rückseite mit Tapetenkleister einstreichen und auf Packpapier übertragen.

Stickbilder

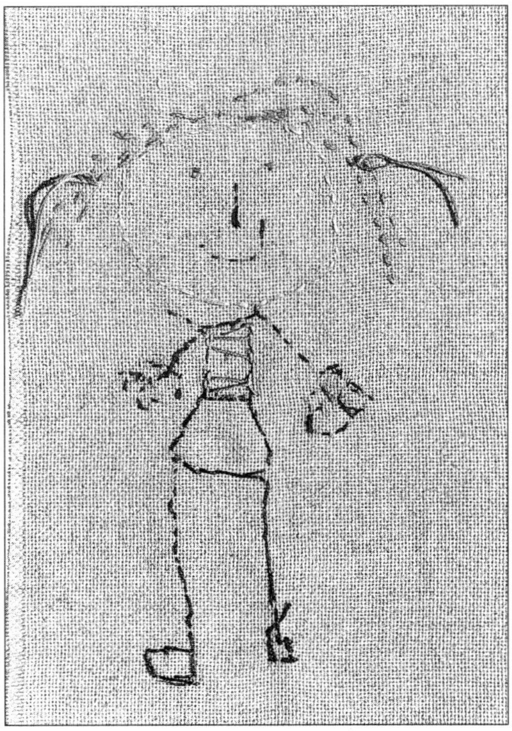

- Auf ein neutrales Gewebe eine Zeichnung bringen (Filzstift),
- mit einer Sticknadel und buntem Stickgarn die gezeichneten Linien nachsticken.

Der Faden

Es war einmal ein Faden,
der lag da wie ein Strich.

Der lag da und langweilte sich:
Was tu ich? Ich ringle mich!

Er ringelte sich zur Spirale.
Und dann mit einem Male

machte er aus sich draus
eine Schnecke mit ihrem Haus.

Gleich wurde was Neues gemacht:
Heidiwitzka, eine 8!

Bald drauf eine Dickedull,
eine kugelrunde Null.

Dann noch, mit viel Geschick,
ein Fisch, ein Meisterstück!

Was kann ich jetzt noch sein?
dachte der Fisch. Da fiel ihm was ein.

Ich schlängle mich als Schlange!
Wenn wer kommt, dann wird ihm bange!

Daß wer kommt -
drauf wartet er schon lange.

Josef Guggenmos
aus:
Was denkt die Maus am Donnerstag?
Verlag G.Bitter, Recklinghausen 1967

Spiele mit dem Seil

1. Was habe ich da?

- *Das Seil gleitet durch die Hände:*
  – wie fühlt es sich an?
  – wie schaut es aus?
  – wie riecht es?

2. Ich bin das Seil

- *Die Erzieherin bewegt ein Seilmännchen, (das Seil wird am Kopfende verknotet) die Kinder übernehmen seine Bewegungen:*
  – das Seilmännchen liegt lang am Boden,
  – hebt den Kopf, die Beine, den Bauch,
  – zuckt,
  – steht auf (langsam, abrupt),
  – macht einen Sprung,
  – macht einen Buckel,
  – verknotet sich,
  – schüttelt sich vor Lachen,
  – dreht den Kopf, nickt,
  – dreht sich herum und
  – verbeugt sich.

3. Seilschlangen

- *Jedes Kind zieht seine Schlange hinter sich her:*
  – ohne andere Schlangen zu berühren,
  – mit vielen Kurven,
  – in geraden Linien,
  – sehr schnell im Laufen.

- *Schlangenverstecken:*
  Die Erzieherin oder ein Kind gibt ein akustisches Zeichen.
  Daraufhin versteckt jedes Kind so schnell wie möglich seine Schlange irgendwo am Körper. Derjenige, der das Zeichen gegeben hat, sucht die Schlangen.

- *Schlangen treten:*
  Jedes Kind hält ein Seil locker zwischen zwei Fingern. Während die Kinder durch den Raum laufen, versuchen sie, sich gegenseitig auf das Seil zu treten.
  Gelingt dies, läßt der jeweilige Besitzer sein Seil fallen und widmet sich ganz dem Draufspringen.

- *Giftige Schlangen:*
  Die Kinder ziehen ihre giftigen Schlangen hinter sich her. Auf ein akustisches Zeichen hin werden die Schlangen bissig. Die Kinder lassen sie blitzschnell los und laufen z.B. an die Wand.
  Die Schlangen werden mit einem Spruch beruhigt wie:

  Schlange, Schlange, Schlange,
  wir sind ja gar nicht bange!

  Das Spiel fängt von vorne an.

4. Seilzaubereien

- *Jedes Kind hat ein Seil und probiert aus, welche Formen es damit zaubern kann. Zum Beispiel:*
  - Kreis, Viereck, Kurven, Linien, Punkte. Die Umrisse z.B. eines Kreises mit verschiedenen Körperteilen wie Ellbogen, Nase nachzeichnen.
  - Haus, Sonne, Pilz, Boot etc.

- *Zu zweit:*
  Die Erzieherin nennt drei einfache Formen, z.B. Kreis, Viereck, Schlange.
  Eines der beiden Kinder legt eine Form vor, das andere ertastet sie mit geschlossenen Augen und legt mit seinem Seil diese Form nach.
- *Mit der Gruppe:*
  Aus allen Seilen wird z.B. ein Riese, ein Haus, eine Sonnenblume oder ein Gruppenbild zu einem vereinbarten Thema, z.B. Dschungel, Zoo, Aquarium gelegt.
- *Das Gedicht „Der Faden" kann Kinder wie Erzieher dazu anregen, vielerlei Formen zu legen.*

5. Seilende

- *Zu zweit:*
  Ein Kind spielt das Pferdchen und hat ein Seil um den Bauch.
  Ein anderes Kind, der Kutscher, hält die beiden Seilenden fest, führt oder läßt sich führen.
- Jeweils zwei Kinder binden ihre beiden Innenfüße zusammen und gehen ganz vorsichtig in den Gruppenraum zurück.
- Alle Seile werden zusammengeknotet, und jedes Kind hält sich an einem Knoten fest. Die Spitze der Seilmannschaft führt in den Gruppenraum zurück.

Marina Birn
Carola Christ-Werner
Unter Mitwirkung der Kinder des ev. Kindergartens Hagenhausener Straße in Altdorf.

Gestaltungsanregung: Fadenbilder

Figuren legen mit Wollfäden unterschiedlicher Länge, Farbe und Stärke auf Flanelluntergrund, Nadelfilz-Teppichfliesen oder Rupfen.

Garnreste oder ausgezogene Fäden, z.B. von Schurwolle, Baumwolle, Jute, Sisal, Hanf, Bast, Bouretteseide in Tapetenkleister tauchen und spielerisch auf Packpapier oder Zeichenkarton aufbringen, umrißhaft und flächenhaft verteilen und zurechtrücken; die Fäden vielleicht vorher aufdrehen, verzupfen, knoten, schlingen oder aufrollen. So können gegenständliche Bilder oder auch abstrakte Formen und Muster entstehen.

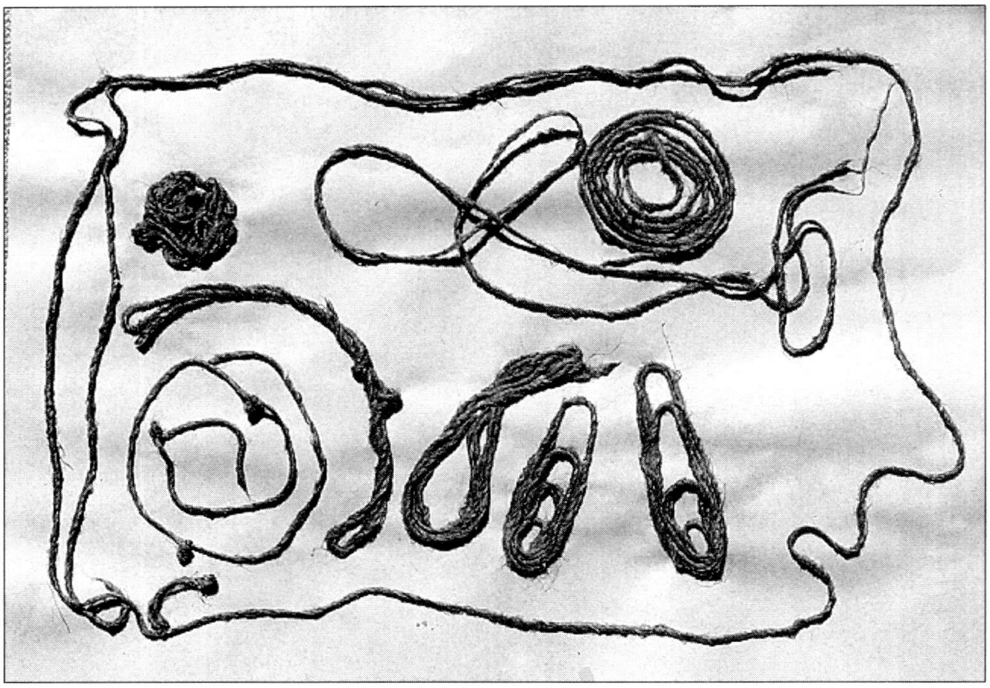

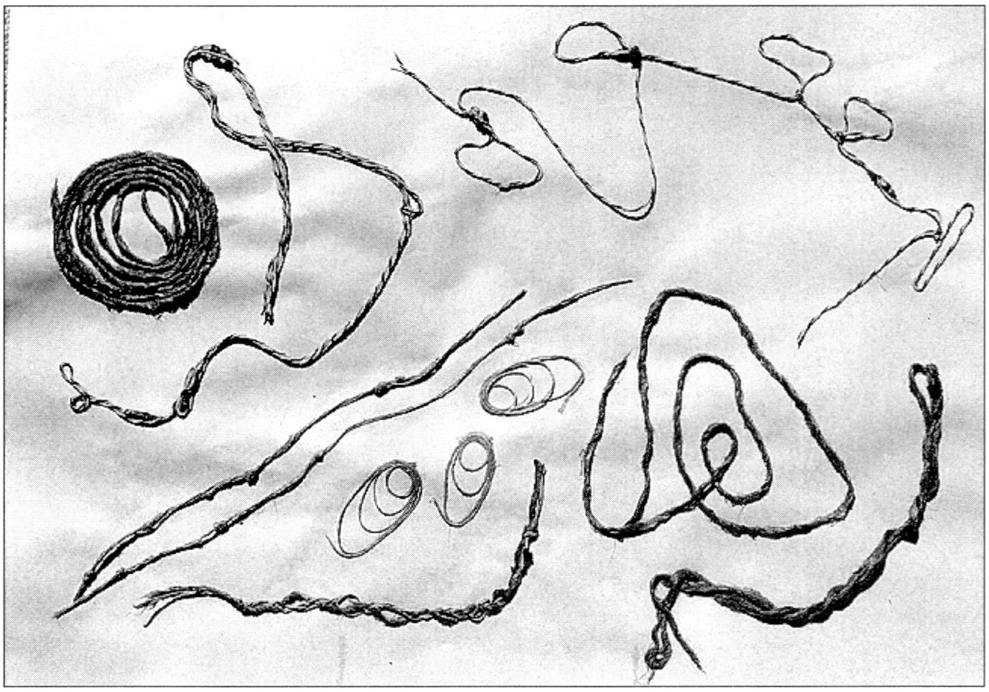

Erfahrungsbericht: Wandbehang aus Wollzöpfen

Da unser Gruppenraum ziemlich leere Wandflächen hatte und die Kinder Bilder, die ich anbrachte, wenig beachteten, versuchte ich, Arbeiten der Kinder als Wandschmuck anzubieten.
Wie entstand nun unser Wandbehang aus geflochtenen, bunten Wollzöpfen?
Die Flechtarbeit war das Endziel meines Vorhabens. Zur Motivation brachte ich den Kindern eine Bambusstange, auf der ich verschiedene Wollreste schön angeordnet hatte. Die bunten Wollfäden regten zu vielfältigen Spielformen an: die jüngsten Kinder zogen mit Ausdauer ihren Faden hinter sich am Boden durch den Raum, andere legten damit Muster, wickelten die Fäden um Gegenstände im Raum oder um ihre Finger, sie spielten damit einfache Fadenspiele.
Ein Brett mit eingeschlagenen Nägeln wurde als „Spannspiel" benützt: mit den Fäden wurden immer wieder neue Muster und Formen gespannt. Wir versuchten, auch die Wolle zu drehen; als sich jedoch die gedrehten Fäden stets wieder lösten, waren die Kinder unzufrieden und einige stellten fest: „Zopferl könnte man machen."
Das Flechten der Zöpfe bildete einen Schwerpunkt durch viele Tage hindurch. Die Farbe der Wolle für die Zöpfe wurde individuell gewählt. Als nun jedes Kind seinen Zopf fertig hatte, wurde dieser an der Bambusstange befestigt und – wie aus dem Foto ersichtlich – stellenweise zusammengebunden.
Diese Variante ergab noch ein lustiges Spiel, nämlich: Wer mit wem zusammengebunden werden wollte. So entstand der hübsche Wandschmuck, zu dem alle eine Beziehung haben.

Maria Hoidjar
aus:
UNSERE KINDER, Fachzeitschrift für Kindergarten- und Kleinkindpädagogik, Heft 5/85
Redaktion „Unsere Kinder", Kapuzinerstr. 84, A-4020 Linz

Schlaufenkordel

Mit einer Schlaufe beginnen und immer die nachfolgende durch die vorhergehende durchziehen.

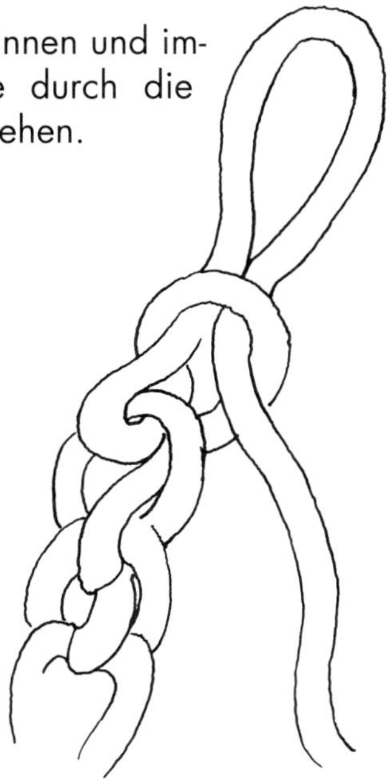

Stricklieselkordel

Mit der Strickliesel eine Kordel stricken.

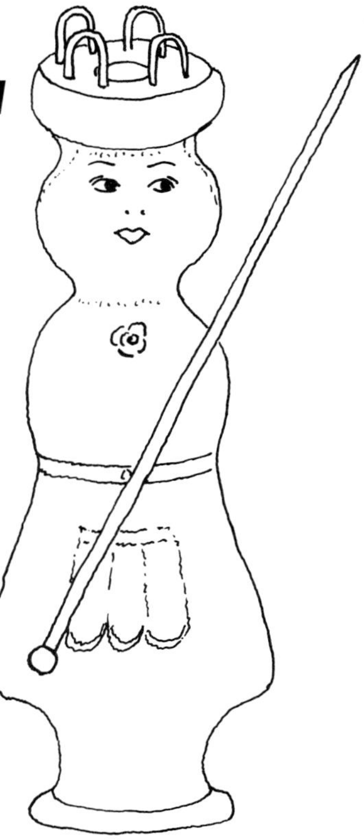

Bilderbuchbesprechung

Tina und ihr Papagei
Hilde Heyduck-Huth / Max Kruse
Neuer Finken-Verlag 1987

Inhalt/Charakteristik:

Da ist es also wieder auf dem Umweg über Japan zu uns gekommen – das von vielen Kindern heißgeliebte Bilderbuch vom strickenden kleinen Mädchen und seinem Papagei. Vor acht Jahren ritzte es seine Markierungen – bestehend aus herrlichen Farbeindrücken und seelischer Befriedigung – in das Erinnerungsvermögen inzwischen großgewordener Kinder. Vermutlich gehört es zu den wenigen Büchern, an die sich viele auch einmal als Erwachsene noch erinnern werden, weil es Kindergemüter so rundherum zu beglücken vermag. Seinerzeit war es bei uns viel zu schnell total vergriffen. Inzwischen ist das ursprünglich kleine Pappbuch im Format (heute 26 x 26 cm) erheblich gewachsen. Das – in Verbindung mit einer sehr guten Papierqualität und bester buchbinderischen Verarbeitung – ist ihm gut bekommen! Die lichtdurchtränkten Farben der ganzseitigen, plakativ angelegten Bilder sind von strahlender Wärme. Ein Rätsel bleibt es, wie die Künstlerin, die nur mit Pinsel und Farbe arbeitet, ihren Figuren so viel Ausdruck verleihen konnte, der auch von Kleinkindern ohne Schwierigkeiten abzulesen ist. Da ist z.B. Tinas völlige Hingabe an ihre Strickerei, die Enttäuschung des Papageis, der sich ausgeschlossen fühlt, seine Eifersucht auf all die bunten Wollknäuel, die zu allem Überfluß auch noch farblich mit seinem Gefieder konkurrieren, seine ironische Haltung gegenüber all den anderen „Bestrickten", bis hin zu der erbärmlichen Hilflosigkeit des armen Kranken, der dann die Strickerei gar nicht mehr so überflüssig findet. Das vollkommene Kind-Papageienglück der letzten Seite erfüllt alle Wünsche – auch die der Bilderbuchbetrachter.
Dem noch unausgebildeten Bildverständnis der Kleinsten kommt die überschneidungsfreie Objektanordnung auf den Bildseiten entgegen.
Den farblich gerahmten, randlosen Bildern steht linksseitig in sehr großen Lettern der Text gegenüber. Das sind ganz einfache Bildkommentare, die nach den ersten Seiten auf Papageienart fast alle mit den Worten enden: „Laß doch die Strickerei", sagt der Papagei. Am Schluß hat er umgelernt. Da heißt es: „Hab Dank für die Strickerei", sagte der Papagei, und dann: „Ich helf dir bei der Strickerei!"

Aussage/Wirkung:

Die Geschichte verläuft, äußerlich betrachtet, ganz schlicht und geradlinig, erzählt aber daneben mehrschichtig von Dingen, die in der Kleinkindwelt besonderes Gewicht haben, z.B. von der sichtbaren Freude des Kindes am selbständigen Schaffen und der Bedeutung der Ergebnisse für es selbst. Erwachsene können daran sehen, daß im Un-Sinn für Kinder oft ein echter Sinn steckt. Tinas Mutter, von der wir nur die Füße zu Gesicht bekommen, hat es begriffen. Sie trägt die viel zu groß geratenen Hausschuhe und steckt die Spitzen einfach mit einer Sicherheitsnadel um. Der Papagei begreift es am Ende auch, weil er durch sein persönliches Erleben überzeugt wird. In Hund, Schornsteinfeger und Marktfrau muß man sich nur hineinversetzen, um den Wert der Geschenke zu erfassen. Das gelingt leicht beim Anschauen ihrer Mimik. Aus ihr spricht die Wärme, die Kindern so gut tut. Es gibt Dinge, die alle Kinder der Welt brauchen.

Methodische Hinweise:

Diese klaren Bilder sind auch auf größere Entfernung hin noch deutlich erkennbar. Deshalb ist das Buch auch in etwas zahlreicher besetzen Gruppen einsetzbar. Der große Druck erleichtert dem Interpreten dabei ein Überkopf-Lesen. Das Gekrächze des Papageis wird ohne Aufforderung von der ersten Wiederholung an von den Zuschauern wiedergegeben, die damit ganz in den Rezeptionsablauf einbezogen sind. Die Formulierung der letzten beiden Papagei-Äußerungen kann man ihnen anhand der Bilderbetrachtungen selbst überlassen. Bis dahin stecken sie sicher mit Haut und Haaren selbst in der Geschichte drin!
Farbvergleiche mit eigenen vorhandenen Wollresten oder mit den Farben der eigenen Bekleidung sind nicht nur wegen der Vertiefung von Farbkenntnissen samt Benennung und Nuancierung wichtig, sondern können auch die Lust an eigenen Wollarbeiten anregen.

Anne Oehm
Buchbesprechungsdienst, Deutsches Jugendschriftenwerk e.V., Fischtorplatz 23, 55116 Mainz

Ein Wollknäuel möchte sich verwandeln – dafür ist er ja da! Er rollt davon: Eine Katze spielt mit ihm – aber er möchte keine Maus sein. Ein Vogel zerzaust ihn – aber er möchte kein Vogelnest sein. Eine Kuh will ihn fressen – aber er möchte kein Gras sein. Ein Junge bindet ihn an den Drachen – aber er möchte keine Drachenschnur sein. Da kommt ein Mädchen und verwandelt ihn mit zwei Stricknadeln in einen Topflappen – das ist ihm recht, das gefällt ihm.
Trotz aller Einfachheit hat die Geschichte einen Spannungsbogen. Sie läßt den Vergleich aufkommen mit dem „Märchen vom dicken, fetten Pfannekuchen" und ist so recht geeignet für das Kindergartenkind: Sie ist anschaulich, das Nacheinander gibt eine gute Übersicht und prägt sich in seinen lebendigen, wiederholenden Redeszenen leicht ein. So läßt sich die Geschichte im Rollenspiel gut darstellen – und vielleicht auch einmal vorspielen, z.B. an einem Nachmittag für die Großeltern.

Das Wollknäuel

In einem Nähkorb lag ein runder roter Wollknäuel.
Der runde rote Wollknäuel langweilte sich.
„Ich möchte mich verwandeln", sagte er, aber niemand kümmerte sich um ihn.
Da machte er sich auf und rollte davon.

Im Garten begegnete er einer Katze.
„Ich möchte mich verwandeln", sagt er.
Da packte ihn die Katze mit ihren Krallen und spielte mit ihm.
„Ich bin keine Maus", rief der Wollknäuel und machte sich schnell davon.

Unter einem Baum begegnete er einem Vogel.
„Ich möchte mich verwandeln", sagte er.
Da packte ihn der Vogel mit seinem Schnabel und zerzauste ihn.
„Ich bin kein Vogelnest", rief der Wollknäuel und machte sich schnell davon.

Auf der Wiese begegnete er einer Kuh.
„Ich möchte mich verwandeln", sagte er.
Da griff ihn die Kuh mit ihrer Zunge und wollte ihn fressen.
„Ich bin kein Gras", rief der Wollknäuel und machte sich schnell davon.

Auf dem Spielplatz begegnete er einem Jungen.
„Ich möchte mich verwandeln", sagte er.
Da band ihn der Junge an seinen Drachen und rollte ihn auf.
„Ich bin keine Schnur", rief der Wollknäuel, riß sich los und machte sich schnell davon.

Da lag er nun und wußte nicht, was aus ihm werden sollte.
Zum Glück kam ein kleines Mädchen, und als es den runden roten Wollknäuel entdeckte, sagte es:
„Oh, dich kann ich brauchen!"
Es nahm ihn mit nach Hause, holte zwei Stricknadeln und – verwandelte ihn.

Am Weihnachtsabend lag er als schöner, roter, viereckiger Topflappen auf Tante Ernas Gabentisch.

Max Bollinger
aus:
Weißt du, warum wir lachen und weinen?
Verlag Ernst Kaufmann, Lahr 1977

EPG | Die beiden Scherenschnittseiten im Anhang kopieren und auseinanderschneiden. Die Einzelbilder als Collage aufkleben und durch einen roten Wollfaden verbinden, der in ein kleines, selbstgewebtes Stückchen Stoff mündet. So können die Kinder dem roten Faden folgen und leicht die Geschichte mit eigenen Worten nacherzählen.

Materialien, geeignet zum Weben und Flechten

handgesponnene Schurwolle/ Strickwolle aller Art/ Topflappenwolle/ Jute-, Sisal-, Hanfgarn/ Bast/ Stoffe aller Art, in Streifen geschnitten/ Trikotagen, in Streifen geschnitten/ Schnüre, Bänder, Kordeln/ Stickgarn/ Seidengarn/ Gold- und Silberfäden/ Stroh/ Binsen/ lange Gräser/ Schilfblätter/ Peddigrohr/ Hobelspäne/ Ramieband/ Furnierhölzer, in Streifen geschnitten/ Papiere aller Art, in Streifen geschnitten

Die textilen Materialien um Kartonstreifen aufwickeln oder zu Knäueln wickeln, nach Farben und Materialien einordnen. Naturmaterialien und Papierstreifen zuarbeiten und in geeignete Schachteln einordnen.

Webrahmen

Weben mit runden Rahmen

- mit üblichen (Wechsel-) Rundwebrahmen
- mit Käseschachteln, die rundum in ungerader Zahl für die Kettfäden eingekerbt werden
- mit zu Kreisen gebogenen und gebundenen Zweigen, bei denen die Kettfäden immer mehrmals um die Zweige gewickelt werden, wodurch ein Verrutschen verhindert wird
- mit Baumscheiben, in deren Ränder rundum Nägel eingeschlagen werden
- mit Fahrradrädern deren Speichen zu „Kettfäden" werden, oder mit Radfelgen, in die Kettfäden gespannt werden

Weben mit rechteckigen Rahmen

- mit üblichen (Wechsel-) Rechteckrahmen
- mit zugeschnittenen Kartonflächen, die an zwei sich gegenüberliegenden Seiten eingekerbt werden
- mit selbstgefertigten Holzrahmen aus dünnen kurzen oder dickeren längeren Holzleisten
- mit Schuhkartondeckeln, deren Schmalseiten eingeschnitten werden
- mit Astrahmen: vier Stöckchen werden zu einem Viereck gelegt und miteinander verbunden
- mit Brettchen, in deren oberen und unteren Rand Nägel eingeschlagen werden
- in Maschendraht, der rundum durch einen dickeren Draht fixiert wird

Bei den üblichen Wechselrahmen werden die fertigen Webarbeiten abgenommen, und die Rahmen stehen wieder zur Verfügung. Selbstgefertigte Rahmen gehören oft als Gestaltungselement zum Webstück.

Empfehlungen

- Beim Weben mit wenigen Kettfäden und kleinen Flächen beginnen, damit die Kinder sich anfangs nicht überfordert fühlen.
- Die Kinder möglichst selbständig experimentieren lassen, wenn es um Materialien, Farbe, Textur und Form geht.
- Vom Rahmen abgenommene Werkstücke verknüpfen, vernähen oder aufkleben.
- Fertige Arbeiten würdigen, auslegen, aufhängen, nach Hause mitnehmen, verschenken.

Meine beiden Hände mit zehn Fingern dran,
können Stoffe fühlen ...
können Bänder ordnen ...
können Fäden spinnen ...
können Fäden wickeln ...
können Zöpfe flechten ...
können Kordeln drehen ...
können Bilder weben ...
können Stoffe schneiden ...
können Kleider nähen ...
können Deckchen bügeln ...

Vgl. das Spiellied: Palmen/Edelkötter, ‚Meine beiden Hände mit zehn Fingern dran', in: Bausteine Kindergarten Sammelband 4
Das Spiellied mit unserem Rahmenthema entsprechenden Texten singen und spielen

Einfache Webtechniken in Leinenbindung

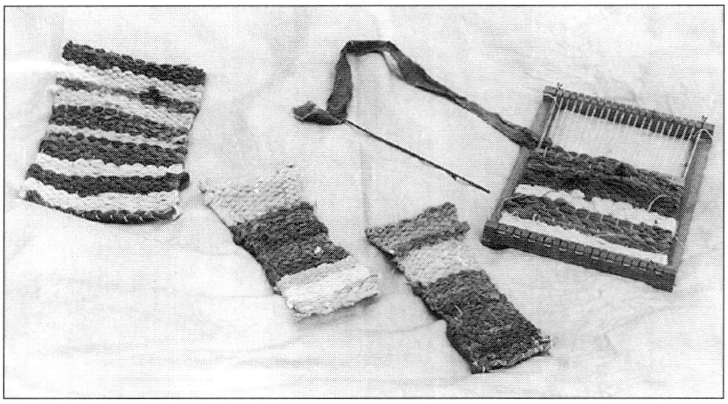

Flächen-Weben mit rechteckigen oder runden Rahmen:
Die Schußfäden werden flächendeckend durch die Kettfäden geführt.

Schlitz-Weben oder Kelimtechnik mit rechteckigen oder runden Rahmen:

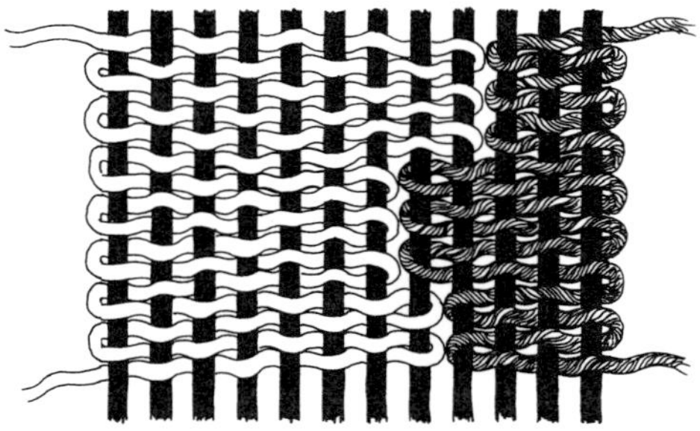

Die Schußfäden kehren an nebeneinanderliegenden Kettfäden um (Schlitzbildung).

oder:
Die Schußfäden von links und rechts kehren um denselben Kettfaden um (Flächenbildung durch Ineinanderhängen der Farbfäden).
Bei beiden Techniken können die Kettfäden auch teilweise frei liegen.

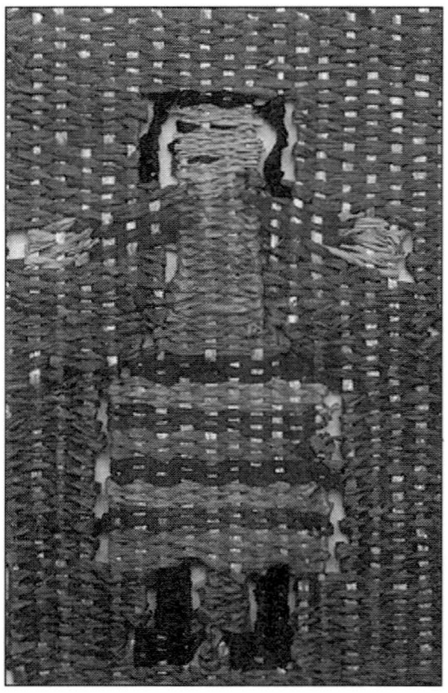

Foto: Christophorus-Verlag

Die Kelimtechnik ist gemeint, wenn in dem folgenden Erfahrungsbericht vom „Fehlerweben" die Rede ist:
Fehler werden zu Beginn des Webens ja häufig gemacht. Daß dadurch auch etwas Neues entstehen kann, zeigt folgende Erfahrung:
Ein Kind meiner Gruppe machte immer wieder den gleichen Fehler, es webte die Reihe nicht zu Ende, sondern drehte nach einigen Fäden wieder um. Diesen Fehler versuchten wir auszubessern, indem wir den ausgelassenen Teil von der anderen Seite zu weben begannen. Das so entstandene Muster gefiel uns so gut, daß einige Kinder versuchten, das „Fehlerweben" nachzumachen. Dabei entstanden viele sehr originelle Webarbeiten, die wir vor allem zu Wandteppichen ausfertigten.

Gabriele Gratz

aus: UNSERE KINDER, Fachzeitschrift für Kindergarten- und Kleinkindpädagogik, Heft 1/88, a.a.O.

Weben mit Baumscheiben, in deren Ränder rundum Nägel eingeschlagen wurden.

Wilma Wild
Kindergarten Nassenfels

Weben mit Astrahmen: Vier Stöckchen wurden zu einem Viereck gelegt und untereinander verbunden.

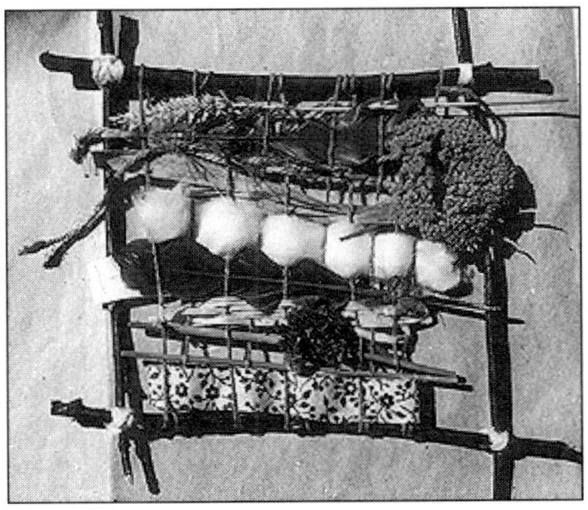

Hedwig Lenarduzzi
Kindergarten St. Peter, Düren

Weben mit zu Kreisen gebogenen und gebundenen Zweigen, bei denen die Fäden immer mehrmals um die Zweige gewickelt wurden, um ein Verrutschen zu verhindern.

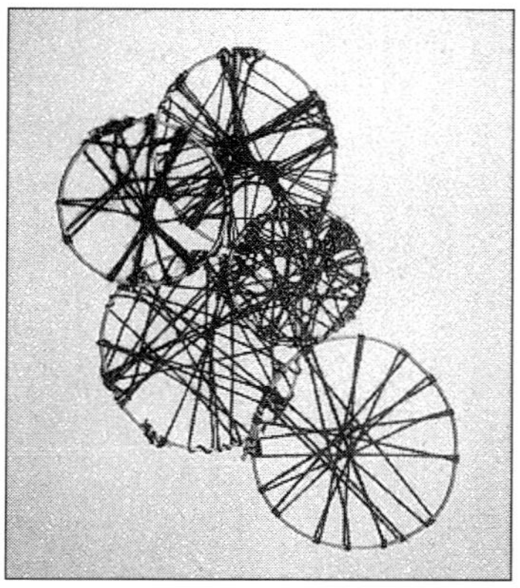

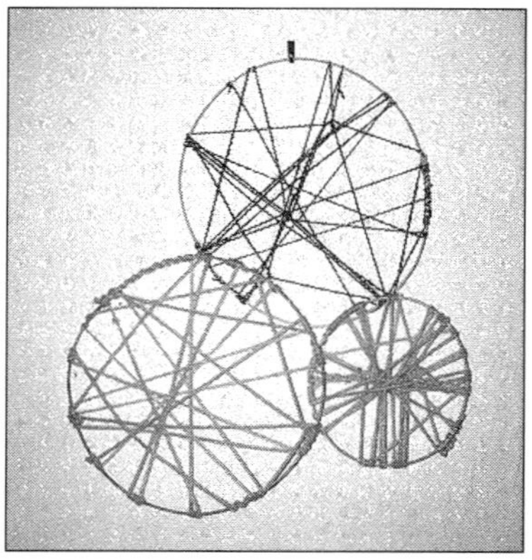

Susanne Dirschinger
Kindergarten Wellheim

Weben mit Rundwebrahmen: Ausgangspunkt war die Betrachtung einer Baumscheibe mit den schmalen und breiten Jahresringen sowie den Verwachsungen; das wurde dann noch kreativ ausgebaut: Die Kinder wurden angeregt, Fäden wegzulassen, ineinander zu weben, Perlen aufzufädeln und einzuweben.
Die Webarbeiten wurden als Gemeinschaftsarbeit von den älteren Kindern über einen längeren Zeitraum hin angefertigt.

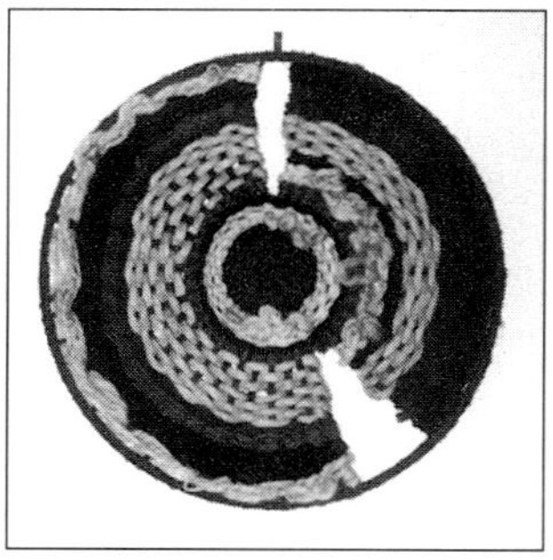

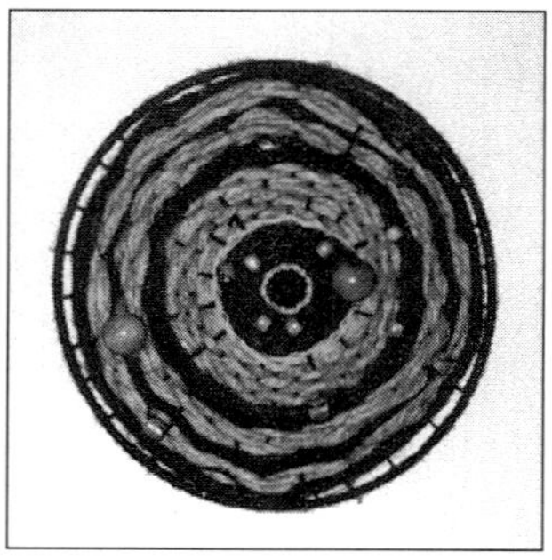

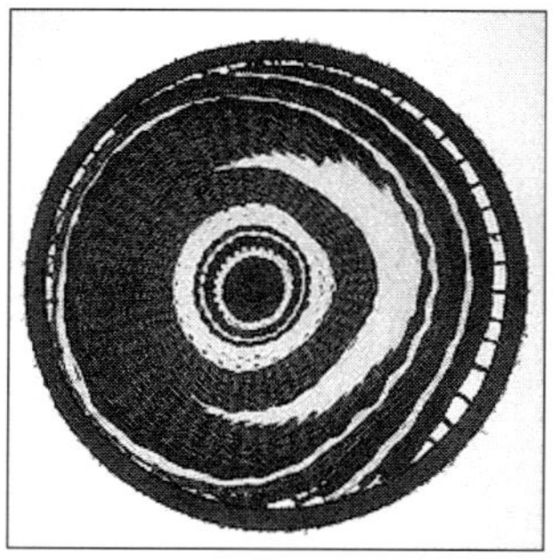

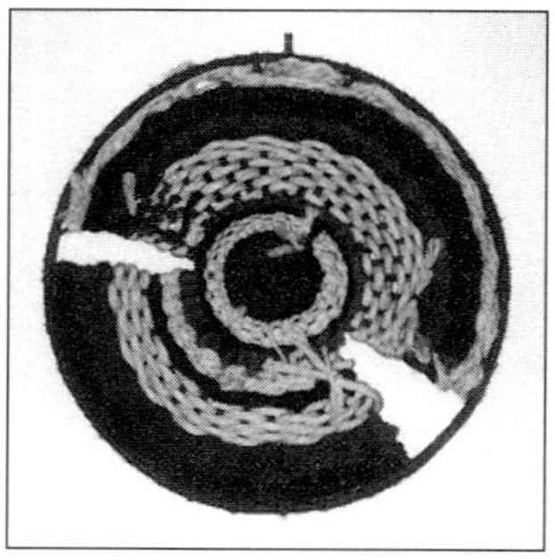

Susanne Dirschinger
Kindergarten Wellheim

Weben mit Maschendraht: In das Drahtgewebe wurden Stoffstreifen locker eingewebt. Der Maschendraht wurde vorher mit einer Drahtzange zugeschnitten und am oberen Rand und an den Seiten mit einem Draht verstärkt.
Als Webmaterialien eignen sich auch gut:
lange Gräser, Schilfblätter, Ramieband oder in Streifen geschnittenes (eingefärbtes) Packpapier.

Hedwig Lenarduzzi
Kindergarten St. Peter, Düren

Netz-Webereien mit Apfelsinennetzen: In das Netz ein Stück Karton einschieben und mit dicken bunten Wollfäden in die Maschen Bilder einweben oder auch knüpfen.

Foto aus: Ich mach was mit Wolle, O.Maier (Rechte bei Hannelore Schäl und Sabine Lohf)

Bilderbuchbesprechung

Der rote Faden
Heike Ellermann
Lappan Verlag 1992

Beim Versteckenspielen entdeckt Anna einen roten Faden, dem die Kinder wie einer „heißen Spur" folgen: einen kleinen Weg entlang, durch ein Wäldchen, durch ein Tor, einen Friedhofsweg entlang, um ein Grab herum, in dem eine Windmühle steckt. Die Kinder verweilen hier und entdecken frisch gegossene Blumen. Anna liest vor, was auf dem Grabstein steht: Ulla Neumann 1950 – 1959. Die Kinder machen sich ihre Gedanken zum Tod eines etwa gleichaltrigen Mädchens. Doch die rote Fadenspur geht weiter. Als sie um die Ecke biegen, sehen sie, daß der Faden aus dem Korb einer Frau kommt. Die Frau ist schnell eingeholt. Die Kinder übergeben ihr ein Wollknäuel, denn Anna hat den roten Faden von Anfang an aufgewickelt. Erstaunt schaut die Frau in ihren Korb, und die Kinder können ihr erzählen, wo überall sie gewesen ist. „Die Spur der Detektive" endet schließlich beim Schokoladeneisessen in der Küche von Frau Neumann. Beim Erzählen kommt die Rede auf Ulla, die verstorbene Tochter von Frau Neumann. Alte Fotos lassen viele kleine Erlebnisse lebendig werden.

Der rote Faden, dem die vier Kinder folgen, führt sie ein Stück in eine vergangene Zeit. Er bringt sie in Verbindung mit dem Tod eines gleichaltrigen Mädchens und in die Nähe seiner inzwischen alt gewordenen Mutter. Die Kinder können noch ganz selbstverständlich Tod und Alter in ihr Leben integrieren.
Die Bilderbuchgeschichte endet wieder ganz in der Spielwelt der Kinder: Vier wirbelnde Windräder wandern an der Hecke von Frau Neumanns Vorgarten entlang.

Der sagenhafte Ariadnefaden

Als Theseus auf Kreta gelandet und vor dem König Minos erschienen war, zog seine Schönheit und Heldenjugend die Augen der reizenden Königstochter Ariadne auf sich. Sie gestand ihm ihre Zuneigung in einer geheimen Unterredung und händigte ihm ein Knäuel Wolle aus, dessen Ende er am Eingang des Labyrinthes festknüpfen und das er während des Hinschreitens durch die verwirrenden Gänge in der Hand ablaufen lassen sollte, bis er an die Stelle gelangt sei, wo der Minotaurus seine gräßliche Wache hielt. Zugleich übergab sie ihm ein gefeites Schwert, mit dem er das Ungeheuer töten konnte.
Theseus ward mit allen seinen Gefährten von Minos in das Labyrinth geschickt, machte den Führer seiner Genossen, erlegte mit seiner Zauberwaffe den Minotaurus und wand sich mit allen, die bei ihm waren, durch Hilfe des abgespulten Garnes aus den Höhlengängen des Labyrinthes glücklich wieder heraus. Dann entfloh er samt allen seinen Gefährten mit Hilfe und in Begleitung Ariadnes, die der junge Held, beglückt durch den lieblichen Kampfpreis, den er unerwartet errungen hatte, mit sich führte.

aus:
Gustav Schwab, Sagen des klassischen Altertums (erschienen 1838)

Den Kindern die Geschichte vom Ariadnefaden frei erzählen; ihnen eine Vorstellung von einem Labyrinth vermitteln.

Bauplan für ein Labyrinth

Ariadne-Spiele

Ein Kind läßt Packband in der Hand ablaufen, verläßt den Gruppenraum und versteckt sich; ein anderes Kind darf am Faden entlang die Suche aufnehmen.

Ein kleiner Gegenstand wird an einen Zwirnsfaden gebunden und im Gruppenraum versteckt, der Zwirnsfaden wird auf vielen Umwegen durch den Raum verlegt. Ein Kind darf nun durch Aufwickeln des Zwirnsfadens das Versteck auffinden.

Spinnen weben Netze

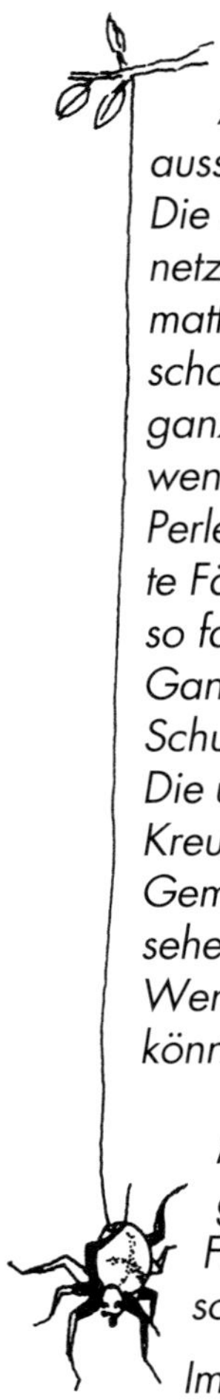

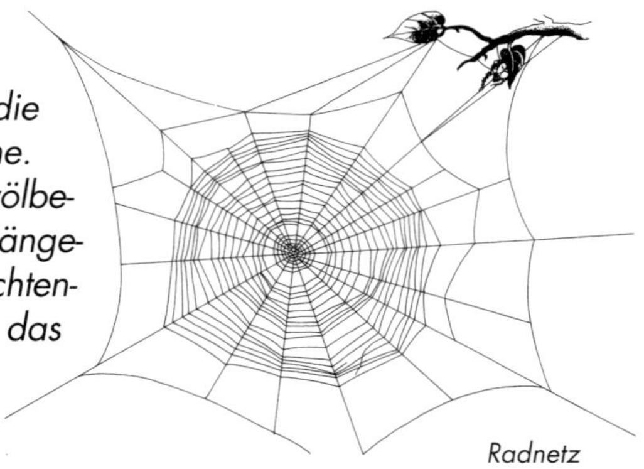

Radnetz

Wenn wir uns gezielt umsehen, werden wir überall Spinnweben entdecken können:

An alten Wänden hängen oft zahlreiche weiße Spinnweben, die aussehen wie kleine Spitzendeckchen. Sie gehören der Kellerspinne. Die häufigsten Spinnennetze, die wir finden können, sind die Gewölbenetze der Netz- oder Baldachinspinnen. Diese an umgedrehte Hängematten erinnernden Spinnennetze finden wir sehr häufig in Fichtenschonungen und in der Bodenvegetation. Man sieht diese Netze das ganze Jahr über, im Herbst fallen sie besonders zahlreich auf, wenn sich der Frühnebel als Tau niederschlägt und wie kleine Perlen an den Fäden hängt. Aus der Netzfläche ragen senkrechte Fäden wie ein Gerüst nach oben. Stoßen die kleinen Insekten nun zufällig gegen die lotrechten Fäden, so fallen sie in der Regel auf die Gespinstmatte hinunter und bleiben dort hängen – Beute für die Spinne. Ganz ähnlich funktionieren die Fangnetze der Hauswinkelspinnen, die ihre Netze in den Ecken von Schuppen und Speichern anlegen.

Die uns vertrautesten Netze sind wohl die radförmigen Netze der Radnetzspinnen, zu denen u.a. auch die Kreuzspinne gehört. Auch diese Netze finden wir das ganze Jahr über in Hecken und Sträuchern, in altem Gemäuer und an Wänden. Manchmal können wir die Spinne in der Mitte des Netzes auf Beute lauern sehen, meist jedoch versteckt sie sich in der Nähe und hält mit einem Signalfaden Kontakt zum Netz.

Wenn wir Glück haben, können wir einmal selbst beobachten, wie eine Spinne ihr Netz baut, oder wir können zusehen, wie sie nach einem starken Sturm ihr Netz repariert.

Mit Hilfe besonderer Spinndrüsen, die im Hinterleib liegen, können alle Spinnen Spinnfäden erzeugen, auch wenn nicht alle daraus Fangnetze bauen. Die Spinnfäden entstehen aus einer klebrigen Flüssigkeit, die von den Spinndrüsen abgesondert wird und sich an der Luft zu einem starken elastischen Faden verfestigt.

Im „Altweibersommer" – an sonnigen September- oder Oktobertagen – lassen sich junge Spinnen an langen Fäden weit durch die Luft tragen.

Das Weibchen der Kreuzspinne kann für die unterschiedlichen Ansprüche aus sieben Drüsentypen ebenso viele verschiedene Seiden herstellen. Ihr Fangfaden hat besondere Eigenschaften: er läßt sich straff spannen, ohne zu reißen, wenn ein Insekt dagegen fliegt, und er verkürzt sich schnell wieder, damit der Faden nicht lange durchhängt.

Wenn eine Randnetzspinne ein neues Netz baut, so beginnt sie mit einem Rahmen- oder Brückenfaden, an dem sie das Netz aufhängt. Nach Anlage des übrigen Rahmens und der Speichen legt sie dann in Form einer Spirale den Fangfaden an. Obwohl sie selbst nicht fliegen kann, lebt sie von fliegenden Insekten. Sie betäubt die Beute mit Gift, spinnt sie ein und saugt sie aus.

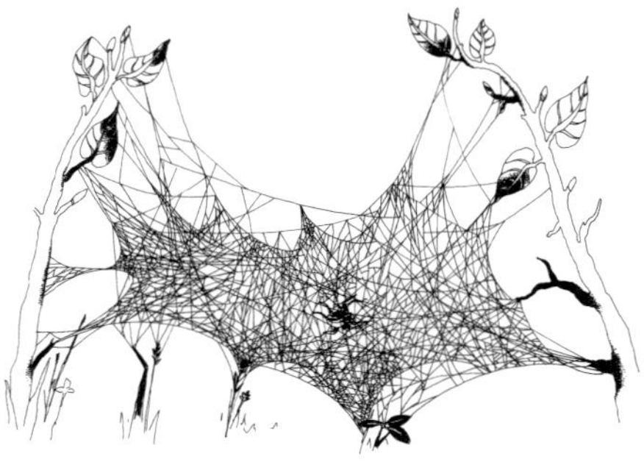

Baldachinnetz

Gewölbenetz

Die Spinnen weben die feinsten Fäden, die es gibt, nur etwa ein tausendstel Millimeter stark. Spinnennetze sind hauchzarte Gebilde von architektonischer Vollkommenheit, die wir Menschen bewundern, aber nur zum Teil nachahmen können.

Foto: © Lars Jacobsen, aus: Malkolm erlebt den Herbst, Carlsen Verlag, © by Sveriges Utbildningsradion AB, Stockholm

Nach dem Regen sitzen die Wassertropfen noch im Spinnennetz. Sie sehen aus wie ein Schiff, an dessen Segel Perlen sitzen.

Die Spinne im Hof

„Schnell komm, Mama, ich muß dir was zeigen!“ ruft Lisa im Hof. Die Mutter kommt.
Lisa zeigt aufgeregt auf ein Spinnennetz. In der Mitte sitzt eine Spinne.
„Schau nur“, sagt Lisa, „was für eine riesengroße, dicke Spinne! Sie hat überall Haare.“
„Auf dem Rücken hat sie ein weißes Kreuz“, sagt die Mutter, „es ist eine Kreuzspinne.“
„Warum sitzt sie in ihrem Nest?“ fragt Lisa.
„Sie wartet, daß sich eine Fliege in ihrem Netz fängt.“
„Und dann?“ fragt Lisa.
„Die Kreuzspinne frißt Fliegen“, erklärt die Mutter, „sie fängt uns viele Fliegen weg.“
„Das soll sie nicht!“ ruft Lisa. „Sie soll keine Fliegen totmachen! Wie macht sie Fliegen tot?“
Die Mutter sagt: „Die Spinne wickelt die Fliege in Spinnfäden ein, dann beißt sie zu. Dabei kommt Gift in die Fliege. Sie stirbt.“
„Kann die Spinne auch Menschen vergiften?“ fragt Lisa ängstlich.
„Nein, mein Kind“, sagt die Mutter, „bei uns gibt es keine Spinnen, die für Menschen gefährlich sind. Nur in manchen heißen Ländern gibt es Spinnen, die auch Menschen beißen.“
Lisa atmet auf: „Da bin ich aber froh, daß wir in Thierssdorf wohnen!“

Renate Schricker
aus:
Lisas Dorf
Deutscher Taschenbuch Verlag, München 1987

Erfahrungsbericht: Das zerstörte Spinnennetz

Naturbeobachtungen stellen an die Geduld und das Durchhaltevermögen der Kinder oft sehr hohe Anforderungen. Manche Kinder können diese Spannungen nicht ertragen und versuchen, das Geschehen zu beeinflussen. Durch eine verständnisvolle Haltung des Erziehers können die daraus folgenden Konflikte des einzelnen Kindes wie auch der Gruppe aufgearbeitet werden.
Dadurch, daß ein Frustrationserlebnis (Verlust des Spinnennetzes) nicht abgeschwächt, sondern verarbeitet wird, vertieft sich bei den Kindern die Erkenntnis, daß vieles in der Natur einmalig und verletzbar ist und daher besonders geachtet und geschützt werden muß.

Während der sonnigen Tage des Herbstbeginns verbrachte ich mit meinen Kindern viele Stunden im Garten. Dabei entdeckten einige Kinder in unserem Fichtenwald ein wunderschönes Spinnennetz. Aufgeregt eilten sie herbei, um ihre Entdeckung kundzutun. Es war wirklich ein zauberhaft anmutendes Fadenwerk, das zwischen zwei Bäumen aufgespannt und vom gleißenden Sonnenlicht überzogen war. Ein paar Tautropfen glitzerten darin wie Edelsteine. Es war interessant zu beobachten, wie die Kinder hinschlichen und aus gebührender Entfernung das Kunstwerk betrachteten. Ich hatte sie nicht dazu aufgefordert. Diese kleine Kostbarkeit hatte die Kinder in echtes Staunen versetzt. Unsere Sabine klatschte vor Freude in die Hände. Die Großen meldeten bald die ersten Fragen und Bedenken bezüglich der Beschaffenheit des feinen Netzes an. Vorsichtig prüften wir durch Blasen und kräftiges Sprechen einzelner Laute die Elastizität der Fäden.
Die Kinder fragten nach der Entstehung und nach dem Sinn eines solchen Gebildes, und ich gab, so gut ich konnte, Auskunft.
Das Netz war unbesetzt, nur wenige Mücken waren darin gefangen. Zwei Buben hatten es sich in den Kopf gesetzt, vor dem Netz sitzenzubleiben und auf die Spinne zu warten.

Am Nachmittag des besagten Tages gab es die große Überraschung – die Spinne war in ihr Netz heimgekehrt. Es war ein relativ großes Tier mit feiner Rückenzeichnung, eine Kreuzspinne.
Verzückt standen die Kinder erneut vor dem Spinnennetz und warteten auf Reaktionen der Spinne. Diese „klebte" jedoch in der Mitte ihres Fadenwerkes und rührte sich nicht von der Stelle. Ernsti, ein Dauerbeobachter, war besonders gespannt darauf, zu sehen, wie die Spinne ihre Beute holt und frißt. Er wollte das Tier reizen, wurde jedoch von den anderen energisch zurückgewiesen. Das trug sicherlich dazu bei, daß seine Aggressionen verstärkt wurden. Er näherte sich unbemerkt mit einer Hand voll Sand und schleuderte diesen gegen die Spinne.
Jetzt war der Bub Mittelpunkt des Interesses. Die Kinder verurteilten ihn gemeinsam, und zwar so hart, daß ich Handgreiflichkeiten vermeiden helfen mußte. Für die Kinder war Ernstis Aggression völlig unverständlich. Er mußte ziemlich angestrengt kämpfen, um ihre Gunst und Zuwendung zurückzugewinnen.
Das Fangnetz der Kreuzspinne in unserem Garten war nun bis auf einige Fäden zerstört. Die Betroffenheit der Kinder über den Verlust ihres eben erst entdeckten „Schatzes" war so tief, daß sie Tage zum Aufarbeiten dieses Erlebnisses brauchten. Rollenspiele und Gespräche machten deutlich, daß dieses Erlebnis in den Kindern die Erkenntnis gefestigt hatte, daß man die Natur nicht mutwillig zerstören darf, da manches – so wie unser Spinnennetz – nicht mehr „heil" gemacht werden kann.

Veronika Sulzer
aus:
Feiner/Niederle/Michelic, Kinder erleben ihre Umwelt, a.a.O.

Erfahrungsbericht: Spinnennetze weben

Die Webarten in den Astgabeln sind nicht zufällig entstanden, sondern das Ergebnis vieler Teilabschnitte.

Es begann alles mit dem Faschingsthema „Im Zauberwald". Dort durften verzweigte Baumteile nicht fehlen. Erzieher und Kinder befestigten Äste und stellten sich vor, wie dort Spinnen wohnen und ihr Netz weben können. Mit Kreppapierstreifen gestalteten wir Spinnennetze in die Äste. Nach der Faschingszeit blieben die leeren Äste hängen. Als wir zwei Monate später alte Bettlaken färbten, in Streifen rissen und damit webten, kam uns die Idee, in Astgabeln zu weben, unserem Faschingsspinnennetz gleich. Dabei spannten die Erzieher die Kettfäden bereits abweichend vom Webschema in verschiedene Richtungen, und die Kinder webten anfangs mit Stoffstreifen, später frei mit naturgefärbter griechischer Schafwolle in die Gabeln. Wir machten dabei die Erfahrung, daß feine Wolle mehr Freiheiten und Ideen zuläßt, als breite Stoffstreifen dies tun können, und daß in das Spinnennetz eingewebte Perlen als wahrer Schatz empfunden werden.

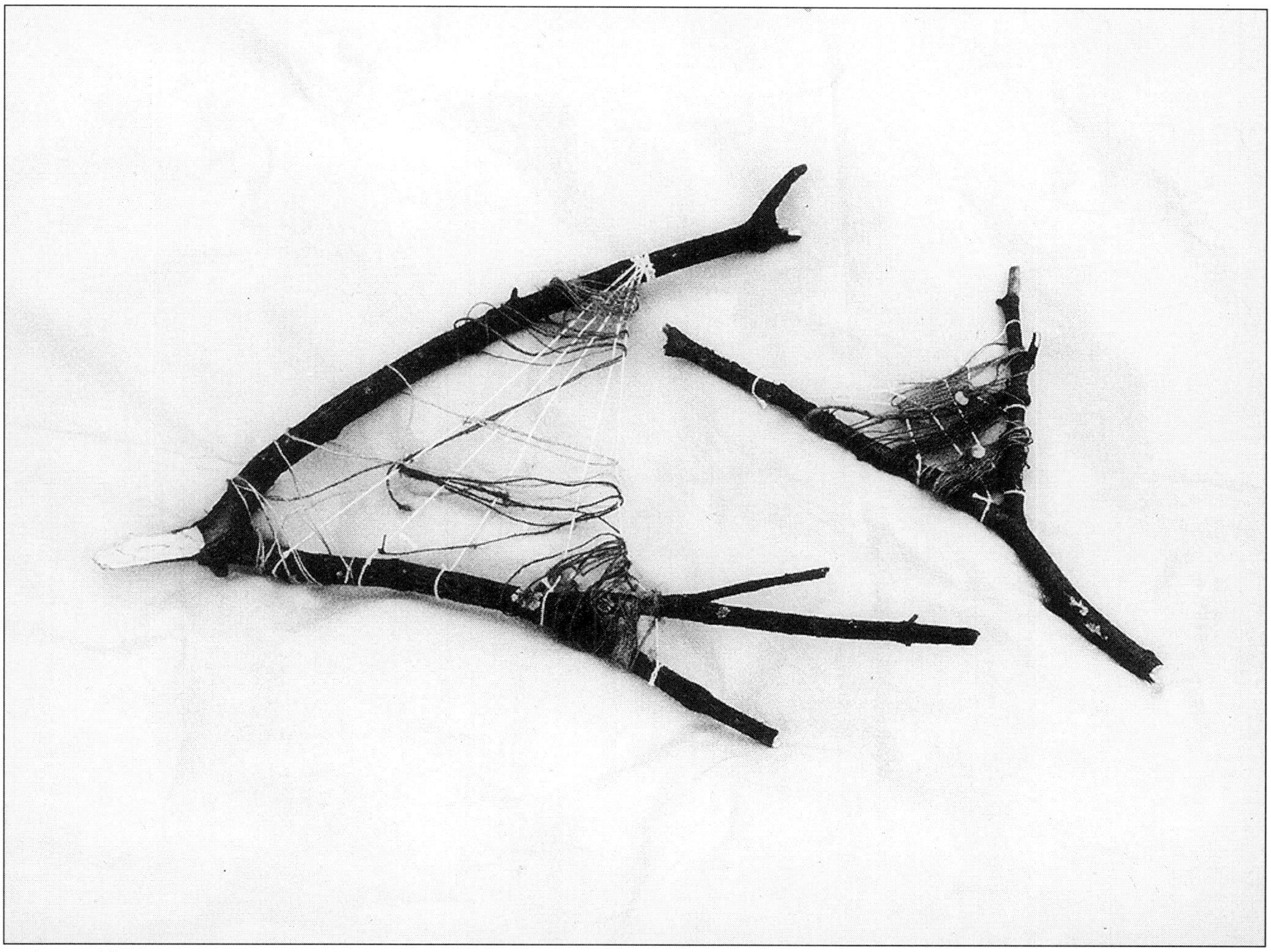

Wilma Wild
Kindergarten Nassenfels

Variationen eines Spielliedes: Imse Wimse Spinne

Text: Margarete Jehn Melodie: volkstümlich

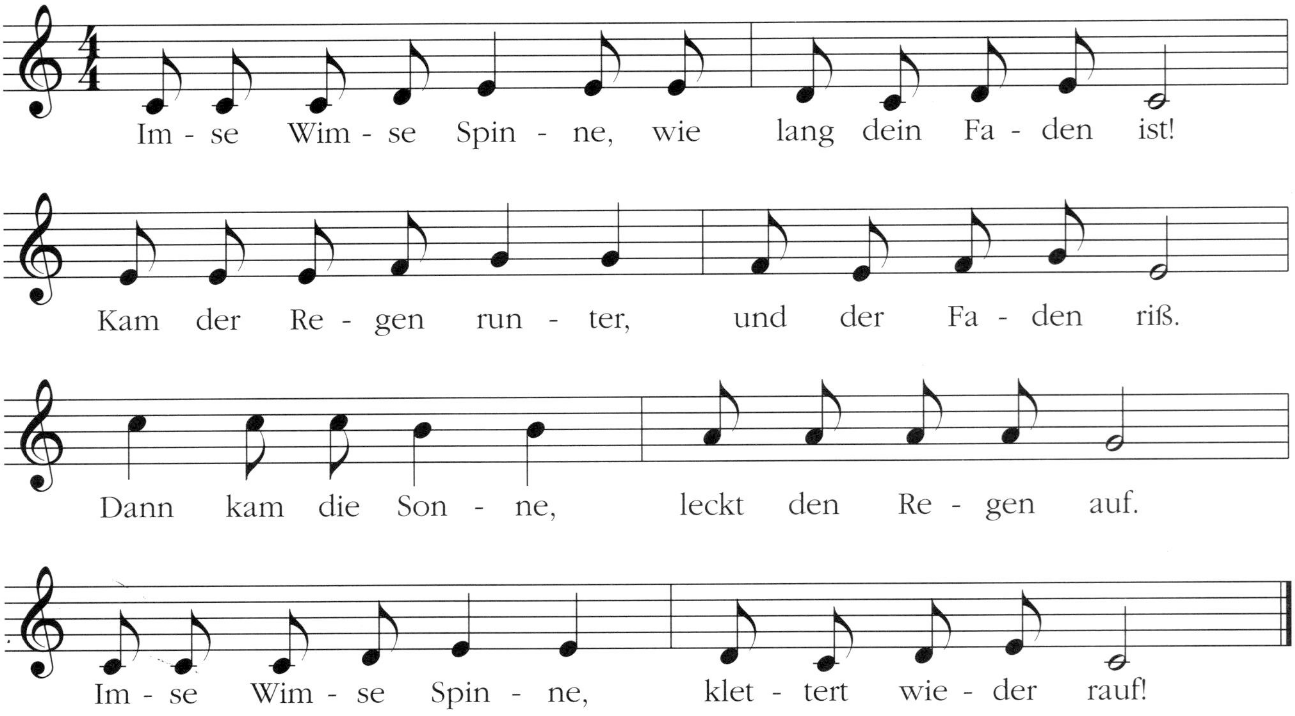

aus: M. u. W. Jehn, 28 Kinderspiele aus aller Welt, Eres Edition, 28859 Lilienthal/Bremen

Imse Wimse Spinne,
wie lang dein Faden ist! -

Kam der Regen runter,
und der Faden riß.

Dann kam die Sonne,
leckt den Regen auf.

Imse Wimse Spinne
klettert wieder rauf!

Variation I

Wenn das unterstrichene Wort gesprochen wird, schlagen die Kinder auf das jeweilige Instrument (aber nur einmal!).
Das Glissando auf einem Stabspiel erfolgt nach dem letzten Wort.
Besonders reizvoll ist es, wenn ein Kind allein alle vier Instrumentalaktionen ausführt, während die anderen Kinder den Vers sprechen.

Variation II

Die Kinder gehen auf allen Vieren im Spinnengang entlang der Kreislinie.

Die Regenkinder laufen zum Kreis und ziehen mit Schwung die Fäden unter den Spinnen weg. Die Spinnen fallen um!

Die beiden Sonnenkinder kommen und legen die Fäden erneut zum Kreis aneinander.

Die Spinnen setzen ihren Fadenlauf fort.

Eine Gruppe von Kindern spielt das Spinnenvolk, eine andere den Regen, zwei Kinder stellen die Sonne dar.
Jedes der Spinnenkinder hat ein Seil, eine Schnur oder einen Faden. Aus diesen legen sie vor Beginn des Spiels einen großen Kreis.

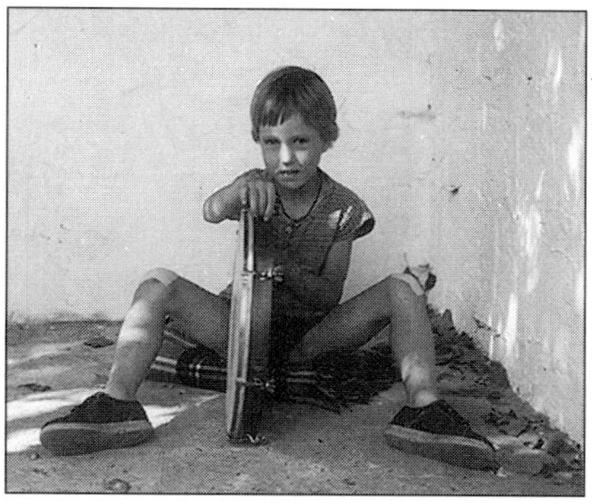

Variation III

Jedes Kind hält eine Handtrommel fest in der linken Hand. Die Finger der rechten Hand krabbeln als Spinnen entlang dem Holzrahmen der Trommel.

Die Fingerspitzen trommeln auf das Fell. Mit der Faust einen gestoppten Schlag auf die Fellmitte ausführen.

Die Trommel mit beiden Händen wie eine Scheibe hochhalten. Mit der rechten Handinnenfläche über das Fell streichen.

Die Finger der rechten Hand krabbeln entlang dem Trommelrahmen (s.o.).

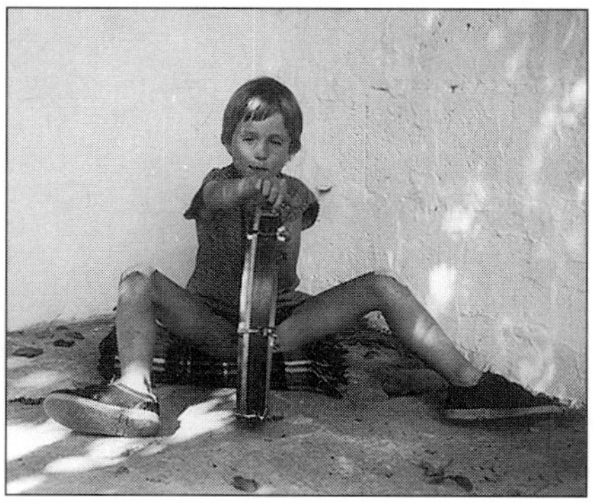

Carola Christ-Werner
Marina Birn

„Baumwollernte in Brasilien", von Neuza Ceodora, 1973
Foto: Peter Frey, Paris

Das war

Bis zum Bürgerkrieg von 1864 war die Baumwollernte in den USA-Südstaaten mit dem harten Los der Negersklaven eng verbunden, denn Produktion, Ernte, Reinigung und Verarbeitung der Baumwolle waren vor der Erfindung und dem Einsatz entsprechender Maschinen äußerst arbeitsintensiv.
„Auf Simon Legres Plantage hatte die Baumwollernte ihren Höhepunkt erreicht. Alle Sklaven arbeiteten von Sonnenaufgang bis Sonnenuntergang, sieben Tage in der Woche. Es gab keine Rast für ihre unmenschlichen Mühen." [1)]

1) Harriet Beecher Stowe: Onkel Toms Hütte, erschienen im Jahre 1852

Baumwolle

Die Baumwolle braucht mindestens 200 frostfreie Tage im Jahr, im Hochsommer eine Durchschnittstemperatur von über 25 Grad C, reichliche Niederschläge zur Saat- und Wachstumszeit, Trockenheit zur Erntezeit im Herbst.
Die Baumwolle wird im Frühjahr gesät. Die jungen Pflanzen wachsen zu reich verzweigten Sträuchern heran. Nach drei bis vier Monaten entfalten sich die elfenbeinfarbigen, gelben oder purpurroten Blüten. Zwei bis drei Monate später werden die Samen reif. An ihnen sitzen die Samenhaare, das ist die Baumwolle. Sie quillt aus den aufspringenden Fruchtkapseln hervor. Die weiten Felder sehen dann aus, als ob jemand lauter Wattebäusche über das Land gestreut hätte. Die Samen reifen nacheinander, ähnlich wie die Früchte der Erdbeere oder der Tomate. Früher gingen Baumwollpflücker immer wieder durch die Reihen der ein bis zwei Meter hohen Sträucher und sammelten die aufgeplatzten Kapseln mit der Hand ein.
Heute bestäubt man die Blätter zur Erntezeit mit einem Gift, damit sie abfallen und alle Kapseln gleichzeitig reifen können. Im Herbst fahren die Baumwollpflückmaschinen einmal über die Felder. Eine solche Maschine ersetzt die Arbeitskraft von 30 Menschen. Etwa einen Monat müssen die Kapseln trocknen. Mit einer Entkörnungsmaschine trennt man Samen und Baumwolle. Zu 140 bis 300 kg schweren Ballen gepreßt, kommen die feinen Fasern in den Spinnereien an.

Das ist

In den Entwicklungsländern leben heute etwa 140 Millionen Menschen vom Anbau und der Verarbeitung von Rohbaumwolle.
Die reicheren Industrieländer drängen in den Entwicklungsländern den Anbau von Grundnahrungsmitteln zur Selbstversorgung zurück und erwirken billige Rohstoffe und billige Arbeitskräfte.
Der Kostendruck führt viele Länder in eine immer tiefere Verschuldung. Die zeitweiligen Produktionssteigerungen durch einseitige Monokulturen, Einsatz von Dünger und Pestiziden – allein in der Dritten Welt schätzungsweise etwa 150.000 Tonnen Pestizide im Baumwollanbau – haben vielfach zu katastrophalen ökonomischen und ökologischen Verhältnissen geführt. Und das mit Hilfe der Gelder aus den Entwicklungsfonds. Hätten hier nicht die Beträge eingesetzt werden können für einen Baumwollanbau ohne Pestizid- und Düngemitteleinsatz, wohl aber mit erprobten Fruchtfolgen und Quarantänemaßnahmen zur Reduzierung von Pflanzenkrankheiten von einer Saison zur nächsten? Und wir Verbraucher leisten uns für Jeans, Baumwoll-T-Shirts und andere Textilien laut Werbung „unverschämt niedrige Preise".

Baumwollsamen aussäen

Wir können aus Baumwollsamen (Gossypium herbaceum) einjährige Topf- und Zimmerpflanzen ziehen. Eine Packung (Samenfachhandlung) enthält ca. 15 Samenkörner.

Eine größere, flache Pflanzschale wird mit sandiger Blumenerde gefüllt, die Samenkörner werden verteilt in die Erde gelegt, regelmäßig gegossen und warm gehalten. Sind die Pflanzen groß genug, topft man in Einzeltöpfe um. Bei einer Temperatur um 20 Grad und hellem Standort entwickeln sie sich gut.
Die Blätter sind handförmig, die Blüten leuchten hübsch gelb. Nach der Blüte bilden sich Fruchtkapseln aus, die schließlich aufspringen, und sichtbar werden die flockigen Bällchen von Baumwollfasern – etwa ein halbes Jahr nach der Aussaat.

Samenkorn in Originalgröße 

Unsere Malve ist der Baumwolle verwandt

Vgl. zum Thema „Baumwolle/Welthandel": Rainer Greißhammer/Claudia Burg:
Wen macht die Banane krumm . Kolonialwarengeschichten, Rowohlt Verlag 1989
„Wen macht die Banane krumm" bilanziert die wahren Kosten unseres alltäglichen Konsums und erzählt seine Kolonialwarengeschichten: die Geschichte von politischer Unterdrückung und sozialem Elend, von ökonomischer Ausbeutung und ökologischen Folgen, die zu seinen „Gestehungskosten" zählen.

Baumwolle

Text: Marina Palmen   Melodie: Hubertus Vorbolt

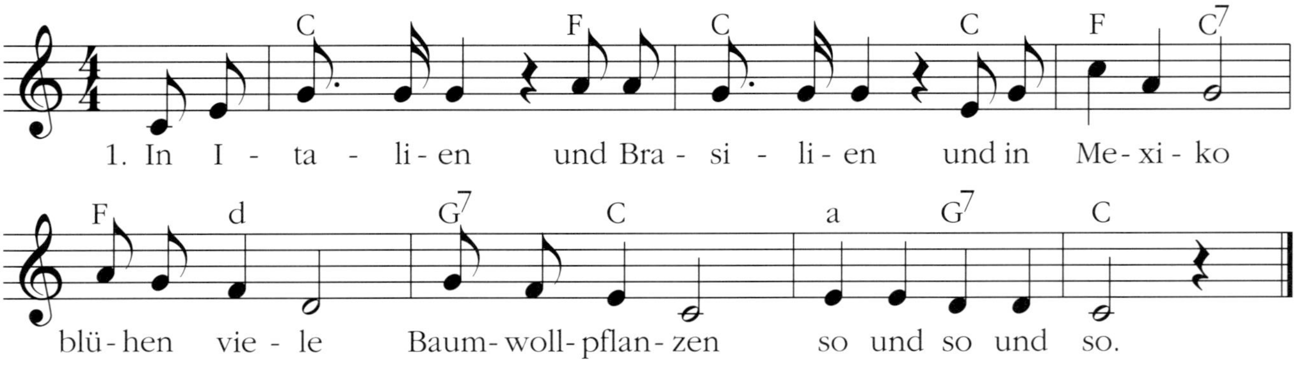

2. In Italien und Brasilien
und in Mexiko
schwitzen alle Baumwollpflücker
so und so und so.

3. In Italien und Brasilien
und in Mexiko
transportiert man Baumwollfasern
so und so und so.

4. Und die weichen Baumwollfasern
spinnt man ganz geschwind,
bis die vielen langen Fäden
endlich fertig sind.

5. Und die vielen langen Fäden
webt man ganz geschwind,
bis die vielen bunten Stoffe
endlich fertig sind.

6. Und die vielen bunten Stoffe
näht man ganz geschwind,
bis die Kleider, Hosen, Tücher
endlich fertig sind.

7. Und die Kleider, Hosen, Tücher
kaufen wir geschwind,
bis wir alle, bis wir alle
angezogen sind.

Spielanregung:
Die in den Liedstrophen angegebenen Tätigkeiten werden beim Singen gemimt.

1. Baumwollpflanzen blühen ______ Mit den Händen sich öffnende Blüten darstellen;

2. Baumwollpflücker schwitzen ______ sich den Schweiß von der Stirn wischen;

3. Baumwolle wird transportiert ______ ein Bündel auf dem Rücken schleppen;

4. Baumwollfasern werden gesponnen ______ mit den Fingern Fasern zu einem Faden drehen;

5. Baumwollfäden werden gewebt ______ die Webnadeln durch die Kettfäden schieben: drüber – drunter, drüber – drunter ...

6. Stoffe werden genäht ______ mit Nadel und Faden nähen;

7. Kleider werden gekauft ______ mit den Händen über die eigenen Kleider streichen.

KASSE

Bilderbuch: Martin braucht einen neuen Umhang

Jeder sagt: „Martin braucht einen neuen Umhang!" So macht sich der Schafhirt Martin an die Arbeit, und es ist ein langer Weg vom Schafscheren über das Spinnen, Färben, Weben, bis sein neuer Umhang endlich fertig ist. Auf 17 Doppelseiten werden diese einzelnen Arbeitsschritte geschildert. Der Text beschreibt in kurzen, sachlich richtigen Sätzen das Geschehen.
Die Illustrationen sind fröhlich und einfallsreich. In jeder Szene regen witzige und winzige Details an zu genauem Hinschauen und längerem Verweilen, so daß sich die Kinder beim Betrachten alle Einzelheiten gut einprägen und der Wunsch geweckt wird, die verschiedenen Arbeitsgänge auszuprobieren.
Im Anhang des Bilderbuches befindet sich noch eine Seite mit kurzen Sachinformationen zu den Begriffen: Scheren, Krempeln, Spinnen, Weben, Nähen und Umhang.

„Martin braucht einen neuen Umhang"

Martin ist ein Schafhirt. Er wohnt in einem gemütlichen Häuschen, hat einen großen Hut, einen Schäferstab und eine Herde kugelrunder Schafe.

Aber jeder sagt, „Martin braucht einen neuen Umhang."

Armer Martin!

Er braucht wirklich einen neuen Umhang.

Im Frühling schert Martin daher seine Schafe.

Er wäscht die Wolle und krempelt sie, um sie zu glätten.

Dann spinnt Martin die Wolle zu Garn.

Martin will einen roten Umhang, daher pflückt er im Spätsommer Holunderbeeren und kocht sie in einem großen Kessel über dem Feuer.

Dann färbt er das Garn im Beerensaft rot.

Als das Garn trocken ist, befestigt Martin die Wolle am Webstuhl.

Im Herbst webt er jeden Abend ein wenig Garn zu Stoff.

Martin breitet den Stoff auf dem Tisch aus und schneidet ihn in Teile.

Er heftet die einzelnen Teile zusammen und näht sie dann aneinander.

Als nun der Winter kommt, hat Martin einen schönen, neuen roten Umhang.

Tomie de Paola, Martin braucht einen neuen Umhang
Wilhelm Braumüller Universitäts-Verlagsbuchhandlung, Wien 1983

gG

- Bilderbuchbetrachtung im kleinen Kreis.
  Die Kinder äußern spontan, was sie auf den Bildern sehen und was ihnen zu Text und Bild einfällt.

  Es bietet sich an, das Bilderbuch in den nachfolgenden Tagen in verschiedenen Längsschnitten durchzugehen:
- Ein ganzes Jahr vergeht darüber, bis Martin aus der Wolle seiner Schafe einen neuen Umhang bekommt.

Martin braucht einen neuen Umhang, er schert seine Schafe, er wäscht die Wolle, krempelt sie, spinnt sie zu Garn, färbt es, webt es zu Stoff, schneidert (näht) daraus seinen schönen, neuen, roten Umhang für den Winter.

- Auf jeder Seite erregt ein Schaf unsere Aufmerksamkeit, es nimmt gleichsam Anteil an Martins Leben. Seite für Seite stellt sich uns die Frage:
  Was sagt denn wohl das Schaf dazu?
  wenn es geduldig neben dem bekümmerten Martin steht, wo doch die Leute mit Blick auf Martins Schafherde sagen: „Martin braucht einen neuen Umhang",
  wenn es dem Martin ganz nahe in die Augen schaut,
  wenn es vor der Schere davonrennt,
  wenn es sich – frisch geschoren – in einem Strauch versteckt,
  wenn es sich in Seifenblasen hüllt,
  wenn es sich gekämmte Wolle umhängt,
  wenn es sich mit Garnrollen schmückt und in den Spiegel schaut,
  wenn es Martin stolpern läßt und das Brennholz herumfliegt,
  wenn es sich sperrend vor die weiße Wolle stellt, die Martin färben will,
  wenn es zu verhindern sucht, daß Martin das Garn im Webstuhl „verschwinden" läßt,
  wenn es sich den roten, gewebten Stoff umhängt,
  wenn es kritisch zuschaut als Martin zu schneidern beginnt,
  wenn es sich Martins Kapuze „stiehlt" und über die Ohren zieht,
  wenn es mit Martin am Kaminfeuer sitzt,
  wenn es im kalten Winter an Martins Fenster kommt,
  wenn es den fertigen Umhang, den Martin stolz trägt, anhebt.
- Auf jeder Seite versucht ein kleines Mäuschen etwas wegzuschleppen: ein Blümchen, die Schafschere, das Waschmittel, Obst ...
- Martin wohnt in einem gemütlichen Häuschen; entsprechende Bilddetails lassen sich leicht finden: Strohdach, Holzbalken, die Topfblume im Fenster, der goldene Spiegelrahmen, Kerzenleuchter, Maiskolben, Knoblauch und Trockenblumen an der Wand, eine Schale und ein Korb mit Obst, eine Petroleumlampe, ein Kaminfeuer, Bilder an der Wand ...

Erfahrungsbericht über ein Langzeitprojekt: Ein Mantel für Martin

In unserem Kindergarten wurde im Herbst viel gewebt und gestrickt. Der Vater eines neuen Kindergartenkindes interessierte sich dafür und lud uns in seine Fleckerlteppichweberei ein.
Die Werkstatt mit dem riesigen Webstuhl, den vielen Garnrollen, Wollbearbeitungsgeräten und Stoffresten faszinierte die Kinder ebenso wie der Stall mit den Schafen.
Der Vater versprach, daß wir im Frühling beim Schafescheren zuschauen dürften und gab uns einen Korb mit Rohwolle mit.
In einem Web- und Spinnkurs hatte ich verschiedene Techniken der Wollverarbeitung gelernt.
Ich zeigte den Kindern, wie man die verklebte, verfilzte Rohwolle mit Handkarden bearbeiten kann und daraus dann weiche, flauschige Wolle wird. Das Kämmen wurde eine beliebte Beschäftigung der Kinder.

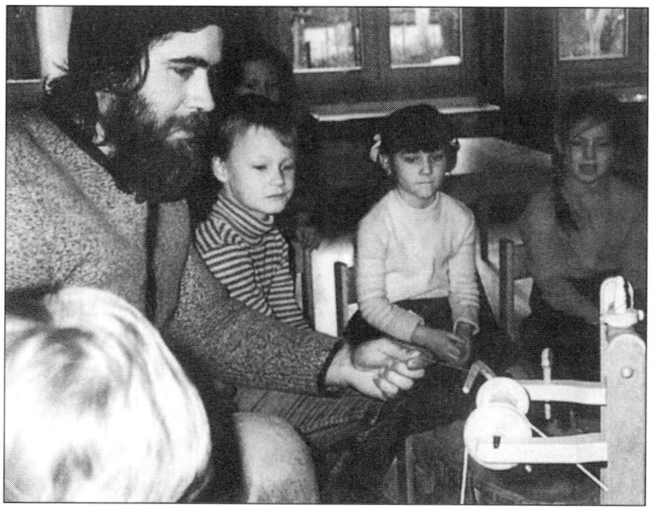

Dann brachte ich den Kindern das Bilderbuch „Martin braucht einen neuen Umhang" mit. Die einzelnen Arbeitsschritte sind darin sehr anschaulich dargestellt, und die Kinder freuten sich, daß sie über das Kardieren schon Bescheid wußten. Sie wollten auch so einen Mantel weben. Wir luden den „Expertenvater" in den Kindergarten ein, und er zeigte den Kindern, wie man mit einem Spinnrad aus Wollvlies einen dünnen Faden spinnt. Die Kinder durften das Treten auf dem leeren Spinnrad ausprobieren und merkten, daß es schwierig ist, das Rad immer in gleichmäßigem Schwung zu halten.

Jeden Tag in der Früh setzte ich mich eine Zeitlang an das Spinnrad und während ich Wolle verspann, setzten sich die eintreffenden Kinder dazu und erzählten Neuigkeiten und Ereignisse. Dann wurde die versponnene Wolle zu Strähnen gewickelt und gewaschen.

Da die Kinder unbedingt einen roten Mantel weben wollten, hatte ich mir ein Buch über Färben mit Naturmaterialien gekauft und darin fand ich ein Farbrezept für eine rote Wollfärbung.
Zum Herstellen der Farbbrühe („Farbflotte") mußten Krappwurzeln zerkleinert und abgewogen, einige Zeit eingeweicht und dann in einem großen Topf gekocht werden. Die Wollsträhnen kamen in diese Flüssigkeit. Die Kinder hoben mit einer Holzzange die Strähnen öfters heraus und sahen die immer dunkler werdenden Farbschattierungen.
Mit dem gleichen Farbsud erhielten wir später noch andere Farbtöne (rosa, ocker). Nach dem Trocknen wurde die Wolle zu Knäueln gewikkelt.
Genauso wie der Hirte im Bilderbuch berechneten wir Länge und Breite des Mantels und stellten einen Papierschnitt her.

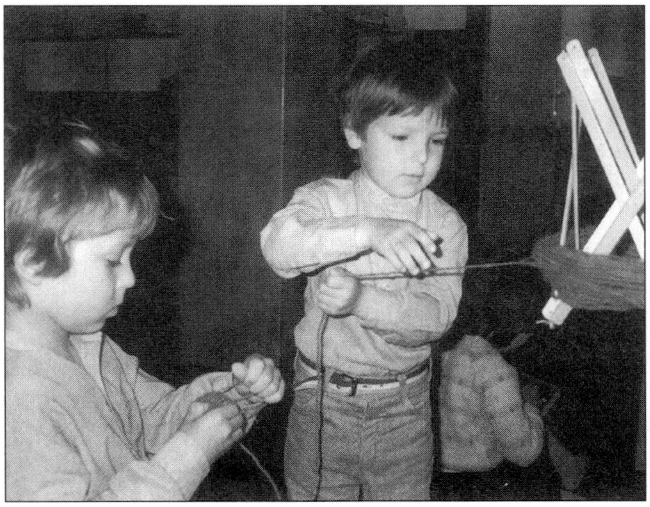

Dann kam das Aufspannen des Webrahmens, das Aufwickeln der Wolle auf die Webschiffchen.
Ich zeigte den Kindern das Hantieren mit dem Gatterkamm und das Durchschieben der Webschiffchen. Daß man den Faden immer bogenförmig einlegen muß, wußten die Kinder schon vom Weben auf ihren kleinen Webrahmen.

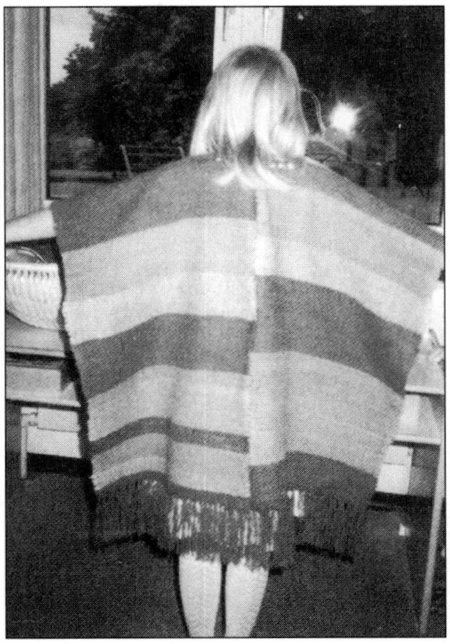

Der große Webrahmen wurde an einem Tisch festgeschraubt und wer von den Kindern wollte, webte ein Stück weiter.
Die Farbabfolge war von den Kindern vorher festgelegt worden: rot, rosa, ocker. Je nach Eifer des webenden Kindes wurden die Streifen schmäler und breiter.
Nach ungefähr sechs Monaten konnten wir das Webstück vom Rahmen herunternehmen und die beiden Teile zusammennähen.
Inzwischen hatten wir mit den Kindern bei der Schafschur zuschauen dürfen. Die Kinder wunderten sich über den Berg Wolle, der von einem einzigen Schaf stammt. Der fertige Mantel stand den Kindern für das Rollenspiel zur Verfügung und im Winter diente er sogar als Mantel für den Kinder-Nikolaus.

Maria Reinsperger
aus: UNSERE KINDER, Fachzeitschrift für Kindergarten- und Kleinkindpädagogik, Heft 4/88
Redaktion „Unsere Kinder", Kapuzinerstr. 84, A - 4020 Linz

Krempelband

Ungewaschene Reine Schurwolle enthält sehr viel Lanolin (Wollfett), das sie besonders geschmeidig macht und das Spinnen erleichtert. Wer Rohwolle nicht selber waschen und mit der Handkarde (Nagelbretter zum Kämmen) zubereiten möchte, kann in jedem guten Handarbeitsgeschäft Krempelband aus Reiner Schurwolle bekommen. Krempelband ist ein Flor aus feinen, gleichmäßig und locker nebeneinanderliegenden Wollfasern. Solches Krempelband darf nicht vollständig entfettet sein, sonst wird es spröde und trocken. Eventuell kann durch wasserlösliche Spinnöle die Verspinnbarkeit verbessert werden. Auch sollte die Schurwolle bis zum Verspinnen in einer Plastiktüte aufbewahrt werden, damit sie nicht austrocknet. Der Feuchtigkeitsgehalt der Schurwolle läßt sich erhöhen, wenn man sie am Tage vor dem Verspinnen leicht mit Wasser eingesprüht und danach in eine Plastiktüte steckt.

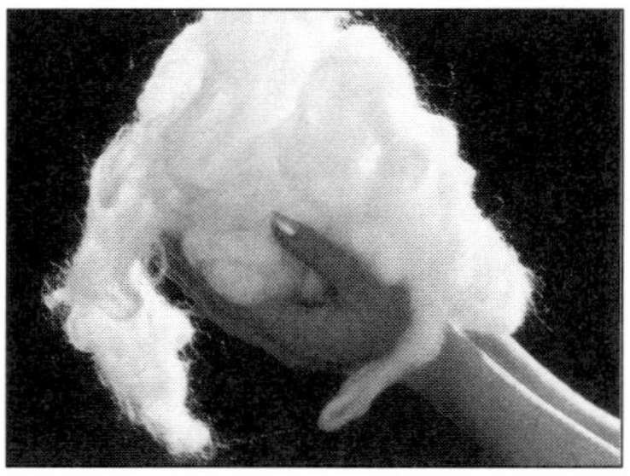

Anregungen

Krempelband bereitstellen. Den Kindern viel Zeit lassen zum freien Spielen und Gestalten mit der noch ungesponnenen Schurwolle.

EPG

- Die Wolle in die Hände nehmen, mit den Fingern umschließen: wie weich und warm sie sich anfühlt.
- Die Wolle zur Nase führen und ihren Duft einatmen.
- Wollflocken auseinanderzupfen und ausweiten, bis sie groß und rund und durchscheinend sind.
- Ein duftiges Wolleböllchen von der flachen Hand hoch in die Luft blasen und wieder auffangen.
- Ein Wolleböllchen über den Tisch hinweg oder von der flachen Hand durch die Luft blasen hin zum Spielpartner, der es zurückbläst.
- Aus duftiger Wolle kuschelige Nester formen und wuschelige Tiere zaubern.

Weitere Gestaltungsanregungen:
- in eine gemalte oder collagierte Landschaft Wollewolken oder Wolleschäfchen kleben
- dem Apfelmännchen einen Wollebart ankleben

Handspinnen

EP

- Zum Handspinnen die Wolle locker auseinanderzupfen und mit Daumen und Zeigefinger aus einer Wollflocke einen Faden drehen. Das gelingt leicht, weil sich die Wollfasern kräuseln.
- Vielleicht wechseln sich aber auch jeweils zwei Kinder ab: Ein Kind hält die Wollflocke und zupft eine Strähne heraus, das andere Kind dreht den Faden.
- Die gewonnenen kürzeren und längeren Fäden aufwickeln und beim Weben verwenden.

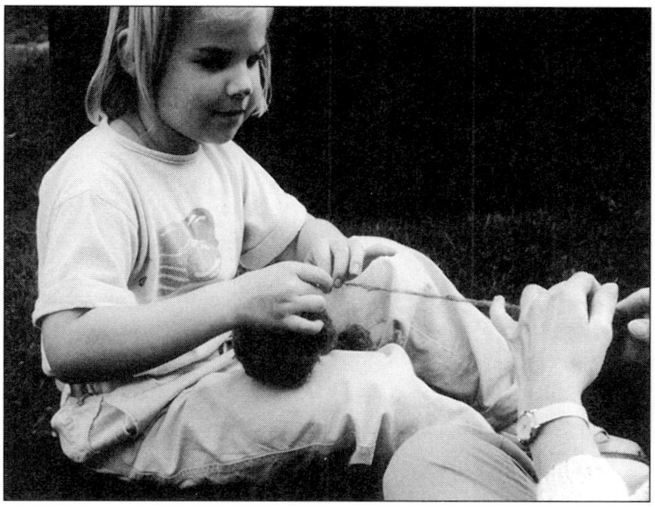

gG

Aspekte, die außerdem angesprochen oder erfahren werden können:

- Das Scheren tut den Schafen nicht weh, es läßt sich mit dem Haarschneiden vergleichen.
  Die Schur erfolgt so, daß ein geschlossenes Vlies bleibt. Nach der Schur sehen die Schafe kahlgeschoren aus; die Wolle wächst schnell wieder nach.
- Das Wollvlies schützt die Schafe vor Kälte, Hitze, Nässe, Trockenheit, Wind und Insektenschwärmen.
- Färben läßt sich gereinigte Wolle, Garn oder das fertige Produkt.
- „Wollsachen" fühlen sich weich und flauschig an, sie schützen uns vor Kälte, halten uns warm.

Anregungen

EPG

- Die Kinder bringen ihre Schmuse-Schäfchen mit zum Kindergarten. Wir spielen mit den Schäfchen.
- Wir gestalten Schäfchen-Bilder mit Wolle.
- Wir schauen uns Bilderbücher an, in denen Schafe vorkommen.
- Wir singen Lieder, die von Schafen erzählen.

Märchen:
Spindel, Weberschiffchen und Nadel

Beim Lesen und Hören des Märchens „Spindel, Weberschiffchen und Nadel" vernehmen wir Grundaussagen, die zeitlos Gültigkeit haben, auch wenn die Spinn- und Webstubenzeit längst der Vergangenheit angehört. Das Märchen zeichnet in Bildern, was bei jedem Menschen auf seinem Weg der Entwicklung und Reifung auf ähnliche Weise geschieht. Und der Grundton aller Volksmärchen klingt durch: Vertrauen, es wird sich schon entwickeln!

Bilder im Märchen:

das kleine Mädchen, dem Vater und Mutter gestorben sind, und das von seiner Patin aufgenommen wird	*ohne Vater und Mutter sein, jedoch eine neue mütterliche Geborgenheit erfahren*
das junge Mädchen, dem die alte Patin ihr kleines Haus hinterläßt, dazu eine Spindel, ein Weberschiffchen und eine Nadel, und die das Mädchen segnet und stirbt	*im jungen Alter ganz auf sich gestellt sein, behütet durch ein Dach über dem Kopf und den Segen Gottes, und ausgerüstet mit Werkzeugen, die genutzt, den Lebensunterhalt sichern*
das gute, fleißige Mädchen, das sich mit Spinnen, Weben und Nähen den Lebensunterhalt verdient und anderen noch mitgeben kann	*allein gut, sehr gut zurechtkommen und Wohlergehen erfahren – Spinnen, Weben und Nähen gelten als Bild für das „Weben" des eigenen Lebensschicksals*
der Königssohn, der eine Frau sucht, die die Ärmste und die Reichste ist	*bei der Partnersuche auf inneren Reichtum bedacht sein*
die Reiche, die herausgeputzt vor der Tür steht, dem Königssohn entgegengeht und sich vor ihm verbeugt	*sich durch Äußerlichkeiten bestimmen lassen*
die Arme, die in der Stube sitzt und spinnt, die , als der Königssohn sie anschaut, rot wird, nach unten schaut und weiter spinnt	*nach innen gerichtet sein; sich des Zukünftigen, das sich in einem vorbereitet, noch nicht bewußt sein; das Einbrechen des Männlichen in die rein weibliche Welt*
der Königssohn, der sich die angeblich Reichste und die angeblich Ärmste anschaut, kein Wort sagt und wegreitet	*hinschauen und die Rechte nicht finden, die zugleich die Ärmste und die Reichste ist*
das Mädchen, das ans Fenster tritt, dem Königssohn nachschaut und wieder an die Arbeit geht	*beim Mädchen Einsetzen des Prozesses der Bewußtwerdung und der Integration des Männlichen*
das Mädchen, das da im kleinen Haus sitzt und frohgemut spinnt, webt oder näht	*froh seiner selbst mit sich im Kontakt sein, mit seinen Gedanken und Wünschen und Bedürfnissen; das Unbewußte wird bewußt und bewirkt einen Reifungsprozeß*
Spindel, Weberschiffchen und Nadel, die dem Mädchen aus der Hand springen und arbeiten	*es gibt Vorgänge im eigenen Leben, die sich gleichsam von innen heraus wie von selbst entwickeln*
der goldene Faden, den die Spindel hinter sich herzieht	*der eigene goldene Faden, der gesponnen ist, zeigt das nun Königliche der Psyche an, den Übergang vom Unbewußten in das Bewußte, Helle, Sonnenhafte*
der goldene Faden, der gerade bis zum Königssohn reicht und an dem entlang er zurückreitet	*das Königliche der Psyche holt den „Königlichen" ein, leuchtet ihm auf – und er kehrt um*
der Teppich, den das Weberschiffchen vor der Tür webt, schöner als man je einen gesehen hat	*der Teppich vor der Tür spricht von der neuen Art, die Welt ringsum und sich selbst wahrzunehmen: eine wunderbare, paradiesische Welt tut sich auf*
Samt und Seide in grüner Farbe, mit denen die Nadel Möbel und Fenster im Haus überzieht	*die Introversion, der gegangene innere Weg, läßt reich werden, bewirkt Ausstattung mit „schöpferischer Grünkraft" (H.v.Bingen), macht lebendig und offen*
der Königssohn, den die Spindel am goldenen Faden herbeigeholt hat, und der seine Braut erblickt, die ihn erwartet als die Ärmste und die Reichste	*die Königlichen begegnen einander als Mann und Frau, reif für das Leben personaler Liebe*

Spindel, Weberschiffchen und Nadel

Es war einmal ein Mädchen, dem starb Vater und Mutter, als es noch ein kleines Kind war. Am Ende des Dorfes wohnte in einem Häuschen ganz allein seine Pate, die sich von Spinnen, Weben und Nähen ernährte. Die Alte nahm das verlassene Kind zu sich, hielt es zur Arbeit an und erzog es in aller Frömmigkeit. Als das Mädchen fünfzehn Jahr alt war, erkrankte sie, rief das Kind an ihr Bett und sagte: „Liebe Tochter, ich fühle, daß mein Ende herannaht, ich hinterlasse dir das Häuschen, darin bist du vor Wind und Wetter geschützt, dazu Spindel, Weberschiffchen und Nadel, damit kannst du dir dein Brot verdienen." Sie legte noch die Hände auf seinen Kopf, segnete es und sprach: „Behalt nur Gott in dem Herzen, so wird dir's wohlgehen." Darauf schloß sie die Augen, und als sie zur Erde bestattet wurde, ging das Mädchen bitterlich weinend hinter dem Sarg und erwies ihr die letzte Ehre.

Das Mädchen lebte nun in dem kleinen Haus ganz allein, war fleißig, spann, webte und nähte, und auf allem, was es tat, ruhte der Segen der guten Alten. Es war, als ob sich der Flachs in der Kammer von selbst mehrte, und wenn sie ein Stück Tuch oder einen Teppich gewebt oder ein Hemd genäht hatte, so fand sich gleich ein Käufer, der es reichlich bezahlte, so daß sie keine Not empfand und andern noch etwas mitteilen konnte.

Um diese Zeit zog der Sohn des Königs im Land umher und wollte sich eine Braut suchen. Eine arme sollte er nicht wählen, und eine reiche wollte er nicht. Da sprach er: „Die soll meine Frau werden, die zugleich die Ärmste und die Reichste ist." Als er in das Dorf kam, wo das Mädchen lebte, fragte er, wie er überall tat, wer in dem Ort die Reichste und die Ärmste wäre. Sie nannten ihm die Reichste zuerst: die Ärmste, sagten sie, wäre das Mädchen, das in dem kleinen Haus ganz am Ende wohnte. Die Reiche saß vor der Haustür in vollem Putz, und als der Königssohn sich näherte, stand sie auf, ging ihm entgegen und neigte sich vor ihm. Er sah sie an, sprach kein Wort und ritt weiter. Als er zu dem Haus der Armen kam, stand das Mädchen nicht an der Türe, sondern saß in seinem Stübchen. Er hielt das Pferd an und sah durch das Fenster, durch das die helle Sonne schien, das Mädchen an dem Spinnrad sitzen und emsig spinnen. Es blickte auf, und als es bemerkte, daß der Königssohn hereinschaute, ward es über und über rot, schlug die Augen nieder und spann weiter; ob der Faden diesmal ganz gleich ward, weiß ich nicht, aber es spann so lange, bis der Königssohn wieder weggeritten war. Dann trat es ans Fenster, öffnete es und sagte: „Es ist so heiß in der Stube", aber es blickte ihm nach, solange es noch die weißen Federn an seinem Hut erkennen konnte.

Das Mädchen setzte sich wieder in seine Stube zur Arbeit und spann weiter. Da kam ihm ein Spruch in den Sinn, den die Alte manchmal gesagt hatte, wenn es bei der Arbeit saß, und es sang so vor sich hin:

„Spindel, Spindel, geh du aus,
Bring den Freier in mein Haus."

Was geschah? Die Spindel sprang ihm augenblicklich aus der Hand und zur Tür hinaus; und als es vor Verwunderung aufstand und ihr nachblickte, so sah es, daß sie lustig in das Feld hinein tanzte und einen glänzenden goldenen Faden hinter sich herzog. Nicht lange, so war sie ihm aus den Augen entschwunden. Das Mädchen, da es keine Spindel mehr hatte, nahm das Weberschiffchen in die Hand, setzte sich an den Webstuhl und fing an zu weben.

Die Spindel aber tanzte immer weiter, und eben als der Faden zu Ende war, hatte sie den Königssohn erreicht. „Was sehe ich?" rief er, „die Spindel will mir wohl den Weg zeigen?" drehte sein Pferd um und ritt an dem goldenen Faden zurück. Das Mädchen aber saß an seiner Arbeit und sang:

„Schiffchen, Schiffchen, webe fein,
Führ den Freier mir herein."

Alsbald sprang ihr das Schiffchen aus der Hand und sprang zur Türe hinaus. Vor der Türschwelle aber fing es an, einen Teppich zu weben, schöner als man je einen gesehen hat. Auf beiden Seiten blühten Rosen und Lilien, und in der Mitte, auf goldenem Grund, stiegen grüne Ranken herauf, darin sprangen Hasen und Kaninchen; Hirsche und Rehe streckten ihre Köpfe dazwischen; oben in den Zweigen saßen bunte Vögel; es fehlte nichts, als daß sie gesungen hätten. Das Schiffchen sprang hin und her, und es war, als wüchse alles von selber.

Weil das Schiffchen fortgelaufen war, hatte sich das Mädchen zum Nähen hingesetzt; es hielt die Nadel in der Hand und sang:

„Nadel, Nadel, spitz und fein,
Mach das Haus dem Freier rein."

Da sprang ihr die Nadel aus den Fingern und flog in der Stube hin und her, so schnell wie der Blitz. Es war nicht anders, als wenn unsichtbare Geister arbeiteten, alsbald überzogen sich Tisch und Bänke mit grünem Tuch, die Stühle mit Sammet, und an den Fenstern hingen seidene Vorhänge herab. Kaum hatte die Nadel den letzten Stich getan, so sah das Mädchen schon durch das Fenster die weißen Federn von dem Hut des Königssohnes, den die Spindel an dem goldenen Faden herbeigeholt hatte. Er stieg ab, schritt über den Teppich in das Haus herein, und als er in die Stube trat, stand das Mädchen da in seinem ärmlichen Kleid, aber es glühte darin wie eine Rose im Busch. „Du bist die Ärmste und auch die Reichste", sprach er zu ihr, „komm mit mir, du sollst meine Braut sein." Sie schwieg, aber sie reichte ihm die Hand. Da gab er ihr einen Kuß, führte sie hinaus, hob sie aufs Pferd und brachte sie in das königliche Schloß, wo die Hochzeit mit großer Freude gefeiert ward. Spindel, Weberschiffchen und Nadel wurden in der Schatzkammer verwahrt und in großen Ehren gehalten.

Grimm Nr. 188

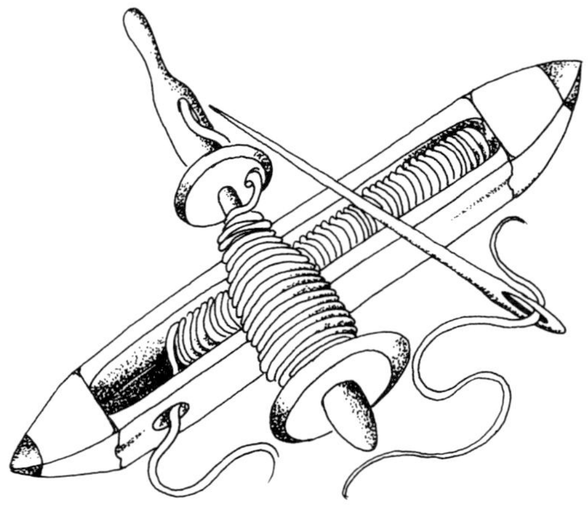

Gestaltungsanregung

Zum Märchen eine Collage als Gemeinschaftsarbeit gestalten:
- Häuser, Wege, Bäume und Figuren malen, ausschneiden, aufkleben;
- ein Hölzchen, mit einem goldenen Faden umwickelt, als Spindel, eine hölzerne Webnadel, mit einem Faden umwickelt, als Weberschiffchen und eine echte Nähnadel mit Faden in die Collage einfügen;
- ferner einen kleinen selbstgewebten Teppich vor der Haustür des Mädchens ausbreiten und grüne Vorhänge an den Fenstern anbringen.

Weitere Märchen, in denen vom Spinnen, Weben und von Stoffen die Rede ist:
Die drei Spinnerinnen / Aschenputtel / Frau Holle / Dornröschen / Rumpelstilzchen / Die drei Federn / Allerleirauh / Die faule Spinnerin / Die Sterntaler / Der Trommler / Des Kaisers Neue Kleider

Onkel Clemens bringt Anne von einer weiten Reise ein indonesisches Tuch mit, einen Sarong. Der Onkel hat nach einem bestimmten Grün gesucht, damit das Tuch zu Annes schönen grünen Augen paßt.
Die Geschichte spricht zweierlei an: Menschen in anderen Ländern kleiden sich anders. Etwas so lange suchen, bis man es findet.
Die Fragen des Mädchens Anne, mit denen sie ihren Onkel hartnäckig auf die Probe stellt, sind uns bei Kindern nicht fremd. Sie entspringen dem Wunsch nach tiefer Wahrheit. Hinter Annes Fragen verstecken sich ganz tief die Fragen: Bin ich dir auch wirklich wichtig? Wie sehr magst du mich?

Anne Anderswo

Eines Nachmittags kam Onkel Clemens zu Besuch. Anne freute sich sehr auf den Besuch, denn Onkel Clemens war Kapitän und meistens auf Reisen. Onkel Clemens brachte Anne ein schönes grünes Tuch mit goldenen Fäden mit. Das ist ein Sarong, sagte er, und dann zeigte er ihr, wie sie das Tuch um sich herumwickeln mußte, damit sie aussah wie eine Indonesierin.
Jetzt siehst du aus wie ein Mädchen aus Bali, nickte er schließlich zufrieden. Genauso laufen die dort herum.
So was haben die immer an? staunte Anne und sah an sich herab.
Na ja, meinte Onkel Clemens, das Tuch ist noch ein bißchen zu lang für dich, aber dafür paßt es dir dann auch später noch. Und das Grün ist genau das Grün, das ich für dich haben wollte.
Warum wolltest du ein grünes Tuch für mich haben? fragte Anne. Mami kauft mir immer blaue Sachen. Sie findet, das steht mir. Und ich find's auch.
Ich finde, Grün paßt gut zu dir, sagte Onkel Clemens, weil du auch so schöne grüne Augen hast.
Anne war sehr stolz, daß er das sagte.
Findest du? meinte sie.
Ja, wiederholte Onkel Clemens ernst, ich finde, du hast schöne grüne Augen, und deswegen habe ich überall herumgesucht, bis ich es gefunden habe, das grüne Tuch.
Und wenn du es nicht gefunden hättest, fragte Anne gespannt, hättest du dann doch ein blaues gekauft?
Nein, sagte Onkel Clemens, dann hätte ich anderswo gesucht.
Und wenn du es anderswo auch nicht gefunden hättest, meinte Anne, was hättest du dann gemacht?
Ich hätte es noch woanders gesucht, meinte Onkel Clemens, ich hätte es so lange gesucht, bis ich es gefunden hätte.
Und wenn du es aber überhaupt nirgends gefunden hättest, beharrte Anne.
Dann hätte ich es eben noch woanders gesucht, blieb der Onkel hart.
Und wenn du es aber überhaupt nirgends gefunden hättest?
Dann hätte ich trotzdem weitergesucht. Wenn man etwas will, dann muß man immer weitergehen und suchen, bis man es gefunden hat.
Anne sah den Onkel groß an.
Aber wenn man nirgends anderswo und überhaupt niemals findet, was man will. Was macht man denn dann?
Man muß trotzdem immer weitersuchen, sagte Onkel Clemens.
Anne schwieg eine kleine Weile.
Wenn du kein grünes Tuch gefunden hättest, dann hättest du mir also gar keins mitgebracht? Nicht mal ein blaues als Ersatz?
Wenn man etwas wirklich will, wiederholte Onkel Clemens, darf man sich nicht mit einem Ersatz zufriedengeben. Man muß dann eben anderswo hingehen.
Anderswo, sagte Anne. Ja, dann muß man anderswo hingehen. Bis man es hat. Und wenn man es dann hat ...
dann muß man es hüten wie einen kostbaren Schatz, sagte Onkel Clemens.

Laura C.Feuerland
(Rechte bei der Autorin)
aus:
M. Litten (Hrsg.), Leselöwen Betthupferlbuch
Verlag Loewe, Bindlach 1983

EPG

- Vielleicht läßt sich ein Sarong oder ein sarongähnliches Tuch mit in den Kindergarten bringen. Die Kinder werden ein solches Tuch gerne einmal an sich ausprobieren und an sich bestaunen; es macht ihnen eine besondere Freude, sich fremdländisch anzuziehen.
- Die Kinder dürfen ein Kleidungsstück, das sie z.B. wegen ihrer Augen- oder Haarfarbe besonders gut kleidet, mitbringen und im Kindergarten anziehen.
- Wir probieren mit Stoffresten aus, welche Farben uns gut stehen.

Bilderbuchbesprechung

Hannah an der Krippe
Regine Schindler / Hilde Heyduck-Huth
Otto Maier Verlag 1981

Die Bilderbuchgeschichte „Hannah an der Krippe" war Auslöser für das Thema „Aus Fäden gewebt" und zugleich Anlaß, dieses Thema für die Weihnachtszeit anzubieten.

Die Bilderbucheinführung wird in idealer Weise durch unser Thema vorbereitet. Die Kinder werden sich leicht in das Mädchen Hannah einfühlen und sein Geschenk für das Kind in der Krippe, ein Stück Stoff mit Goldfäden und Perlen, auch als Kostbarkeit erspüren.

Die Bilderbuchgeschichte ist eine kindgemäße Rahmenerzählung zum biblischen Weihnachtstext und macht diesen für die Kinder verständlicher.
Kaiser Augustus möchte wissen, über wie viele Menschen er in den eroberten Ländern herrscht.
Joachim, der gelähmte Bettler, erzählt von einem König und Retter, der kommen wird. Hannah, das kleine Hirtenmädchen, sitzt den ganzen Tag neben Joachim und hofft, daß jemand Geld in ihr Körbchen legt. Aber abends ist nur ein Stückchen Stoff darin, ein Stoffrest mit eingewebten Goldfäden und Perlen. In der Nacht folgt sie ihrem Vater und den anderen Hirten aufs Feld und erlebt staunend die Verkündigung und sieht in der Höhle das neugeborene Kind in der Krippe liegen. Sie schenkt ihm das Schönste, was sie hat: das kostbare Stückchen Stoff. Am anderen Morgen läuft sie schnell in die Stadt. „Joachim", ruft sie dem lahmen Bettler von weitem zu, „Joachim, der Retter, auf den du wartest, ist geboren. In einer Höhle! Er liegt in einer Futterkrippe bei den Tieren. Ein kleines Kind – es heißt Jesus! ... Er wird auch dir helfen, wenn er groß ist."

Hilde Heyduck-Huth verdichtet die Ursprünglichkeit dieser Weihnachtsgeschichte, die Regine Schindler einfach und direkt erzählt hat, in Bildern von eindringlicher Schönheit. Mit warmen Farbtönen hat sie die Stimmung des fremden Landes und die geheimnisvollen Vorgänge um Christi Geburt eingefangen.

Holt vom hellen Weihnachtslicht

Text: Marina Palmen Melodie: Hubertus Vorbolt

2. Kinder, Kinder, Kinder,
sucht doch geschwind
Josef und Maria
mit dem Kind.
Kinder, Kinder, Kinder,
fürchtet euch nicht,
kommt und holt vom hellen
Weihnachtslicht.

3. Eltern, Eltern, Eltern,
sucht doch geschwind
Josef und Maria
mit dem Kind.
Eltern, Eltern, Eltern,
fürchtet euch nicht,
kommt und holt vom hellen
Weihnachtslicht.

Spielanregung:
An der Krippe brennt eine Kerze. Hirten, Kinder und Eltern zünden in der jeweiligen Strophe ihre Kerze an der Krippenkerze an und tragen das Licht zu den übrigen Anwesenden.

Eine kostbare Weihnachtskrippe

Zwei Drähte, die zu Armen bzw. zu Körpern und Beinen geformt sind, in eine Holzperle, die zum Kopf werden soll, einstecken. Die Drähte mit schmalen weißen Trikotstreifen umwickeln. Der Perle ein Gesicht aufmalen.

Eine Krippe aus einem Stück Baumrinde oder Wurzelholz zuarbeiten und mit ein wenig Heu, Stroh oder einem Moospolster ausstatten.

Eine kleine Wolldecke weben für die Krippe. Vielleicht Perlen mit einweben: die Perlen schon beim Aufspannen der Kettfäden einfügen. Vielleicht auch Gold- oder Silberfäden verwenden.

Das Kind in die Krippe legen und mit der selbstgewebten Wolldecke zudecken.

Die Krippe habe ich
bereitet für das Kind.

In weiches Moos gelegt
das kleine Kind.

Aus Wolle fein gewebt
die Decke, weich und warm.

Die schenke ich
dem kleinen Kind.

Gottes Sohn ist als Kind
zu uns gekommen und
lag in einer Futterkrippe.

Eine Geschichte vom Wolkenland

Susanne erzählt ihren Puppen

Eigentlich wird im Wolkenland eine andere Sprache gesprochen, und ihr könnt sie nicht verstehen. Aber ich will euch die Geschichte so erzählen, wie wir sonst sprechen, damit ihr sie verstehen könnt!

Zuerst sollt ihr ein Lied aus dem Wolkenland hören:
Li-la-li bum-bum
li-la-li bum-bum
li-la-li bum-bum.

Das war nur der erste Vers, die anderen singe ich nächstes Mal.

Das Wolkenland ist ganz weit weg, daher kennt es auch nicht jeder. Man braucht 40 Tage und 40 Nächte, bis man dort ist. Zuerst geht es mit dem Zug durch England, dann geht es mit dem Schiff durch den Nordpol und zuletzt mit dem Flugzeug ins Wolkenland.

Im Wolkenland gehen die Kinder auch nicht, alle hüpfen auf den Wolkenstraßen. Und wenn man da so entlanghüpft, kommen plötzlich Hütten aus Wolken angefahren. Auf den Tischen liegen Platten aus Glas, weil die Wolken so hubbelig sind. Alles ist aus Wolken, sogar der Ascheimer, in dem die Kinder sich verstecken und nicht gefunden werden. Außerdem ist darin die Bettwäsche aus Wolken aufbewahrt zum Wechseln für die Kinder.

Die Mutter wartet schon oben auf die Kinder. Sie erklärt ihnen die neue Sprache. Die Kinder dürfen ganz lange draußen spielen. Die Mutter sieht gar nicht nach, wann man im Bett liegt. Im Wolkenland ist alles ganz anders. Manchmal feiern sie dort oben, dann gibt es Reis und süßen Apfelsaft mit Eierschaum. Weil es im Wolkenland so kalt ist, tragen die Kinder Kleider aus dicken Wolken. Es gibt kein elektrisches Licht, dafür brennen dort viele Kerzen, ganz lange.

Das Wolkenland ist ein Land in einem anderen Leben.

aus:
L.Künemund (Hrsg.), Wir wünschen eine gute Nacht
Verlag K.Thienemann, Stuttgart 1972

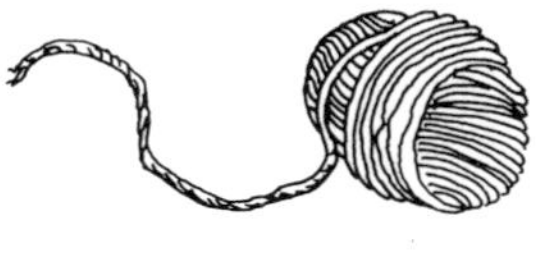

Vorschlag zum Entwickeln einer Phantasiegeschichte

Material:

Ein Knäuel aus „kostbaren" Einzelfäden (je ca. 70 cm lang) – das „Traumgarn"

gG

Spielanregung:

Eine kleine Kindergruppe sitzt im Kreis. Ein Kind wickelt langsam den ersten Faden vom Knäuel ab und beginnt, eine Geschichte oder ein ihm bekanntes Märchen zu erzählen, bis der Faden abgewickelt ist. Es gibt das Knäuel weiter und das nächste Kind wickelt einen Faden ab und setzt die Geschichte oder das Märchen fort.

Vielleicht kann auch die Phantasiegeschichte vom Wolkenland fortgesetzt werden: Wie mag es wohl noch im Wolkenland aussehen? ... Die Kinder äußern ihre Wünsche und Träume.

Unsre Worte sind wie Fäden

Text: Christine Vorbolt Melodie: Hubertus Vorbolt

2. Wenn wir grüßen, gehen Blicke
hin zu dir und her zu mir.
Refrain:
Unsre Blicke sind wie Fäden,
die wir weben immerfort.

3. Wenn wir schreiben, gehen Briefe
hin zu dir und her zu mir.
Refrain:
Unsre Briefe sind wie Fäden,
die wir weben immerfort.

4. Wenn wir schenken, gehen Gaben
hin zu dir und her zu mir.
Refrain:
Unsre Gaben sind wie Fäden,
die wir weben immerfort.

5. Wenn wir träumen, gehen Wünsche
hin zu dir und her zu mir.
Refrain:
Unsre Wünsche sind wie Fäden,
die wir weben immerfort.

Untereinander Fäden spannen

gG

Die Kinder hocken mit der Erzieherin im Kreis. Sie rollen ein dickeres Wollknäuel untereinander über den Boden zu, wobei der Faden abläuft. Jedes Kind hält den Faden fest. Zum Schluß stehen alle langsam auf, die Fäden werden gespannt: Alle sind miteinander verbunden ... Die Kinder hocken sich wieder hin und halten die Fäden am Boden fest. So können sie über die Fäden steigen und den Faden in umgekehrter Folge wieder aufwickeln.
Bei den älteren Kindern könnte das Knäuel auch einander zugeworfen werden, bis alle im Kreis durch Fäden kreuz und quer verbunden sind.

Untereinander unsichtbare Fäden spannen

gGg

Die Kinder sitzen im Kreis, ein Stuhl bleibt frei. Das Kind, das links neben dem freien Stuhl sitzt, blinzelt ein Kind herbei (vgl. „Mein rechter Platz ist frei").

Mit dem Ruf „Halleluja" spannt Hanna unsichtbare Fäden zu vielen Menschen unterschiedlicher Nationalität.

Halleluja

Hannas Mutter singt im Kirchenchor mit. Manchmal übt sie ihre Lieder auch zu Hause. Hanna hört andächtig zu. Sie kann die Worte nicht verstehen, aber es klingt so schön, wenn die Mutter singt.

Ein Wort singt die Mutter immer wieder. Es kommt in vielen Liedern vor. Es heißt HALLELUJA.

„Was heißt HALLELUJA?" fragt Hanna.

„Es heißt: Lieber Gott, ich liebe dich und lobe dich und ehre dich", sagt die Mutter. „Deshalb kommt es so oft vor."

„Wissen denn auch die Leute, die euch zuhören, was es heißt?" fragt Hanna.

„Natürlich", sagt die Mutter. „Das wissen nicht nur die Leute in unserem Land. Das wissen auch die Leute, die in Frankreich und England und Italien und Spanien und Rußland und Amerika und in vielen anderen Ländern leben. Sie singen und sprechen es, wenn sie den lieben Gott loben und ehren wollen."

„Halleluja", sagt Hanna. „Halleluja", singt sie. „Ein schönes Wort", meint sie.

Ein paar Tage später kommt Besuch aus Amerika. Hanna und Vater und Mutter fahren auf den Flughafen, um Tante Milly und Onkel Jeff abzuholen. Sie müssen lange warten. Das Flugzeug hat sich verspätet. Hanna hat viel Zeit, um sich umzuschauen. Was für ein Trubel! So viele Leute gehen in der Halle hin und her, steigen Treppen hinauf und hinunter, warten an den Schaltern, sitzen und stehen herum.

Hanna schaut die Leute an. Manche sehen merkwürdig aus. Sie haben braune Gesichter oder schiefe Augen oder ganz krauses Haar. Manche Leute haben komische Kleider an und seltsame Mützen und Hüte auf. Hanna hört ihnen zu. Aber viele von ihnen sprechen so, daß Hanna sie nicht verstehen kann. Sie sprechen fremde Sprachen.

Aber HALLELUJA verstehen sie, denkt Hanna. Sie schaut eine junge Frau an, die langes schwarzes Haar und eine braune Haut hat.

„Halleluja", sagt Hanna erwartungsvoll zu ihr.

Die junge Frau lächelt ihr zu und antwortet: „Halleluja."

Da freut sich Hanna und geht weiter. Zwei Männer sitzen auf einer Bank und reden miteinander in einer fremden Sprache. Die Männer haben krauses Haar und Schnurrbärte und weiße Anzüge.

„Halleluja!" sagt Hanna laut.

Die beiden Männer hören auf zu reden. Sie lachen. Sie nicken Hanna zu und sagen „Halleluja."

Hanna strahlt. Sie denkt: Wenn ich HALLELUJA sage, verstehen sie mich. Es ist wie ein Zauberwort. „Halleluja, Halleluja!" ruft sie allen zu. Sie läuft durch die Halle und jubelt: „Halleluja, Halleluja!"

„Pst, Hanna -", mahnt die Mutter.

Aber die Leute freuen sich. Viele drehen sich nach Hanna um, lächeln und nicken und winken ihr zu, und manche rufen „Halleluja!" zurück. Ein dicker Mann fängt sogar an zu singen. Er singt auch so wie die Mutter im Kirchenchor. Er singt dreimal „Halleluja", dann fängt er an zu lachen und schenkt Hanna ein Stück Schokolade. Hanna staunt. Wie freundlich die Leute von diesem Wort werden!

Später, als Tante Milly und Onkel Jeff schon angekommen sind und mit Vater und Mutter und Hanna durch die Halle zum Ausgang gehen, winkt eine Frau und ruft: „Halleluja!"

„Sie meint sicher dich", sagt der Vater zu Hanna.

„Halleluja!" ruft ihr Hanna zu und winkt zurück.

Tante Milly und Onkel Jeff wundern sich. „Ist das ein Gruß?" fragen sie.

„Es ist Hannas Gruß", erklärt die Mutter. „Wirklich ein schöner Gruß, viel schöner als GUTEN TAG oder AUF WIEDERSEHEN. Versuch doch mal, Hanna, ob du den Menschen deinen neuen Gruß angewöhnen kannst."

„Ja", sagt Hanna ernst, „ich will's versuchen."

Gudrun Pausewang
aus:
R.Krenzer/V.Fritz (Hrsg.), 100 einfache Texte zum Kirchenjahr
Verlage Kaufmann und Kösel, Lahr und München 1983

... meine ganze Kindheit steht
immer um mich her.
Niemals bin ich allein.
Viele, die vor mir lebten
und fort von mir strebten,
webten,
webten
an meinem Sein.

Rainer Maria Rilke

Literatur für Kinder

m2 Ein Knäuel entwickelt sich

Tina und ihr Papagei: Hilde Heyduck-Huth/Max Kruse, Neuer Finken-Verlag
Der kleine Stationsvorsteher und das Wollknäuel: Gina Ruck-Pauquèt
in: Sandmännchens Geschichtenbuch, Ravensburger
Mein allerschönster Geburtstag: Astrid Lindgren
in: Wir Kinder aus Bullerbü, Oetinger
Der rote Faden: Heike Ellermann, Lappan

m3 Spinnen weben zart

Die kleine Spinne spinnt und schweigt: Erik Carle, Gerstenberg
Das wunderschöne Spinnennetz: Gina Ruck-Pauquèt
in: Wenn der Mond auf dem Dach sitzt, G.Bitter und dtv junior

m4 Vom Strauch zur Jeans

Schau mal: Baumwolle: Amos Bar/Shuka Glutman, Kinderbuchverlag Luzern
Von der Baumwolle zur Hose: Ali Mitgutsch, Sellier

m5 Vom Schaf zum Mantel

Martin braucht einen neuen Umhang: Tomie de Paola, Braumüller
Babu, das Schaf: Ragnhild Scamell/Sally Hobson (Rolf Inhauser), aare
Schau mal: Unsere Wolle: Heiderose und Andreas Fischer-Nagel, Kinderbuchverlag Luzern
Vom Schaf zum Schal: Ali Mitgutsch, Sellier

m6 Märchen und Geschichten erzählen vom Spinnen und Weben und von kostbaren Stoffen

Frau Holle: Grimm/Bernadette, Nord-Süd
Der Zauberfaden: Paul Wanner/Nikolai Ustinov – Aus Frankreich
in: Die schönsten Kindergeschichten, Schreiber
Die lila, lila Seide: Rosel Klein
in: Renate Boldt (Hrsg.), Ich bin aber noch nicht müde! rororo rotfuchs

m7 Kommt ihr Hirten

Hannah an der Krippe: Hilde Heyduck-Huth/Regine Schindler, Ravensburger
Die vier Lichter des Hirten Simon: Gerda M.Scheidl/Marcus Pfister, Nord-Süd
Der Hirte: Helga Aichinger, Neugebauer Press

m8 Aus Traumgarn gewebt

Was Sandmännchens Frau tut: Christine Busta/Johannes Grüger
in: Die Sternenmühle, O.Müller

Informationsmaterial

Kostenloses Informationsmaterial – unter Angabe der gewünschten Anzahl anzufordern
Broschüre 9: „Alles über Reine Schurwolle" (Wollerzeugung, Qualitätskontrolle, Schurwolleigenschaften, Pflege, Filzen, Spinnen und Weben)
Internationales Woll-Sekretariat, Abt. Publicity, Hohenzollernstraße 11, 40211 Düsseldorf, Telefon 0211/1605-228

Bemerkung zur Mandalazeichnung auf der nebenstehenden Seite:
Dieses Mandala ist eine Beispielzeichnung, allerdings computergezeichnet. Schöner ist es, den Kindern von Hand gezeichnete Vorlagen anzubieten, die in der Linienführung natürlicher wirken. Gute Beispiele finden sich in dem empfehlenswerten Praxisbuch: Stille-Übungen mit Kindern von Gerda und Rüdiger Maschwitz, erschienen bei Kösel 1993

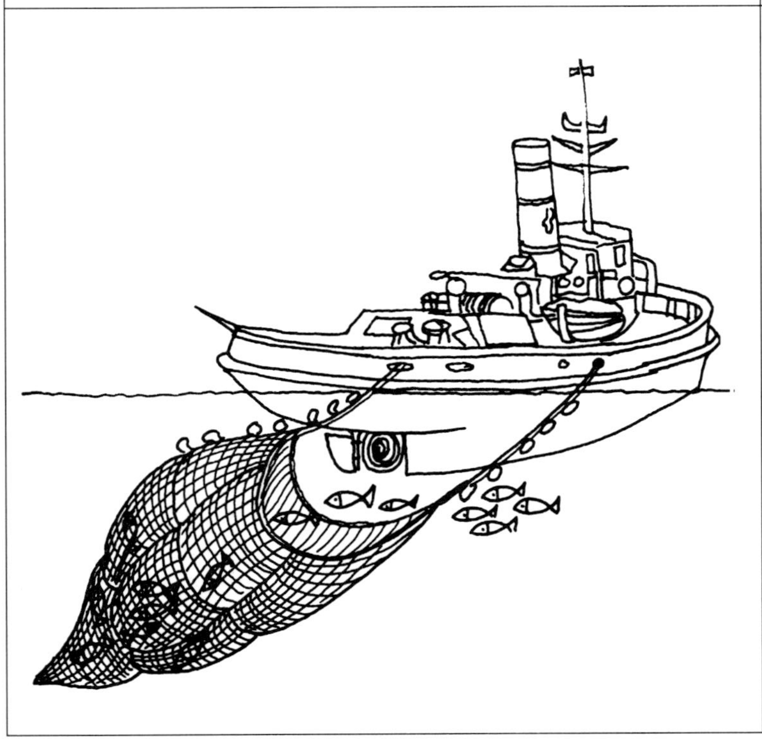

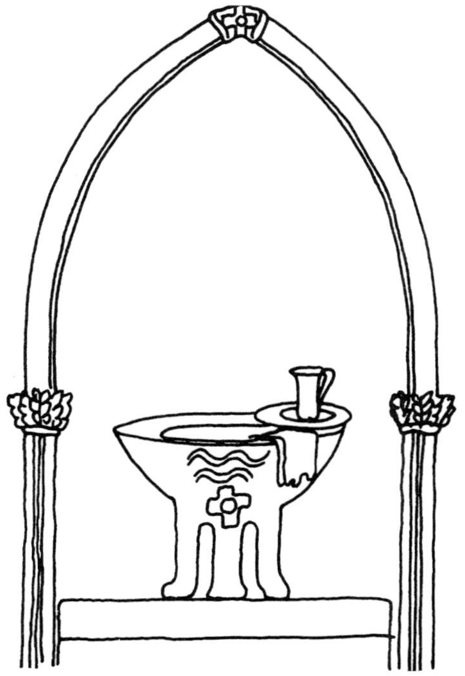

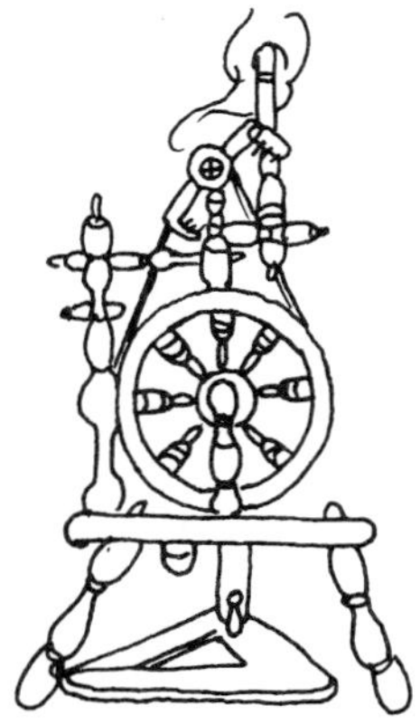
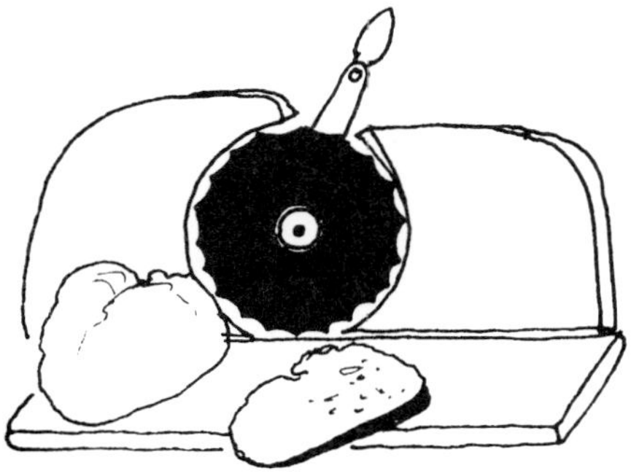